世界马克思主义研究

STUDIES ON WORLD MARXISM

主办单位　西北工业大学马克思主义学院

主　编　程恩富　杨云霞

2022（第一辑）

（总第 3 期）

北京

图书在版编目（CIP）数据

世界马克思主义研究.2022.第一辑／程恩富，杨云霞主编．--北京：中国经济出版社，2022.12
ISBN 978-7-5136-7129-3

Ⅰ.①世… Ⅱ.①程…②杨… Ⅲ.①马克思主义理论－理论研究 Ⅳ.①A81

中国版本图书馆CIP数据核字（2022）第191326号

责任编辑	贺　静
责任印制	马小宾
封面设计	华子设计

出版发行	中国经济出版社
印　刷　者	北京富泰印刷有限责任公司
经　销　者	各地新华书店
开　　　本	889mm×1194mm　1/16
印　　　张	11.5
字　　　数	292千字
版　　　次	2022年12月第1版
印　　　次	2022年12月第1次
定　　　价	68.00元

广告经营许可证　京西工商广字第8179号

中国经济出版社 网址 www.economyph.com 社址 北京市东城区安定门外大街58号 邮编 100011
本版图书如存在印装质量问题，请与本社销售中心联系调换（联系电话：010-57512564）

版权所有　盗版必究（举报电话：010-57512600）
国家版权局反盗版举报中心（举报电话：12390）　　服务热线：010-57512564

学 术 顾 问：王忍之　中共中央宣传部原部长　　　滕文生　中共中央政策研究室原主任
　　　　　　王伟光　中国社会科学院原院长　　　　李慎明　中国社会科学院原副院长
　　　　　　高　翔　中国社会科学院副院长　　　　顾海良　国家教育行政学院原院长

编委会主任：姜　辉　中国社会科学院马克思主义研究院院长、当代中国研究所党组书记
　　　　　　陈建有　西北工业大学党委副书记
　　　　　　毛增余　中国经济出版社总编辑、《国资报告》杂志社执行董事
编委会成员：辛向阳　中国社会科学院马克思主义研究院党委书记、副院长
（单位排序）龚　云　中国社会科学院马克思主义研究院副院长
　　　　　　林建华　中国社会科学院马克思主义研究院副院长
　　　　　　潘金娥　中国社会科学院马克思主义研究院国际共运研究部主任
　　　　　　于鸿君　北京大学党委常务副书记
　　　　　　朱安东　清华大学马克思主义学院副院长
　　　　　　刘新刚　北京理工大学马克思主义学院院长
　　　　　　李紫莹　北京外国语大学全球治理研究院副院长
　　　　　　陈学明　复旦大学国外马克思主义研究中心副主任
　　　　　　张新宁　复旦大学马克思主义学院副院长
　　　　　　章忠民　上海财经大学马克思主义学院院长
　　　　　　丁晓钦　上海财经大学海派经济学研究院副院长
　　　　　　轩传树　上海社会科学院世界社会主义研究中心主任
　　　　　　吴文新　山东大学马克思主义学院副院长
　　　　　　张云龙　西北工业大学马克思主义学院副院长
　　　　　　李春晖　内蒙古师范大学马克思主义学院院长
　　　　　　东方毅　世界文化论坛联袂主席
　　　　　　洛马诺夫　俄罗斯科学院国际经济与国际关系研究院副院长
　　　　　　大卫·斯维卡特　美国芝加哥洛约拉大学哲学系教授
　　　　　　托尼·安德烈阿尼　法国巴黎第八大学政治系教授
　　　　　　大西广　日本庆应大学教授
　　　　　　阮明环　越南胡志明国家政治学院哲学系主任

主　　编：程恩富　中国社会科学院学部委员学部主席团成员
　　　　　　杨云霞　西北工业大学马克思主义学院院长
编辑部主任：孙绍勇　西北工业大学马克思主义学院教授
编辑部成员：赵海霞　宁殿霞　陈亚丽　刘远亮

主 办 单 位：西北工业大学马克思主义学院
支 持 单 位：世界政治经济学学会创新马克思主义研究分会

目 录

名家访谈

为什么中国话语权尚未牢固掌握在中国手中？
——访北京外国语大学东西方关系中心主任田辰山教授
　　田辰山/访谈嘉宾　本刊编辑部/访谈人 …………………… 1

国外马克思主义研究

时代的要求：创新马克思主义指导下的俄罗斯联邦共产党十大政策
　　［俄］Г.А.久加诺夫 …………………………………………… 12

反战和平主义的轨迹
——日本共产党反对侵华战争的斗争历程
　　徐　拓 …………………………………………………………… 26

《马尔库塞文集》自然观的逻辑进路与价值意蕴
——兼谈美丽中国建设对马尔库塞生态思想的扬弃
　　黄飞瑜 …………………………………………………………… 37

保罗·斯威齐是如何误读马克思价值转形方法论的？
　　王甄玺　吴旭平 ………………………………………………… 47

21世纪世界共产主义革命家小传
　　禚明亮 …………………………………………………………… 59

马克思主义及其中国化理论研究

中国推进共同富裕
　　［英］唐　迈 …………………………………………………… 82

论陈云对延安精神形成的革命实践和理论阐释
　　苗体君 …………………………………………………………… 92

生成性视域下中国共产党初心和使命的逻辑进路、本质意蕴及根本要求
　　薛金慧 …………………………………………………………… 101

世界变局下社会主义意识形态建设的时代方位、问题审视与战略思路
　　刘　伟　周锦丽 ·· 114
我国国有经济管理模式演进的基本逻辑：从资产管理到资本管控
　　陶惠敏　孙绍勇 ·· 125

世界资本主义研究

金融理性与金融化世界的生成逻辑
　　宁殿霞　王晋秀 ·· 135
政治正确、身份政治与美国社会的撕裂
　　尹帅军 ·· 146

论点摘编

沿着习近平总书记指引的方向建设新时代中国史学
　　高　翔 ·· 158
苏联一贯支持和支援中国抗日战争
　　王　岩　程恩富 ·· 160
运用马克思主义趋势分析法把握社会发展趋势
　　辛向阳 ·· 162
西式民主幻象究竟是怎样产生的
　　鲁品越 ·· 164
当前世界社会主义发展面临的巨大挑战
　　冯颜利　王诗成 ·· 166
当代世界政治运动的演变及其发展方向
　　苏长和 ·· 168
当代世界马克思主义思潮的基本特点
　　徐　军 ·· 170
越南经济革新的实践进程
　　潘金娥 ·· 172
日本的共产党人和共产主义者支持中国反抗日本侵略的抗战
　　韩东育 ·· 174
发展马克思主义世界劳动价值论的创新力作
　　刘晓音 ·· 176

名家访谈

为什么中国话语权尚未牢固掌握在中国手中?
——访北京外国语大学东西方关系中心主任田辰山教授

田辰山*/访谈嘉宾 本刊编辑部/访谈人

【内容提要】"话语权"意味着统治话语的力量,受意识形态、历史传统、传播媒介等诸多要素影响,对一个国家维持社会和谐、国际形象、国际地位等具有重要意义。在当代全球化的语境中,话语权被单一全球商业传媒体系所控制,他们传播单一化的思想意识,制造更多的谎言,还鼓吹自由、独立的传媒应当脱离党和政府的控制,认为传媒越是私有化、商业化,就越是自由、独立。本文论证了真正民主、自由、独立的传媒应当是反对私人资本的垄断,应当是在马克思主义学说的指导下,为实现全人类的解放,树立人类命运共同体意识,逐步建立起社会主义公有性质的话语体系。

【关键词】话语权 初心使命 传媒 人类命运共同体

习近平总书记在2013年8月19日召开的全国宣传思想工作会议上指示:"要着力推进国际传播能力建设,创新对外宣传方式,加强话语体系建设,着力打造融通中外的新概念新范畴新表述,讲好中国故事,传播好中国声音,增强在国际上的话语权。"[①] 将近10年过去了,我们在国际传播能力、对外宣传方式、话语体系建设、融通中外的新概念新范畴新表述、讲好中国故事、国际话语权等方面是否取得了一些进步?我们是否已牢固掌握话语权?为了较为细致、系统地分析并阐释"话语权"的概念和逻辑学理,与广大学者、与从事话语权事业工作的同事们交流探讨,本刊编辑部主任孙绍勇采访了田辰山教授。

访谈人: 田教授,您好!我们今天访谈的主题是关于话语权的,那么您可以先同我们聊一下到底什么是话语权吗?

田辰山: "话语权"的"权"字,容易使人产生误解。因为在不同的情况下,它的含义既可以

---

* 田辰山,政治学博士、哲学硕士,现为北京外国语大学东西方关系中心主任、教授、文教专家,国际儒学联合会荣誉顾问,全美政治学会会员,美国中国政治学会会员,国际中国哲学会会员,美国亚洲研究会会员。长期从事中西政治哲学理论和中西文化比较研究,创立了中国"通变"式思维与西方二元对立式思维的比较理论。最新提出的理论是"儒学与后现代思潮对话:以文化互信排解文化冲突",对当代中国哲学与文化的发展具有巨大影响。

① 中共中央文献研究室,编.习近平关于全面深化改革论述摘编[M].北京:中央文献出版社,2014:85.

是"权利"也可以是"权力"。"权"是个舶来词，英语是"discursive power"。它是西方后结构主义用来分析"作为权力关系话语"的一个术语。如果对此情况不熟悉，在中文中很容易将它等同于"话语权利"或者"说话权利"。实际上，"话语权"指的是"话语权力"，用来分析谁占据着拥有决定性话语的政治地位。"discursive power"中"power"的意思即"权力力量"。所以，"话语权"是指"统治话语的力量"。

这样，我们就必须思考，谁的话语权，谁拥有统治话语的力量，或者谁具有压倒性力量的话语气势。毋庸置疑，话语权是西方的政治概念，是话语上的政治斗争，是压倒对方的话语力量。在这一意义上，倘若没有话语权，则必然导致在政治话语斗争方面，被别人压倒、压服或者支配。因此，中国在国际话语权上的弱势地位，明显反映出中国在世界上的形象很大程度上是"他塑"的，即由别人来塑造。① 别人说你是什么样，你就是什么样，没有争辩的余地。中国不是自己国际形象的塑造者，中国不是由自己叙述、自己所想和所为的那种形象。正因如此，中国很多时候在国际上的话语地位，处在"有理说不出"或者"说出了传不开"的境地。

访谈人：既然毋庸置疑，话语权是西方的政治概念，是话语的政治斗争，是压倒对方的话语力量，而我们却让别人在国际话语权上占了上风，我们在这样的政治斗争中没有取胜，反而处于被动，原因是什么？是否因为我们原本就是不想斗争的、不想在世界政治中出头的，甚至在别人向我们斗争的时候，我们仍然幻想着"和平"，使得我们失去了话语权？

田辰山：如果我们把话语权误解为"说话权利"（rights of speech），那么也需要知道，"权利"（rights）在西方语境中的意思是上帝赋予每一单子个体人的，是要跟别人争取来的；而在中国语境中，"权利"是大家相互给予的，即互相尊重的。受西方思想的影响，中国现代所讲的"权利"，也仅仅是大多数人同少数压迫者斗争而所争取的权利，绝不是单子个体人为了个人利益而争夺的权利。因此，在中国语境中的话语权，一定是公有性质的话语权，而不是私有性质的话语权，也即大家共享的话语权，而非少数人享有的、一己之私的话语权。这样就比较清楚了，如果说中国变得让别人的话语权占上风了，是让什么话语权占上风了呢？是不是让西方个人主义意识形态的"一己之私"的话语权占了上风？

对于这个问题我们需要思考的是，长期以来我们采用了什么话语的叙事，是否已与别人的话语一样了，还是在用跟它作斗争的话语？为什么要这样问，因为这个别人的话语，本身即向着与我们斗争的话语，这是我们不能逃避的事实。然而我们是否意识到，如果用同别人一样的话语去讲话了，事实上我们已经臣服于别人的统治权力，就是等于接受了别人在政治上压倒我们的"权力关系话语"。那么，如果现在我们没有话语权了，这其实不是别人的问题，而是我们自己的问题。正是因为我们不愿意跟别人发生斗争，而一厢情愿地接受并使用了别人的话语，事实上我们已经自动地把话语权交给了别人，自动认同了别人对我们的斗争。

访谈人：您的意思是既然我们自动放弃了自己的话语权，将其拱手让人，那我们不禁要问：第一，我们为何自动放弃了自己的话语权，是不是意味着我们不想再做我们原来话语所表达的事情了，而要开始想做别人的话语所表达的事情了？第二，我们到底放弃了什么话语，同时放弃的还有这种话语表达的什么事情，而又使用了别人的什么话语，这种话语又表达了别人的什么事情？第

---

① 中共中央文献研究室，编．习近平关于社会主义文化建设论述摘编[M]．北京：中央文献出版社，2017：212．

三,是否正是我们原来话语所表达的事情,导致人们失去了已得到的或想要得到的名与利、物质与权力等,所有这些可以归纳为"个人的幸福"的东西,而别人的话语所表达的事情却更能保护这种"个人的幸福"呢?第四,倘若我们原来不接受别人的话语权,不放弃自己的话语权,那我们的话语权本来应该是什么样的呢?

田辰山:将原因归结于"个人的幸福",意味着出于一己私利的考虑,要获得属于单子个体人的幸福。循此逻辑,我们的话语权问题、使用什么话语的问题,最后都归结到一个"私"字,而放弃一个"公"字。这样请别再重复"如果每个人都自由追求个人幸福,则所有人皆可享受个人的幸福"等流行甚广、毫无逻辑的哲学谣言!①

这样,一连串的疑问最终归结到人的世界观、人生观问题上了,归结到视人类本性为自私的信仰上了,归结于人类社会为私利而打斗、竞争的信仰上了。这不就是霍布斯的学说、马基雅维利的学说、社会达尔文主义的学说?这不就是个人主义意识形态的话语?这不就是滑向资本主义、"私"有性质的话语了吗?

是不是因为这个逻辑,我们不再情愿讲社会主义,不愿意再提资本主义的坏处?我们是否心里在想:跟着别人走的不是都富了吗?是否心理上这才变得懒得再提这两个主义了?是否心理已产生腻烦,干脆就说搞不清楚这两个东西,下决断对于它们不再争论?

再想一想,相信人类本性本是自私,相信社会是为私利竞争的世界,这些信仰都不是马克思主义学说。因为马克思主义学说千条万绪,归根结底就是一个"公"字,断定人类不会作为单子个体人存在,只存在于一多不分的社会联系之中。因此,马克思主义的口号才是"全人类的解放",指的是所有人,而不是形而上学"个人的解放"!需要强调的是,任何把马克思主义学说歪曲指向"个人解放"的,都值得我们警惕。

至于我们为何失掉了话语权?习近平总书记发出的"不忘初心、牢记使命"② 伟大号召,具有深刻的现实与历史意义。毋庸置疑,这是叮嘱全党对中国共产党人的初心和使命不可迷茫,不可忘怀。要谨遵这一伟大指示,因为现实中已有对中国共产党人初心和使命产生迷茫与淡忘的现象。"初心"是什么?"使命"又是什么?究竟怎么迷茫了?究竟淡忘了什么"初心""使命"?

"初心""使命"是什么,习近平总书记作了言近旨远的要义说明,即"牢牢坚持为中国人民谋幸福、为中华民族谋复兴"③。它的应有之义必然是不辱使命地实践"为中国人民谋幸福、为中华民族谋复兴"的道路。这样,没有什么话语比"只有社会主义能够救中国""要搞社会主义、不搞资本主义"更能简明扼要地表达我们的道路初心了。作为中国共产党人,应当明确坚定走社会主义道路的初心,它是与"要以发展资本主义手段才可走向社会主义"观点泾渭分明的道路初心。

如果这是百余年前早已坚定的初心,那么现在有一部分人做出"对什么是社会主义什么是资本主义搞不清楚"的表态,是不是至少说明,这是对共产党人的初心产生了迷茫呢?鉴于这种现象,

---

① 经常流行诸如"如果每个人都自由追求个人幸福,则所有人皆可享受个人的幸福"这样的观点,听起来很有诱惑力,但在哲学范畴内却是一个谬误。原因很简单,没有能脱离关系而生存的人,绝对单子个体的人只是一个虚构概念,在现实中并不存在。虚构为"个人"的一切自由,不顾及与他人关系地追求个人幸福,发生在现实中,结果只会有一种,即只能导致人与人二元对立,进行竞争、决定输赢,必然不会产生"所有人皆享受个人幸福"的结果。
② 习近平.习近平谈治国理政:第3卷[M].北京:外文出版社,2020:542.
③ 习近平.习近平谈治国理政:第3卷[M].北京:外文出版社,2020:530.

叮嘱全党要"不忘初心、牢记使命",就是在告诫大家不应对走社会主义还是走资本主义道路的问题心存迷茫。

正是因为产生迷茫,才会发生一次又一次接受并开始使用百年前"别人"的"德先生""赛先生"的话语,才会出现媒体宣传私有价值观,才会出现丧失话语权的现象。

访谈人:谈完了"我们"和"别人",那么请问田教授,我们和别人目前所共处的全球化是一个什么样的话语权大环境呢?

田辰山:可以很明确地说,话语权掌握在一个全球商业传媒体系的手中,而全球化语境中的民主是指反对私人财团控制传媒。

有西方媒体学者尖锐地指出,资本主义现实生活中的关于自由、独立的话语,暗藏一个缺陷,即它将整个历史和社会实践归结为一个问题:民主与不民主。本质上这是一个虚构的二元对立的历史观,对于传媒而言则意味着是否从政府控制下自由出来、独立出来。① 但事实上并非如此,判断是否民主,实质是看传媒是否从私人财团或者从资本主义市场经济制度的束缚中脱离出来、独立出来。很简单,民主的传媒是与私人资本脱离关系的,不民主的传媒则是受私人资本控制的。

其实,在资本主义的现实中,诉求脱离政府控制的自由和独立的传媒,同时也反对私有资本的控制。原因在于政府与私人资本和公共利益之间存在不可分割性。当私有财团通过兼并实现垄断,在全球范围内获得了凌驾于国家控制之上的力量时,支持自由和独立的传媒便会将矛头转向对准私有财团的控制。20世纪30年代,在美国成千上万的人指责资本主义是造成社会苦难和不平等的根源时,皮尔金断言:"政治就是大财团在社会中投下的阴影。"他还指出:"美国建国的神话就是一种超强度的宣传。"一系列"美国化"的运动指责群众的示威游行是不爱国的行为,污蔑工会是社会民主的敌人。50年代,麦卡锡主义将挑战自由商业和美国式生活方式的质疑指责为异端邪说。"直到1954年,商业赞助的宣传所消费掉的资源,足可以为全美学校提供将近半数的教科书。"② 社会科学家严厉指出,商业集团为保护其利益不断加大宣传力度,是反民主的。

美国新自由主义高调提倡政府放松管制,其目的显然是方便私有资本控制的传媒盛行于全球,从而占据社会生活的方方面面。美国关于保护宗教与言论自由的宪法第一修正案,被理解为保护商业言论免受政府干预的里程碑。在传媒的游说下,一切关于传媒问题的辩论都充斥着商业利益。③ 在私人资本盛行的年代,建立单一的全球商业传媒模式是世贸组织、国际货币基金组织和世界银行共同的最终目标。④ 我们应敏锐地意识到,这样的全球化对中国牢固掌握话语权是否已经产生影响,以及这个影响会是什么?倘若我们知晓了谁拥有全球传媒,会不会给我们一点启示,让我们可以理

---

① 这一历史观,反映在中国媒体人对中国媒体变化的理解中,诸如在"所有向着中国新闻业改革的深远步伐构成了主要的历史进步"和"历史的趋势是不可逆转的"这种叙事中。("…all significant steps toward Chinese news reform constitute major historic progress." and "…the historical trend is inevitable.") See Li Xiaoping. "Focus" (Jiaodian Fangtan) and the Changes in the Chinese Television Industry[J]. Journal of Contemporary China, 2002(30):33.

② John Pilger. The Crusaders[J]. New Internationalist, 2001(333):14;田辰山. 自由和独立的媒介:中国的叙述以及全球化的现实[M]//戴元光,主编. 传媒、传播、传播学:获取与使用传媒论. 上海:上海交通大学出版社,2007:21.

③ [美]爱德华·赫尔曼,罗伯特·麦克切斯尼. 全球媒体:全球资本主义的新传教士[M]. 甄春亮,等,译. 天津:天津人民出版社,2001:169-194.

④ Katharine Ainger. Empire of the Senseless[J]. New Internationalist, 2001(333):9. 田辰山. 自由和独立的媒介:中国的叙述以及全球化的现实[M]//戴元光主编. 传媒、传播、传播学:获取与使用传媒论. 上海:上海交通大学出版社,2007:22.

解中国的话语权尚不牢固是从何处开始的?

20世纪90年代发生了一场史无前例的传媒公司并购浪潮,形成了一个阶梯式的全球传媒市场体系。处于顶层绝对支配地位的,仅仅是10个左右的超级传媒公司,包括"新闻集团""时代华纳""迪士尼""贝塔斯曼""维亚康姆"和"电缆电视"6家全球娱乐和传媒软件主要生产商。处于中间层的是30多家年销售额在2亿~10亿美元的传媒集团。第三层则是上千家规模较小的国家级与地方传媒公司,它们为大公司提供服务。① 形成如此单一的全球商业传媒模式的结果是,好莱坞生产了全球近85%的影片,95%的拉丁美洲影片都是在美国制作的,而这一比例在非洲更高。②

关于全球商业传媒体系的一个说法是:传媒将成为21世纪的主导行业,甚至权力超越政府。③一些有识之士曾深刻指出:①人类的绝大多数现在都已成为这些商业传媒集团的观众;②美国梦已经演变成了全球化;③全球化的目标只有一个,即实现资本扩张,尤其是西方国家和美国的资本,侵入人们生活的所有方面;④人类的几乎一切东西都成为商品,都可以用成本和消费来计算;⑤世界银行、国际货币基金组织、世界贸易组织用贷款、股权、协约等手段,确保了所有一切的外国所有权。这些措施和行为被指责为对人类的洗脑,只能培养出一种单一的思想。④

对中国话语权问题的研究,必须放置在全球化的语境中进行,这还涉及一个敏感的政治概念——改革。之所以它在学术研究中显得十分敏感,是因为它既是西方私人资本全球化的概念,也是与中国经济数十年发展分不开的用语。这种情况迫使我们势必要区分"改革"在西方与中国语境下截然不同的性质。"改革"作为西方私人资本全球化的概念,是指服务于私人资本的一种手段,有其特定的目标和指向,它代表的不是进步反而是退步,甚至是破坏。例如,无政府资本主义的社会"改革"措施包括:①卖断公有企业(如英国联合铁路)是"打破垄断";②所谓"重组",是生产投机、收入转账;③"放松管制"是把权力从国家福利向国际银行及当地商业精英转移;④"市场经济学"意味着对绝大多数人的资本主义和对富人以及当权者的社会主义。⑤ 这个"改革"的含义,是不是令我们吓出一身冷汗呢?反观中国,改革的目的是发展社会主义,是共同富裕。因此,绝对不能让我们的"改革"同西方私人资本全球化的"改革"浑然不分。正如全球化的研究学者深刻分析的,全球化推行者的"改革"一词,传递了一个隐蔽的信息,是让人感到除此单一全球商业意识形态以外,人类社会别无选择。

访谈人: 在信仰社会主义意识形态的中国,是不是不能不加分析地使用诸如"信息时代""自

---

① [美]爱德华·赫尔曼,罗伯特·麦克切斯尼. 全球媒体:全球资本主义的新传教士[M]. 甄春亮,等,译. 天津:天津人民出版社,2001:242. 田辰山. 自由和独立的媒介:中国的叙述以及全球化的现实[M]//戴元光主编. 传媒、传播、传播学:获取与使用传媒论. 上海:上海交通大学出版社,2007:22.

② Katharine Ainger. Empire of the Senseless[J]. New Internationalist,2001(333):11-12;田辰山. 自由和独立的媒介:中国的叙述以及全球化的现实[M]//戴元光主编. 传媒、传播、传播学:获取与使用传媒论. 上海:上海交通大学出版社,2007:23.

③ Katharine Ainger. Empire of the Senseless[J]. New Internationalist,2001(333):10. 田辰山. 自由和独立的媒介:中国的叙述以及全球化的现实[M]//戴元光主编. 传媒、传播、传播学:获取与使用传媒论. 上海:上海交通大学出版社,2007:23.

④ John Pilger. The Crusaders[J]. New Internationalist,2001(333):14. 田辰山. 自由和独立的媒介:中国的叙述以及全球化的现实[M]//戴元光主编. 传媒、传播、传播学:获取与使用传媒论. 上海:上海交通大学出版社,2007:23.

⑤ John Pilger. The Crusaders[J]. New Internationalist,2001(333):14. 田辰山. 自由和独立的媒介:中国的叙述以及全球化的现实[M]//戴元光主编. 传媒、传播、传播学:获取与使用传媒论. 上海:上海交通大学出版社,2007:23.

由独立传媒"等理念，不能让它们在中国社会获得认可和进行传播？

田辰山： 确切地说，我们生活在一个传媒时代，可以得到的信息都是不断重复的，具有政治安全性。① 最具讽刺意味的是，被一遍又一遍地重复的不过是经典保守的经济学原理和社会达尔文主义的混合物，它所辩护的不过是少数个人无止境地获取和积累财富的权力和合法性。西方传媒配合私人资本而构建的新自由主义社会意识形态，肯定是同中国的社会主义意识形态格格不入的。这种格格不入，使得新自由主义的支持者并不在口头上认可它，却在行动上不言自明地认真奉行。新自由主义在中国尚未得到充分的理论批判，这是实情。这是不是传媒渠道被占领，并且不遗余力地将无政府意识形态说成经济发展造成的必然结果？近年来，大量杂志、报纸、电子传媒向受众提供的"食物"只有一种味道——全球主义。新自由主义话语本身，也转化成一种让公众消费的极其重要的商品。② 这样的现状，我们对此并不陌生。

访谈人： 那么，新自由主义现在已经拥有了垄断话语权吗？

田辰山： 第一，"传媒自由化"制造的是一种单一化的话语权。现在应该没有人不同意全球化是信息性的这一观点。信息的全球流动，预示着以资本为动力运转整个世界，资本所在的中心被迅速复制。私人资本扩张的必然结果是出现流行文化全球化的现实。有学者作了极其深刻、惟妙惟肖的评论：流行文化是全球化的"唯一文化现实"，全球传媒尤其是电视，传播着千篇一律的流行文化。每个家庭的电视机都变成超级高速公路入口，通向同质化、全球化世界，年轻人成为被送往文化同质化屠宰场的第一批羔羊。吞噬他们的电视、广告、电影和流行音乐，本是一套单一的生活模式，使年轻人关心的只是外表、爱情和酷。西方社会中的自恋文化，在亚洲表现为英雄崇拜。这些英雄是流行歌星、影星、电视明星、球星，这些"星"走入千家万户的电视屏幕，占据全球舞台。观众积极模仿偶像们说话、行为、思维和生活。亚洲的年轻人甚至不计较获得多少报酬，很快就会模仿自己的偶像，同时刺激当地的经济发展。③ 我们是不是可以想象，在这种全球化环境中，即使有话语权的要求，也会被淹没得无影无踪了？

传媒曾承诺通过数字技术、多媒体技术来实现文化多样性，可事实上，它们却逐步缩小了所有权、编辑权和视野格局。在资本主义市场经济条件下，由于私有资本一手掌控，传媒就如同旧中国街头的木偶表演。其所承诺的文化多元就像琳琅满目的木偶人物形象和动作，最终逃不过被"一只手"掌控的命运。这个比喻揭示出"流行文化"和"民主"是一种背道而驰的逻辑。

发展的结果明显表明，"娱乐文化注定与民主结构格格不入"。由于注意到从世界北方到南方洪水般的信息流向，联合国教科文组织在1980年曾出台《多种声音，一个世界》的文件，呼吁建立一个世界信息新秩序，成立一个在南方运作的独立国际新闻机构。这才是名副其实的民主政治。但是民主政治没有逃过私人资本对它的污名化。美国和英国竟然污蔑这份文件"反对言论自由"，甚至要完全退出联合国教科文组织，致使这个提案被束之高阁。这是不是"私人控制危害民主"的一

---

① John Pilger. The Crusaders[J]. New Internationalist, 2001(333):15. 田辰山. 自由和独立的媒介：中国的叙述以及全球化的现实[M]//戴元光主编. 传媒、传播、传播学：获取与使用传媒论. 上海：上海交通大学出版社, 2007:31.

② Manfred B. Steger. Globalism: The New Market Ideology[M]. Lanham, MD, and London: Rowman & Littlefield Publishers, 2002.

③ Ziauddin Sardar. Cultural homicide, ayoh![J]. New Internationalist, 2001(333):20. 田辰山. 自由和独立的媒介：中国的叙述以及全球化的现实[M]//戴元光主编. 传媒、传播、传播学：获取与使用传媒论. 上海：上海交通大学出版社, 2007:27.

个典型实例？只稍多一些思考和关注，我们就能发现，在以市场为导向的经济中必然出现的自由和独立的传媒，在每个国家，都割裂了我们同社区、教育家、集体文化和经验的关系，将我们变成彼此隔离的消费者。① 我们是不是在中国也能看到，传媒从传统的社区代言人转化为私有资本集团的代言人？"正是由于中国以市场为导向的经济改革的意识形态、中国官方的市场经济论的普及以及中国传媒的自由和独立论，都清楚地向人们说明将传媒逐步置于私人财团的控制下是对全社会积极和有益的大事"，中国传媒的市场化、商业化成为可能。②

但是，在现实中，我们必须认识到市场导向下的传媒自由和独立并没有带来民主。有学者曾做出很直白的警示：传播集中在任何人的手里（尤其是外国人的手里），都会引发关于民主的问题！一位西方媒体学者指出，如此多的信息流通，由如此少数人所掌握，这是史无前例的。这种独裁更可怕。还有学者透彻地说，在这种情况下，单个垄断私人财团得以讲述所有的故事。③ 这时我们是否明白，当我们每天处于由他人讲述我们所看和所听的一切故事时，我们失去自己的话语权还是怪事吗？

第二，私有化的"自由、独立的传媒"传播更多的谎言。当把话语权和"自由、独立的传媒"一同考虑时，我们应当思考一个问题，即当传媒从政府控制下获得自由与独立，落入到处扩张的私人资本手里时，当我们生活的每个方面都受到商业干预时，就真如其所承诺的，我们变得自由、民主了吗？"自由、独立的传媒"真的关心起我们的问题了吗（如讨薪）？它真的比政府更多地告诉我们真实的消息吗？过去的经验已经证明，"自由、独立的传媒"不是照样向我们传播更多而不是更少的谎言吗？

"自由、独立的传媒"也说谎，这对于西方民众而言早就不是什么新鲜事了。其实，当世界贸易组织开会宣布全球经济将迎来千年盛世之时，反对这一论调的街头抗议快结束的时候，西雅图全城的每一个收报箱都被涂上了两个字：谎言。④ 著名媒体人在谈到这一问题时说："如果允许我的诚实的观点出现在报纸上的任何一个新闻事件的报道中，24小时之内我就被解雇了。新闻工作者的工作是摧毁事实，直率地撒谎、反常、诽谤、跪倒在财神脚下讨好，为了每天生存必需的面包而出卖它的国家和民族。你知道，我知道，荒唐可笑的就是向这个独立的新闻界举杯……我们的天才、我们的可能性、我们的生活都是其他人的财产。我们是有知识的妓女。"⑤

在社会主义的中国，作为以为人民服务而骄傲的传媒，怎么对资本主义传媒歪曲新闻的事实不

---

① Katharine Ainger. Empire of the Senseless[J]. New Internationalist,2001(333):11. 田辰山. 自由和独立的媒介:中国的叙述以及全球化的现实[M]//戴元光主编. 传媒、传播、传播学:获取与使用传媒论. 上海:上海交通大学出版社,2007:27-28.
② 田辰山. 自由和独立的媒介:中国的叙述以及全球化的现实[M]//戴元光主编. 传媒、传播、传播学:获取与使用传媒论. 上海:上海交通大学出版社,2007:29.
③ Noam Chomsky. The Passion for Free Markets: Exporting American Values through the New World Trade Organization[J]; Eduardo Galeano. Upside Down[M]; Katharine Ainger. Empire of the Senseless[J]. 田辰山. 自由和独立的媒介:中国的叙述以及全球化的现实[M]//戴元光主编. 传媒、传播、传播学:获取与使用传媒论. 上海:上海交通大学出版社,2007:29.
④ Katharine Ainger. Empire of the Senseless[J]. New Internationalist,2001(333):9;田辰山. 自由和独立的媒介:中国的叙述以及全球化的现实[M]//戴元光主编. 传媒、传播、传播学:获取与使用传媒论. 上海:上海交通大学出版社,2007:30.
⑤ New Internationalist,2001(333):13. 田辰山. 自由和独立的媒介:中国的叙述以及全球化的现实[M]//戴元光主编. 传媒、传播、传播学:获取与使用传媒论. 上海:上海交通大学出版社,2007:30.

再计较了呢？它歪曲新闻的手法，不是什么阴谋，恰恰是由其传媒自身的结构所决定的。有西方著名媒体分析家总结道，"自由、独立"的私人资本控制的传媒设置了至少五道过滤器：①所有权公司的商业利益；②将观众卖给广告客户；③自由经济智囊团成为信息来源；④对新闻记者诉诸压力、诉讼的威胁；⑤自由市场中的意识形态信仰。①

一位电视集团的总经理声称："我们决定什么是新闻，我们告诉你是新闻的才是新闻。"这一震惊世界的发言，是一个多么鲜明的例证啊！另有对新闻记者的生动描述：最受尊敬的新闻记者，恰恰是那些最卑屈的记者，正是因为他们能让自己成为那些有权势的人眼中有用的工具，他们才得以涉足"最好的"新闻资源。还有一个典型事例，美国哥伦比亚广播公司为维护自由市场的意识形态，拒绝"无消费日"的商业广告，因为他们号称提供"25 小时的购物延期付款"。②诸如此类的实例，是不是打破了"信息时代"的神话？经过如此多的过滤器，私有化的传媒还奢谈什么传播真实、无偏见的信息？这不得不值得中国警醒。

访谈人：传媒自由化意识泛滥对中国话语权变化有何影响？

田辰山：第一，"自由、独立的传媒"必然等同于"脱离党和国家控制"吗？在现在的社会中，有一部分人一厢情愿地讲起别人的话，甚至一些对社会很有影响力的高校学者和媒体人，连什么是民主都搞不清了。这是否因为近些年，西方"传媒理论"的话语权环境在一定程度上使中国社会主义实践建立起的话语权观念去合法化了。我们的有些媒体渐渐变成了别人话语体系的工具，不断重复着"言论要自由""传媒要民主""要脱离党和国家管控""要独立""要做第四权力""要改革""要实行私有化"等陈词滥调。

这类话语导致我们的社会被从别人那里引进的单一话语叙述给套住了。它是这样一种叙述：随着市场经济的发展，中国媒体自由多了、独立多了，独立于政府控制了，这是经济改革的必要过程。

第二，流行一种弱化中国话语权的叙述逻辑。传媒越是商业化、私有化，越不受政府控制，就越是自由和民主的。

这就等同于要让传媒从对资本主义生产和政治制度表示不赞同的人们手里自由出来，将它置于资本的游戏规则（"看不见的手"）中去，也就是私人业主的手里。

在社会主义的语境中，这里的"资本主义是民主、人权、自由的'必然'条件"的说法，是明显人为加上去的。实际上，资本主义与"自由、民主、人权"等概念是互相冲突的。因为资本主义国家政府的功能是从根本上支持私有资本的，只是在具体问题上、具体范畴内，表面上与私人资本有分离或矛盾。对于各国尤其是中国的民众而言，需要的恰恰是原来政府"控制"意义上曾获得过的那种保护。

这样，使得中国传媒失掉原来的"人民"身份，使得党和国家不能牢固掌握话语权的流行叙述，就明显是错误的。实际上，所谓"言论自由""民主传媒""多元化""独立化"，在资本主义的现实生活中也是受到人们的猛烈批判的。全球化使传媒在事实上变得更不民主、更不自由了，这

---

① New Internationalist,2001(333):13. 田辰山. 自由和独立的媒介:中国的叙述以及全球化的现实[M]//戴元光主编. 传媒、传播、传播学:获取与使用传媒论. 上海:上海交通大学出版社,2007:30-31.
② New Internationalist,2001(333):13. 田辰山. 自由和独立的媒介:中国的叙述以及全球化的现实[M]//戴元光主编. 传媒、传播、传播学:获取与使用传媒论. 上海:上海交通大学出版社,2007:31.

是少数媒体财团控制的结果。

访谈人：这种单一全球商业传媒话语权会不会对人类进行洗脑？

田辰山：可以这么说，中国的某些媒体人很可能没有意识到无政府资本主义带来的问题，但正是这种无意识，在实际上起到了推波助澜的作用。因为他们具有现代媒体技术知识，积极模仿西方媒体的风格和工作方法，追求专业化和所谓的独立思维。正是这些特点，使他们难以觉察本身存在的问题，例如：①看不到西方传媒在意识形态和政治上所受的严格控制；②看不到新闻工作者是受训于传媒机构的；③意识不到他们积极模仿西方媒体的工作方式最终将服务于私人资本推行全球化的目标。这样，他们常说的有关中国应当实行自由、独立的传媒，提倡内部竞争、改善传播、亲近公众，以及传媒全球化正提供这样的大环境等话语，是不是值得好好思考一下呢？

我们应当意识到，无政府资本主义同中华优秀传统文化，同公有性质的社会主义信仰，是背道而驰的。隐藏在"自由、民主、人权"的流行说法之下，占统治地位的单一全球传媒话语，会成为私人资本的权力工具。它会充当分化人类与冲突的帮凶，使整个人类失掉话语权。对这种所谓"历史的前进"，我们怎能视而不见、无动于衷？

我们会疑惑少数财团主宰世界信息时宣扬的所谓"自由传媒"。传媒全球化展现的是少数财团的意愿，传媒从服务于公众利益向前所未有的极权主义转化，给人们灌输一种单一的意识形态。① 可以说，少数私人财团大举推进传媒全球化，以"自由、民主"的个人主义意识形态主宰世界信息，实行单一文化培养。而这恰恰是一个全球化的反文化倾向。目前盛行的叙述逻辑编撰了一种宗教迷信式的信仰，即认为传媒只有从政府控制中独立出来，以市场为导向，才会实现文化多元化。"全球化的真正含义……是无可争辩地被迫接受'反文化'这一组织逻辑，是被迫接受生活的每一个角落都变成市场，地球上的每一种文化都变成商业文化。"如果在市场导向下构建一个单一的全球帝国，那么，跨世界的信息网络就是它的统治性的意识形态和商品贸易的"罗马大道"。当这个星球正在被不断扩张的电线、电缆和卫星所环绕的时候，文字、思想、知识、歌曲、故事、数据和文化，一切都将是新的财富源泉。②

人类除了私利和金钱，难道没有其他任何生命意义可言？还有学者或许出于愤怒甚至断言：全球化是显而易见的文化杀人。③ 这些见解是不是入木三分的真实？如果我们习惯于把别人想得太好，甚至赞同于"要想全球化，首先必须美国化"，那么我们的话语权去哪儿了这一问题也就不言自明了。

访谈人：如果说私人资本控制下的传媒意味着不自由，那么传媒要想实现真正自由，是不是就意味着要独立于私人资本？

田辰山："独立传媒"在西方实则是占据统治地位的社会意识形态。"独立传媒"所谓优势的

---

① [美]爱德华·赫尔曼,罗伯特·麦克切斯尼.全球媒体:全球资本主义的新传教士[M].甄春亮等,译.天津:天津人民出版社,2001:249.

② Katharine Ainger. Empire of the Senseless[J]. New Internationalist,2001(333):10-11;田辰山.自由和独立的媒介:中国的叙述以及全球化的现实[M]//戴元光主编.传媒、传播、传播学:获取与使用传媒论.上海:上海交通大学出版社,2007:26.

③ Ziauddin Sardar. Cultural homocide, ayoh![J]. New Internationalist,2001(333):16. 田辰山.自由和独立的媒介:中国的叙述以及全球化的现实[M]//戴元光主编.传媒、传播、传播学:获取与使用传媒论.上海:上海交通大学出版社,2007:27.

一面只是流于表面形式，它的真实一面则是私人对社会公共利益的掠夺。在某种政府与其所对应的特定形式的经济系统之间并没有严格的区分和矛盾的情况下，关键问题就在于传媒是为公众利益负责还是为私人财团利益负责。在这一关键问题上顾左右而言他，坚持所谓"独立传媒"的流行说法，就只能走到牺牲公众利益的道路上。"独立于政府"是一个障眼法，政府在资本主义市场经济环境中，与私人财团的利益具有一致性，只能是为私有财团负责的。真正民主、自由和独立的传媒，是能够在公众而非私人的控制之下，更多地对民众的社会公共利益负责。因此，传媒的独立和自由，自然是既能够从政府也能够从私人资本处获得的独立和自由。由此可知，中国为人民服务的传媒，恰恰是服务于民众公共利益的更好的媒体形式。

联合国教科文组织声称："'文化生态系统'是由丰富多样而又复杂的文化拼接而成的，这些文化或多或少是强势的，它们需要多样化来将其宝贵的文化遗产保留并传承给下一代。"[①] 这一声明告诉我们，应当破除私人资本一统天下的所谓自由和独立的传媒体系，倡导和建立人类命运共同体意识的世界文化生态新秩序。后者反映了世界上一些知识分子对绝大多数人的贫穷和少数集团的特权之间不平等的反思。

中国为了牢固掌握自己的话语权，整个社会需要确立坚定的理论自信，明晰自由、独立媒体的概念和实践。其独立于政府控制的表面含义，不仅不会导致民主，还必然会导致反民主。自由、独立的传媒，决不应当以牺牲公众公共利益为代价来服务于少数私人业主的利益。

访谈人：倘若预测中国未来的走向，是不是必须得从自身出发，从属于自己的话语权出发看问题，才是真实的、可行的？

田辰山：中国共产党和中国政府是信息交流与社会各领域最重要的人民政治力量，要让党和人民的话语权"破字当头、立在其中"。马克思主义学说讲全人类解放，用中国经典话语就是"万物与我为一"，是人类命运共同体，是"我将无我、不负人民"！不同万物为一，没有人类命运共同体，哪有什么"我"？没有全人类解放，哪有什么"个人解放"？公有性质的话语权相较于私有性质的话语权力量更大。因为表达大多数人乃至全人类利益的话语，力量必然强大，而表达一小撮一己私利的话语，力量必然微小。

当我们说着别人的私有性质的话语，就像演惯了温良人物的演员，演起残暴性格来，总显出蹩脚，满口"私"的话语却总带着些"公私"混杂的味道。我们鹦鹉学舌，自以为学到了新东西，却不知这是一种被动的心态。鹦鹉学舌式的私有性质话语，不是原装，忽略了其背后隐藏的话语制作性，只是用"私"点缀了一下"公"。原因在于我们继承的是公有性质话语权的历史和传统，我们可以接受别人创造的新词，但是，我们并不具备话语的创造力。学说别人的话语，还要忧心忡忡、唯恐学得不好，这种旧式的学徒心理，导致我们一边挨打，一边痴迷地认真学。学习别人的话语，往往还要学习别人的作派，嫁接于原来的话语和作派之上，往往使我们自相矛盾，失去信心，一片茫然，创造话语的主动性更无从谈起。

我们应当立即停止这种亦步亦趋的东施效颦。只有跳出别人的话语，拒绝私有性质的话语，重新获得公有性质的话语权，才是唯一出路。公有性质的话语，就是人民的话语，社会主义的话语，马克思主义的话语，革命的话语，它是共产党人历来的话语，是勇敢向私有性质话语进攻的战斗的

---

① Guiomar Alonso Cano, Alvaro Garzón, Georges Poussin edit. Culture, trade and globalization[M]. UNESCO, 2000.

话语。跳出别人的话语，并非话语问题，而是思想意识的问题，是世界观、人生观的问题。树立"不忘初心、牢记使命"的意识，公有性质的话语权自然就产生了。我们的话语权与公有性质的思想意识是一体的，有了"公"的思想意识，话语权的问题就会迎刃而解。

一百年前，中国面临一个三千年未有之大变局、大危机；一百年后，中国又处于一个世界百年未有之大变局的新时代。中华民族要实现伟大复兴，关键之举就是要解决多年以来混淆的话语权问题。我们必须意识到，话语并不是普世意义上的非政治、非阶级性的问题，它是承载特定世界观、人生观、社会观、思维观的载体、非公即私。不是主张贵生、天下生命"一多不分"有机关系的，就是主张害生、一己私利至上的。在近现代的历史范畴内，话语不是代表无产阶级、占人口大多数的人民群众意识的，就是反映资产阶级或者剥削阶级意识的。

毛主席经常说的"不破不立、破字当头、立在其中"的辩证法原理，运用于解决话语权的问题上，就是要立足于"破"，用公有性质的话语迎击别人的私有性质的话语，打破它在学理上、哲学上、人的概念上、私有世界观上的荒诞不经，揭示它华丽外衣下却毫无逻辑的虚构性和扩张性。一定要无情揭露、深刻驳斥将我们妖魔化、污名化的话语。这样，习近平总书记形容的"大音希声、大象无形"的话语权，才可在这一过程中自然而然地、坚实地立于这种"大破"之中。

访谈人：田教授，您以启发式的表达，向我们由浅入深地系统剖析了话语权问题，加深了我们对相关问题的认识，非常感谢您接受我们的采访。

（编辑：孙绍勇）

国外马克思主义研究

时代的要求：创新马克思主义指导下的俄罗斯联邦共产党十大政策

［俄］Г. А. 久加诺夫*

【内容提要】俄罗斯联邦共产党是俄罗斯国家杜马的第二大党，也是俄罗斯政治社会中的主要政党之一。它的活动对于俄罗斯政治社会的发展有着重要的影响。近年来，俄共根据俄罗斯社会发展的特征，不断地调整自己的政策，取得了自身组织上的显著的发展。俄共中央主席Г. А. 久加诺夫在俄共十八大上所作的政治报告中指出，俄共在上一个五年中新增党员人数约6万人，并在随后的新一届国家杜马的选举中取得了相当大的政治进步。因此，在这样的形势下，俄共中央主席Г. А. 久加诺夫同志于2021年10月初，在《真理报》发表了此文，详细地阐述了俄共对于新时代的马克思主义发展的理解和实践，以及提出了自身对于各个行业和各个领域的政策。这对于研究以俄罗斯联邦共产党为主要对象的俄罗斯社会主义运动和独联体国家和地区的社会主义运动有着重要的意义。

【关键词】俄罗斯联邦共产党　Г. А. 久加诺夫　创新马克思主义

在2021年2月与国家杜马各党团负责人的会议上，普京总统指出："人们正在要求进行切实的变革。"6月初，我向作为国家元首的普京总统发出了一封公开信，概述了俄罗斯联邦共产党为实现这种变革而提出的建议。这些建议的有效性在9月的国家杜马选举中得到了广大群众的认可。选举结果表明——对执政党及其实行的社会经济路线的支持已经骤然下降，与此同时，对左派的政治路线的支持——创新马克思主义指导下的基于社会公正、法治和为绝对多数人利益的国家发展原则的政策——正在迅速增长。事实证明，从前者向后者过渡是时代发展的必然。

然而，执政当局试图通过采取必要的手段来维持目前所实行的破坏性发展路线。这就是在国家杜马选举期间，欺骗和欺诈、选票操纵、给人民施加压力和恐吓等"重炮"以最快速度部署的原

---

* 根纳季·安德烈耶维奇·久加诺夫，俄罗斯联邦共产党中央委员会主席、俄罗斯国家杜马俄共党团负责人、共产党联盟——苏联共产党中央理事会主席，哲学博士。本文译自俄罗斯《真理报》2021年10月12—13日第112期，已授权发表。基金项目：本文系2020年度国家社科基金重大项目"改革开放以来中国发展道路的政治经济学理论创新与历史经验研究"（项目编号：20&ZD052）的阶段性研究成果。

因。直到今天，它仍然在"开火"——以回应对明显的大规模违反选举法的人民的愤怒。正是由于选举欺诈的存在，统一俄罗斯党才得以保持了其在国家主要立法机构——国家杜马中的优势，以及对大多数地区立法机关的控制。但现实情况与人民的要求断然相悖。执政党既没有克服危机的方案，也没有让国家回到能够捍卫主权的情况下的可持续发展道路上的方法，因为当前的政权执掌者是被苏维埃政权和社会主义制度的直接破坏者所推上宝座的——其特点和后者保持一致——缺乏制定和实施建设性方案的愿望和能力。

目前，俄罗斯的经济、金融和预算政策继续由叶利钦和盖达尔的"休克疗法"的继承人决定，他们将这些政策隐藏在关于快速发展和技术突破的充满希望的论述后面——例如，将其目的隐藏在如何促使俄罗斯成为世界五大经济体之一，如何促使俄罗斯战胜贫困和克服人口衰落等讨论的后面。事实上，这个集团所追求的路线直接破坏了作为国家元首的普京总统所发布的总统令和有关文件中的相关准则。社会也已经同样明确不再相信这一点——如果不从根本上修改现行政策，对执行国家急需完成的重大任务所需的人员进行更替，国家的发展和突破就很难实现。因此，我们不允许统一俄罗斯党政府将社会推向混乱和动荡的死胡同的政策的存在。

在新一届国家杜马开始工作时，俄罗斯联邦共产党认为自己有责任宣布为实现俄罗斯振兴的迫切需要实施的系统性措施的全部内容并促使其形成政策。我们的要求是，将奥廖尔国际经济论坛和国际经济学界充分论证过的党的方案《建立人民政权的十个步骤》以及俄罗斯科学院和世界政治经济学学会在2021年7—8月充分论证过的可持续的《俄罗斯社会和经济发展方案》列入政府的基本活动准则框架。我们相信，只有满足了这些要求，才能使国家在反人民的自由主义试验和来自敌对国家的外部压力所造成的严重危机中免受最大的冲击。

两个方案都将被寄送给总统、政府总理、安全会议负责人和各地区领导人。

一、俄罗斯联邦共产党的工业发展政策

在过去的10年里，我们的国民生产总值年均增长没有超过1%，苏联在世界总产值的份额为20%，苏维埃俄罗斯①在世界总产值的份额为9%。而今天，我国在整个世界总产值的份额已低于2%，甚至在高科技生产部门只有0.4%～1%。例如，我们只占世界电子产品生产总量的0.5%。毫不夸张地说，这对于向世界展示列宁主义—斯大林主义现代化奇迹并率先将人类送入太空的国家来说，是令人不齿的。

政府预测2021年的经济增长率为4.2%。即使这个数字是真实的，其背后也没有实现真正的经济增长。正如我们所警告的那样，2020年年底和2021年年初工业生产的增长只是暂时性的效果，因为在2020年新冠疫情及其伴随的限制性措施造成了经济急剧下滑。自2021年2月以来，在缺乏系统性变革和必要的固定资产投资的情况下，国内工业生产已经处于危险的停滞状态。在2021年的前7个月，只出现了可以被视为统计误差的表面上的生产增长的现象——2‰。而即使是这种象征性的增长，也是完全以压榨原材料部门为代价实现的。同时，非资源性经济增长率持续下降，近

---

① 译者注：即作为苏联最大的加盟共和国的俄罗斯苏维埃联邦社会主义共和国（РСФСР）。

几个月发表的所有严谨的专家分析都证明了这一点。同年8月，我们再次看到了下降趋势——工业生产与一年前相比整体下降了30%。

在这种情况下，官方统计中所认为的经济增长完全是由消费需求的增长所导致的——与此相反，在新冠疫情的高峰期，这种消费需求的下降也是不可避免的，而又一轮的疫情高峰正在来临。同时这种消费需求又是由信贷担保的，公民也因此进一步陷入债务，这也是数百万人生存的最后途径。公民对债权人的债务总额已经超过了23万亿卢布，超出了目前的联邦预算。事实上，这种所谓的经济增长反而会迅速增加社会风险。灾难性的经济路线正在将我国1/3的未婚成年人和2/3的家庭变成债务的"人质"，也就是说，人民正生活在一个即将到来的社会灾难中。而这同时意味着整个国家都处于类似的缓慢但不可避免的灾难的"阵痛"之中。

同时，根据政府的预测，2022—2024年的经济增长将再次放缓，预计平均增长不会超过3%。如果想要克服长期滞后的问题，我国的经济必须每年至少增长3.5%，否则，不仅总统提出的成为全球前五名经济体的目标将无法实现，而且俄罗斯将不可避免地从当前的第12位下滑到第15位或更低。所有这些都表明，需要对目前的产业政策和整个经济政策进行紧急检查和纠偏。

国家杜马已经在俄罗斯联邦共产党的倡议下通过了《工业政策法》。但这只是第一步，接下来还有其他更雄心勃勃的步骤。为了拯救国民经济，必须加倍投资基于最新技术的制造业发展。必须优先考虑尖端产业，如机床、微电子、机器人、人工智能等。必须从国家福利基金和国家的黄金与外汇储备的6000亿美元中提取资金，向有关公司发放有针对性的投资贷款。时机已经成熟。这一系列政策将有利于促进现有生产设施的最大限度改造和新产能的投入使用，因此，国家每年发放的此类贷款总量应不少于2万亿卢布。

第二步，必须减轻企业和劳动力的税收负担。在目前的经济体系中，坦率地讲，税负已经超出了经济界可以承受的范围。目前20%的增值税是套在国内企业脖子上真正的"绞索"。相比之下，美国根本就没有这种税，取而代之的是销售税，不同州的销售税从6%到9%不等。美国也没有公司财产税，而我们有2.2%的公司财产税。美国企业采购新设备的同时也会享受税收优惠，而我们国家却没有这种刺激生产技术更新的措施。总的来说，我国生产者的税收负担比美国高3倍。在这种情况下，我们如何去通过政策调整缩小我们与战略对手之间的危险差距？我们将如何加入世界主要经济体的行列？答案就是，如果不将目前的增值税至少减半，并积极刺激工业的产业更新，包括实行税收优惠，那将是不可能实现的。

尤其需要注意的是，在具体实践中，这些政策优惠不应取决于企业主及其管理者与政府的亲疏远近。而是应该严格根据企业的固定资产投资、进口替代和高科技生产设施更新等方面的活动来决定其是否应该享受政策优惠。因为只有这样，才能促使员工的福利和专业水平的增长。此外，还应该通过一项关于企业固定资本使用规范的法律——建立发展基金，这个基金只能用于购买新的或翻新破旧的生产设施。

另一个急需实行的措施是严格规范企业对我们自己的原材料——燃料、电力、金属和化肥的国内采购价格。它们无情的、公然的掠夺性收购是经济增长不足的关键原因之一。现在是时候结束这种政策了，因为正是这种政策导致国民经济和国家的发展前景被原材料寡头的贪婪而鲸吞！

第三步，停止无原则的对外开放。根据俄罗斯科学院的数据，外国资本所控制的企业生产总值占国民生产总值的65%；而在电力行业中，其份额甚至达到95%；在铁路行业中达到了75%；在有色冶金行业中占76%；在化学工业中占50%。事实上，我们的原材料开采企业几乎完全由外资公司控制。这些资本家——包括外国商人和本地买办——对企业和行业的技术发展没有任何改进性的投资，他们只是利用旧有的技术积累了巨大的个人资本。今天，在日本，90%的企业已经完成了现代升级，美国为80%，德国为75%，而在我国只有18%。

事实上，这些都是苏维埃制度的破坏者通过强盗式私有化对经济进行全面私有化的后果。国家财产几乎被变卖一空，国家的资源集中在少数新贵们手中，而他们没有为俄罗斯的社会发展和经济发展发挥任何作用。

我们相信，这一政策的唯一替代方案是将具有战略意义的行业和企业国有化。这首先就适用于矿产资源等基础行业。私有性质的垄断企业的平庸和掠夺性政策可能引发的系统性危机早已被现实证明，国家必须对之前所有与此有关的企业私有化行为实行无效化处理，并且根据这些已经记录在案的资本家的犯罪行为对其追究责任。同时，还应要求目前在境外注册的4万多家大型企业返回俄罗斯注册，并且禁止任何一个俄罗斯法律实体在境外注册，此外必须限制外国资本对俄罗斯股份公司的参与。

我们相信，采取这些措施是恢复主权和成功发展经济的一个不可避免的前提，其对于捍卫国家主权的事业也是如此。

二、俄罗斯联邦共产党的农业发展政策

近年来，农业部门的生产增长率明显高于其他经济部门，但这仍然不足以实现可靠的粮食安全。农业部门的生产和发展仍然严重依赖于外国供应的高科技设备部件和成套设备，而农业生产者的平均工资仅达到全国平均水平的40%。这完全是不正常的现象！

首先，俄罗斯的农业生产者被剥夺了与消费者直接接触的机会。零售市场和农贸集市①的数量仍在继续下降，它们的零售额在总营业额中的占比已降至4%。同时，食品市场中出售粗加工食品的商户数量也在急速减少。他们被出售精加工食品的商户——主要是外资商户所取代。

其次，强加给国家的野蛮资本主义是俄罗斯40%的可耕地被荒废的主要原因。这是无法无天的垄断资本的犯罪行为——它们向农民支付微薄的收购费用，然后将收购来的产品的价格抬到市场上的高价位以赚取巨额利润。这就是本国贸易分销网络掌握在外国资本手中所表现出的犯罪行为——实质上是其主导的商业模式挤压了国内的农产品而偏向于销售外国产品。与此同时，政府还决定不采取实质性的措施以支持农业部门的发展——这导致俄罗斯无法实现真正的进口替代和确保国家的粮食安全。对今天已经彰显出最佳经济效益的人民企业进行突袭攻击，并迫害其优秀的管理人员，更是政府打击农业部门的重要表现之一。

在这种情况下，俄罗斯联邦共产党制定了《农村地区综合发展》《将废弃土地纳入农业用地流转》《发展农业和农产品、原材料和食品市场》等重要法案。在这些法案的基础上，形成了我们的选举纲领中的农业政策的基础。但是目前，政府的金融和经济集团正在顽固地抵制这些法案的全面

---

① 译者注：即露天农贸市场。

实施。因此，我们也将在各条战线上更加努力地战斗，不断克服国家对进口食品的依赖，并以为国家提供高质量、健康的食品来替代进口食品。我们也将努力保证国家对农业生产者提供有价值的支持，并竭力完全消除它们与最终消费者之间的带有犯罪性质的中介。总的来说，俄罗斯联邦共产党将为阻止俄罗斯农村的退化和灭绝而奋斗。

今天，与我们密切合作的人民企业就是我们的农业政策的正确性的明确、令人信服的证明——这些企业在新冠疫情和法律的多方打击下，仍然取得了令人欣喜的经济成果。简单地说，人民企业正在树立一个社会正义的榜样，一个证明社会主义经济管理原则优势的鲜活例子。由劳动集体领导的人民企业，不会把市场视为掠夺性的赚取利益的工具，而是将其视为国民经济整体的有效调节器。这就是社会主义市场经济和掠夺性寡头资本主义下的市场经济的关键区别之一。

新的农业产业政策的实施还应配套国家补贴的分配制度的改革。因为只有这样，才能加强人民企业和农业的紧密联系，支持农业科学的发展，并最大限度地将研发成果转化为农业生产力。当然，还应将贸易分销网络重新国有化，从而对外国零售连锁店在食品市场的份额进行控制。

当然，最重要的是必须改善农村人口的社会生活状况和阻止年轻人从农村地区迅速外流的现状。我们认为，主要办法就是必须支持和刺激农村人口的非农业活动，并在国家层面加强农村社会部门的完善、公共基础设施的更新和信息化基础设施的建设。为此，我们任重而道远！

三、俄罗斯联邦共产党的精准脱贫政策

国家统计部门在2021年9月27日公布的一项结论中指出——今天俄罗斯公民的福利仍然处于2010—2011年的水平，尚未恢复到2014年经济衰退前的水平。2020年12月，12.1%的公民——1770万人被国家正式确认为贫困人口——收入低于最低生活水平。这一数字在2021年下降了0.2%。但这种贫困人口的微不足道的减少，并不是因为个人和家庭收入的实际增加，而是因为一次性的政府补助。

事实上，官方的贫困人口统计是一个骗局，它的真实水平要高得多。例如，从中位数方面就能看出端倪——国家月平均工资是每月2.7万卢布，但一半以上的劳动者的月平均工资低于2万卢布，10%的拥有最高收入的劳动者的月平均工资是16.5万卢布，10%的拥有最低收入的劳动者的月平均工资是1.2万卢布。从全国范围来看，最高收入是最低收入的14倍。而在莫斯科，这一数字达到18倍。

目前，俄罗斯的人均GDP在世界排名为第50位。而在世界最低工资排行榜，我们排名前6位。今天，几乎有1/4俄罗斯儿童生活在贫困之中。也就是说，24%的有子女家庭生活在贫困线以下。而在多子女家庭中——48%的家庭生活在贫困线以下，即几乎每两个多子女家庭中就有一个是贫困家庭。

2020年，有1.12亿成年人变得更穷，其负债总金额达25万亿卢布。这是瑞士最大的银行——瑞士信贷银行的专家在一份报告中得出的结论。这份报告还指出，在社会的财产分层和阶级分层方面，俄罗斯"领先"于除巴西以外的所有拉丁美洲国家和除南非以外的所有非洲国家。瑞士专家指出，在新冠疫情出现的第一年，俄罗斯公民的贫困人口增加了11%，而不是俄罗斯统计局所说

的3%。

实际上，贫困正在把全民推向债务的深渊。仅在2021年8月，银行就向公民发放了4710亿卢布的新贷款，自2021年年初以来，居民对银行的债务总额增加了3.6万亿卢布。政府和中央银行也因此越来越倾向于在法律上限制对公众的贷款，但它们却不去设法阻止价格的上涨或购买力的下降。治标不治本的政策只会进一步将俄罗斯推进真正贫困化的深渊。

同时，迅速上涨的物价也直接导致了贫困化的加剧。2021年，即使从官方公布的数据来看，通胀率也超过了6%，而与此同时，食品价格的通胀率上升得更快。自2021年以来，基本必需品的价格已经上涨了8%~40%。政府预测通胀率到2021年年底将达到5.8%。但对于下一个三年期，即2022—2024年，政府预测通胀率将控制在4%以内，而这显然与当前的总体趋势相悖。然而，做出这一预测的真正原因也是显而易见的——故意将通胀率预测值定位偏低这一做法可以规避预算支出也被设置偏低的事实得到证明。当然，到最后，这会导致联邦预算支出的贬值——如果目前的财政政策继续下去，将继续对公民的社会保障质量产生持续性的负面影响。

政府声称其主要任务是增加人民的福利，可是我们却不知道哪些经济和金融政策将为这种增长提供物质基础。但很明显，目前这种增长的基础基本上可以忽略不计。政府目前承诺——最低工资将超过1.36万卢布，但这只是杯水车薪，对于贫困人口乞丐式的生活，这个数额的工资并无实质性改善，不过是在数据上"实现"了较大规模的脱贫。在人民普遍贫困的背景下，俄罗斯前120名富豪手中已经积累了超过6000亿美元的资产，以卢布计算，相当于44万亿卢布——联邦预算的2倍。最富有的24位俄罗斯人的财富总和已经超过了除此之外的全国人口的卢布储蓄！这24位最富有的俄罗斯人的财富总和已达到27万亿卢布，而与此同时，其余所有俄罗斯储户在银行的储蓄总和也仅有25.6万亿卢布。根据我们掌握的数据，仅在2021年的前8个月，俄罗斯亿万富翁的财富总额就增加了400亿美元。2020年，他们的财富总额增长了约800亿美元。也就是说，自疫情开始，这个群体的财富总和就增加了1200亿美元，相当于8.7万亿卢布。

而对此，首先，只有实施我们的方案——将权力和具有战略意义的财产交还给人民，才能将国家从社会动荡和动乱中拯救出来，才能实现引导国家的财政资源支持经济和社会领域的目的。为了实现这个目标，必须通过立法大幅增加最富有公民的税收负担，减少普通收入者的税收，并完全免除穷人的税收。简单地说，税收负担应该从企业和工人身上转移到主要富人和最大的私人企业家的身上和口袋中。

其次，为了掌握最准确的贫困人口数字和最急需提高的公民的生活领域，我们主张建立全国性的幸福指数体系。我们应当以此为依托，从国民寿命、国民资产、国民产值、可支配收入、分配结构、住房和就业、公共安全和社会保障方面精确衡量总体的局势。也就是说，使整个脱贫工作具有更高的科学性和可比较性。

同时，为了改善我国的贫困状况，我们要求将最低生活标准至少提高到2.5万卢布，并依据目前的国有企业的收益采取全民分红的方式以提高人民的生活水平。例如，我们认为政府有必要给公民提供为期五年的分期还款许可，以使他们妥善安排对银行的还款，而不至于影响个人生活。我们还主张以新的利率去代替旧有的已经确定了的个人贷款利率，因为旧有的利率实际上超过了中央银行公布的贷款利率最高限制。

四、俄罗斯联邦共产党的人口发展政策

在过去 30 年的自由化改革中，俄罗斯正在经历一场不断恶化的人口危机。在这 30 年中，仅俄罗斯族就失去了 2000 万人口。我们目前是世界上主要国家中唯一一个主体民族濒临灭绝的国家。在刚刚过去的两年中，人口危机的恶化速度急剧加快——在这段时间里，人口减少了 100 万；而从 2021 年年初开始，人口的损失也已经超过了 50 万。我们是地球上唯一正在经历人口减少，即主体民族人口下降的大国。

2020 年的新生儿出生数量是 18 年来的最低值。但当今俄罗斯人口下降的主要原因是死亡率的灾难性上升。2020 年与 2019 年相比，死亡率上升了 18%。而在 2021 年第一季度的死亡人口总数已经超过了 2020 年第一季度的死亡人口总数——死亡率达到 27%！2020 年，按每 10 万人死亡 1 人的方式计算，我们与乌克兰分列第 11 位和第 12 位，只有世界上最不发达国家——主要是非洲国家的死亡率高于我们。在俄罗斯，每 10 万人中有 13.4 人死亡。比较我国和其他社会主义国家的每 10 万人的死亡率——2020 年，古巴每 10 万人中有 1.8 人死亡，中国是 0.9 人，越南是 2.3 人。

并且，大约 1/3 的俄罗斯人都是在工作年龄死亡的，其中 80% 是男性。这是官方的统计数字，来自副总理塔季扬娜·戈利科娃 2021 年 9 月初在全俄职业安全与健康周上的发言。事实上，这种死亡率是医学退化的直接结果，是灾难性"改革"的破坏性后果，也是养老金"改革"的直接结果，因为执政当局的养老金改革剥夺了数百万人获得养老金的合法权利，甚至还强迫那些已不适合工作的人继续工作。这才是真正的社会性种族灭绝的原因，其结果就是 2021 年的养老金领取者人数比上年减少了 200 万——这是达到退休年龄的已故公民和已在新的退休年龄 65 岁退休的公民的总数。根据专家的计算，通过提高退休年龄，国家每年将"节省"2.5 万亿卢布的社会保障支付——超过预算的 10%。

当我们提出要求时，当局断然表示不愿意重新考虑这一"改革"，这激怒了绝大多数人民。2021 年 9 月底，政府公布了关于共产党党团的议案的意见——将领取养老保险金的年龄起点从 2022 年 1 月 1 日降低到以前的起点的政府意见，对此，政府的裁决如下："俄罗斯政府不支持该法案。"但与此同时，政府并没有为这一结论提供足以使人民信服的理由。

我们主张将退休年龄恢复到以前的水平：女性为 55 岁，男性为 60 岁。我们坚持认为，对于新一届杜马来说，这应是其首批考虑的问题之一。

至于提高出生率和降低死亡率的真正有效措施，我们相信，目前所实行的有子女家庭和养老金领取者的一次性补贴对于其是施舍式的杯水车薪，实际上这是对应有的负责任的社会政策和人口政策的一种装饰性质的粗劣模仿。

我们认为，提高出生率和降低死亡率的关键在于，从根本上增加对有子女的年轻家庭的社会支持的政府开支，同时还需促进形成和实施刺激年轻人就业的方案，以及为他们提供负担得起的住房。除此之外，我们还必须将最低养老金提高到与最低工资同步的每月 2.5 万卢布，并增加对战争之子（烈属或老战士后裔所组成的群体）的社会津贴——如今他们在城市每月得到的津贴只有 1.4 万卢布，在农村只有 0.9 万卢布。对于这些要求，我们已多次向国家杜马提交相关建议，但统一俄

罗斯党政府总是一次又一次地无耻地阻止其通过。

当然，克服人口问题恶化的最重要措施之一就是纠正目前的公共卫生政策。

五、俄罗斯联邦共产党的医疗卫生发展政策

我们必须明确一个事实——目前执政当局将医学完全商业化，即将其转变为商业服务的政策，从根本上违背了医疗的治病救人和保护公民健康的初心。只有当国家拥有高级医疗服务并且能够服务最普遍的群众时，国家的医疗问题才是真正的完全解决。苏联时代就是如此。而只有这样，那些和医疗相关的关键战略目标，如降低死亡率、增加预期寿命和战胜危险疾病等才能实现。但是，如果医疗保健行业商业化，这些目标就不可能全面实现。因为这样的话只有少数富人可以获得高质量的医疗服务，而大多数人实际上没有得到国家应该提供的医疗保障。

医疗部门的"改革"导致我国的医院病床数量在过去20年中减少了1/3。仅在2017—2019年，医务人员的数量就减少了42%。今天我们的流行病学家比2011年少了10%。而在1990年，俄罗斯苏维埃联邦社会主义共和国有14万张适合紧急治疗严重病毒性疾病的医院床位，而到2020年，只有5.9万张——几乎减少了58%。所有这些负面因素都对我们目前所面临的抗疫行动产生了不利影响。我国2021年的新冠病毒致死率超过了几乎所有人口明显多于或与俄罗斯相当的国家。

同时，执政当局一再承诺的药品进口替代也在现实中没有实现。从国家安全的角度来看，医药这样一个重要部门必须脱离对进口药品的依赖。但是根据官方数据，目前俄罗斯药店中60%的药品是进口的。据独立专家称，进口药品的占比甚至高达80%，而那些在俄罗斯制造医药产品的基础设备也有80%~90%来自国外。

社会种族灭绝和人口灾难的唯一解决办法藏在俄罗斯联邦共产党的反危机发展方案中。这个方案的一个重要组成部分就是拯救和发展国内医药的计划，首先就是设法将医疗卫生方面的预算支出增加一倍。

其次，必须宣布制药业具有战略意义。而这个行业必须尽快实现的进口替代任务应被视为国家安全的重要组成部分。因为只有当其成为一个原则问题时，执政当局才会无论如何都必须增加其投资。此外，还应该建立一个国家委员会来支持和控制制药业。这个委员会应该由国家主要的医学专家、立法机构和财政部的代表组成。

特别重要的是，还要加强对在综合诊所登记过的老年人和慢性病人的健康状况的持续监测，并为他们与社区医生的沟通提供便利。同时还应当增强国家的社会保障机构的责任感，保证其能够及时向老年人和重病患者提供必要的药品，特别是那些患有癌症的人。目前，绝对不能接受的一点是——在抗击新冠疫情的借口下，癌症和其他严重疾病患者的问题被视为背景板而得不到应有的重视。

因此，我们主张结束目前在医学领域的破坏性实验，着手实施拯救俄罗斯医学的方案，并确保其全面发展。医疗保健方面犯罪性质的"改革"必须结束。我们需要紧急提请国务会议和安全会议注意人口和医学领域的严峻局面。而且，我们还必须通过一项全国性的方案来恢复实质上的全国性的免费医疗服务。为了实现这些目标，需要从根本上增加医疗领域的资金。今天，医疗领域的投资

仅占国内生产总值的3.5%，我们需要把它提高到6%~7%。而在3年内，我们还必须将国家的医药支出增加至少3万亿卢布。

自2020年6月起，在新冠疫情日益严重的背景下，我们是唯一的有组织的政治力量，我们也向总统提出了在社会公正、技术更新和增加公共投资的基础上振兴和发展医疗领域的方案。但是，我们的建议和要求基本上被执政当局忽视了，因为他们不愿意放弃一条看不到任何希望的"死胡同"，而在这条"死胡同"里，国家亟待解决的重要任务是无法完成的。

但是，俄罗斯联邦共产党提出的关于医疗保健的方案将成为新的康庄大道。因为我们的方案将促使医疗部门为整个社会服务，而不是为少数的寡头资本家服务。这已经成为俄罗斯联邦共产党《建立人民政权的十个步骤》方案的一个重要组成部分。这将使我们恢复可靠且有效的保护公民健康的医疗系统，而不是不择手段地去掏空他们已经瘪了的钱包。为了阻止俄罗斯的灭亡，就必须使我们的国家真正健康、强大和繁荣。

六、俄罗斯联邦共产党的市政建设政策

根据官方数据，目前工业中固定资产的折旧率约为40%。独立专家称，实际上的折旧率已经超过了50%。而无论如何，居高不下的折旧率都从根本上降低了劳动生产率和整个经济的增长速度。

社会的公共基础设施的总体状况只能用危急来形容。根据官方数据，供水、供暖、下水道和排水管网已经有60%超过折旧极限。而在一些地区，它们的折旧率超过了80%。俄罗斯40%的住房处于失修或濒临失修的状态。1/3的住房是在1970年以前修建的。这些建筑中的大多数已经数十年没有翻修过了。在大多数大城市中，30%~50%的住房是赫鲁晓夫时期修建的，这些建筑本应在21世纪初就被拆除。而这些都是建筑和住房及社会服务部门的官方数据。目前电网的折旧率也达到了46%，专家预测，到2025年这一数值可能超过60%。因此，即使是最小规模的公共设施现代化改造也需要4万亿卢布。

今天，俄罗斯联邦共产党已经为住房和公共基础建设的可持续性发展和大规模现代化改造制订了详细的计划。如果该方案得到实施，我们将不仅可以实现这些既定的预设目标，而且还可以降低公民的水电费使它们不超过家庭总收入的10%。我们的方案核心就是——国家不能放弃对电力、燃料和交通费的监管，而且必须避免受到工业和住房等公共基础设施全面崩溃的威胁。执政当局必须认识到主要生产资料的迅速发展和公共基础设施的崩溃都是不容忽视的国家安全问题。我们应当通过一项全国性的计划，并在这个方案的基础上重建它们。

七、俄罗斯联邦共产党的环境保护政策

目前，尽管当局承诺使经济摆脱对进口商品的依赖，但我国自然资源出口的增长却加剧了资源枯竭、环境污染和环境灾难等问题。同时，由于环境和气候的监测及预测系统不发达，我们对所面

临的挑战的准备严重不足。

政府所承诺的实现经济现代化和摆脱主要依托原材料贸易支撑经济的政策的失败已被未加工的原材料出口量的进一步增加所证实。因此,在2021年高频率森林火灾的背景下,再次出现了灾难性的环境问题——联邦海关总署在8月的报告中指出:2021年1—7月,俄罗斯未加工木材的出口量比上年同期增长了12%;而在7月,出口量与6月相比增加了29%。也就是说,仅在7月,我国就出口了180万立方米未经处理的木材。而自2021年年初以来,原木的出口量已达890万立方米。

而且,2021年原木出口量的扩大还是建立在年度森林烧毁面积创纪录的基础上。自2021年年初以来,我国过火森林总面积已达1650万公顷,即165000平方千米。一个面积相当于整个希腊、四个丹麦或半个德国大小的地区的森林已经变成了灰烬。

实际上,这是15年前通过的公然具有破坏性的《森林法》的恶果。虽然俄罗斯联邦共产党从一开始就强烈抵制该法案,但执政党还是让它通过了。在此之后,由于《森林法》的颁布,苏联时代建立的林业和国家护林服务系统都被破坏了。这个系统在苏联时期得到了长时间的检验而证实了其可靠性。从护林员的数量就能看出结论——在国家林业监察局的8.3万名雇员中,在全俄范围内只有680名护林员还在工作岗位上!也就是说,正是这部法律为现在每年吞噬俄罗斯的灾难性森林大火"奠定了基础"。

据环保人士称,我国在石油泄漏方面的排名也是世界第一——俄罗斯的石油事故每半小时就发生一次。根据能源部的数据,90%的石油泄漏事故是管道被腐蚀所致。但是对于石油公司来说,赔偿因此带来的损失比更换已经折旧率很高的基础设施更划算。

根据紧急情况部的数据,在过去20年里,俄罗斯的人为事故和人为灾难的数量几乎是自然灾害的3倍。

而俄罗斯联邦共产党的方案指出——土地和水、森林和农田皆是俄罗斯的国家财富。

因此,我们主张通过新的《森林法》——恢复得到历史检验的、可靠的保护国家独特的自然财富的系统,并规定向破坏和违反该系统规定的人追究责任。同时,还应当在新的《森林法》中增加对造成环境污染和生态威胁事故的资本家和行政部门追究经济和刑事责任的详细程序。

八、俄罗斯联邦共产党的科学与教育政策

目前,国内经济所遭遇的不可阻挡的危机和发展滞后的根本原因是生产技术迭代的滞后,而后者与科学领域的被破坏及其和生产领域之间的日益分离的现状直接相关。科学家们指出,目前政府的科学和教育路线为俄罗斯制造了在高科技领域永远落后的风险。而在当今世界,技术上的依赖将不可避免地意味着政治上的依赖,甚至危及国家安全和主权。

苏联时期,我们在先进科学发展的成果数量上世界领先。1981年,我们创造了9.8万项科学发明专利的世界纪录。在苏联,每个行业都有一个对应的科技发展基金,每个工业企业都有自己的发展基金。这些资金为巨大的科技成果的生产能力和将其转变为生产力的能力提供了保障。

在苏联解体后的30年里，我国的研究人员数量减少了一半。每年参与答辩的全博士学位①论文的数量减少了一半。这些指标遗憾地表明——野蛮的资本主义制度正在将我们推向落后和退化，甚至还有可能将这个过程变得不可逆转。在这种背景下，国家对科学领域的资助政策显得无能为力，国库对此的拨款每年不超过俄罗斯国内生产总值的1%。如果必须确保每年3.5%的经济增长，即至少略微领先于全球平均水平的增长速度，我们就至少应将国内生产总值的7%用于资助科学和教育领域。如果要实现每年5%的经济增长，国家对科学和教育的支出就应达到国内生产总值的10%。正是基于这些经过论证和专业证实的结论，俄罗斯联邦共产党关于在科学和教育领域的计划和我们对国家科学政策进行根本性修改的要求才具备了科学性。

我们的再工业化计划的主要内容是加强对发展高科技产业的支持，并从根本上增加对具备学科前瞻性的科学研究的资助。这种资金的数量应该在目前的基础上提高10倍左右。国家对基于最新技术成果的工业发展的投资也应增加一倍。企业利润的10%也应投资于科学和技术，高新产业在经济中的份额应从8%~10%提高到30%~35%。

当然，国内科学成功发展的必要基础是高级的和可获得的教育。但是，资本主义制度已经把具有独特性的苏联教育的遗产换成了商业化和产业化的教育。

即使在战争最激烈的1942年，苏联政府也将国家预算的6%用于教育——是今天教育经费的2倍。而在取得胜利的1945年，这个数字增加了1.8倍，达到17%。在经历了一场可怕的破坏性战争后，苏联共产党领导下的苏联人民委员会②分配给教育的预算资金比今天的俄罗斯政府多5倍以上。

对此，俄罗斯联邦共产党已经起草了一份成熟的《全民教育法》，我们主张使教育支出从目前占GDP的3.6%增长到7%。这将保证我们能够克服目前这一最重要领域的危机，同时也完全符合培养有价值的人力资源的储备任务。因为若无这种人才储备，我们就不可能在工业、科学和医学领域实现超前的发展速度。国内外许多受人尊敬的专家已经认识到，俄罗斯需要一部基于本国计划的新的教育法。

九、俄罗斯联邦共产党的财政政策

目前，我们认为必须对政府的财政政策进行根本性的纠正。首先要求我们对财政政策进行审查，并设法将预算拨款增加到至少33万亿卢布。这一要求也是我们实施反危机措施的核心。

但从2021年9月30日提交给国家杜马的2022年和2023—2024年的预算草案来看，政府不仅打算继续走同样的老路，还打算进一步收紧政策，而这与国家利益相悖。

目前，联邦预算草案设想将2022年的支出削减4%以支持国民经济的发展。政府还计划将社会服务部门的资金削减6%，另外，计划削减的对各地区转移支付的近700亿卢布也将不可避免地打

---

① 译者注：全博士学位(俄制)，原苏联、俄罗斯、乌克兰等流行俄式学制的欧亚国家的一种颁给研究生的学位，级别比副博士学位高。在取得副博士学位后才能修读全博士。
② 苏联人民委员会(CHK CCCP)，苏联部长会议的前身，即苏联政府。

击到地区的社会服务部门。

目前，医疗领域存在的严重问题在新冠疫情的背景下越发凸显，但这并没有阻止预算部门公然对国家医疗支出做出完全不可接受的削减——从2021年的1.3万亿卢布削减到2022年的1.2万亿卢布。而且他们还决定将国家新药开发计划的项目支出减半，与此同时，俄罗斯对进口药品的依赖性却越来越强，而这种情况对国家安全构成了直接威胁。

俄罗斯当局所实行的反社会政策的另一个表现是其计划削减"养老金保障制度"发展方案中的全额增长幅度。具体来说，执政当局计划在养老金的基金池中削减1520亿卢布。而之前在推动养老金"改革"深化的同时，当局承诺通过大幅提高已经领取养老金的人和未来将加入养老金领取者行列的人的养老金额度来进行补偿。但在新的预算草案中，它完全践踏了这一承诺。总的来说，预算部门2020年在医药、经济和对公民的社会支持方面"节省"6400亿卢布。

这份文件还公然删除了以前它所提出的使国家摆脱对原材料的依赖、使国家进入现代化并使其进入以高科技发展为主的轨道的目标。如果预算草案中决定减少对发展创新经济、核能、太空活动、航空工业、造船和无线电电子学等最重要的国家投资领域的资金，我们怎么能认真期待在目前的方针下实现既定目标呢？

这里，还应该特别注意到航天工业方面的情况，因为它是国家特别自豪的存在，也是苏联时代伟大辉煌的代表。而在今天，保证它的成功发展就是保证俄罗斯的技术实力和竞争力的发展。但是，为了恢复苏联时期我们在这一领域的领先地位，仅有口号和社会运动是不够的，还需要来自国家的真正大规模支持，还需要在这个领域工作的人持续的科研努力。但不幸的是，新的预算草案不利于此。

而反观目前，在削减关键预算开支的同时，新的预算草案还计划将向公民收取罚款的收入目标提高到2550亿卢布，而针对可能出现的犯罪行为（甚至还没有发生，但政府也能"事先知道"），政府将通过敲诈勒索的方式从已经贫困的人们的口袋里拿走这部分钱。

目前，继续按照国际货币基金组织的指导方针和盖达尔—丘拜斯的方法行事的实行新自由主义政策的当局，再次向我们保证——目前经过削减的预算方案是由于国家缺乏资金而决定的。但这是一种虚假的解释。因为事实是，尽管国家有着巨大的资金储备，但这个预算方案仍在刻意压缩规模。

实际上，在2021—2023年，只有不到一半的额外预算收入将用于增加支出。这表明，政府的目的在于按照国际货币基金组织的思路继续推行其极端的新自由主义货币政策，这与增加发展投资的目标相矛盾。

该草案还宣布国家福利基金从2022年的13.9万亿卢布增长到2024年的20.1万亿卢布。如果当局计划在一个"小金库"中隐藏一个几乎相当于国家预算80%的数额的资金，那些有利于发展的投资政策将从何谈起？因此，预算实际上被人为地压低了，而这也无法使国家应对目前面临的挑战。

在新的预算草案提交给国家杜马的同一天，执政当局还公布了一份总统对政府的指示清单。其中包括：致力于尽快修订主权财富基金的使用规范。根据该规范，如果主权财富基金超过GDP的7%，就可以将超过7%的部分用于经济和社会需求。但是现在，总统坚持认为这一限额应提高到10%。实际上，这样的措施将导致国家的重要财政资源被更严格地冻结在储备罐中。

与此同时，在过去的20年里，有超过50万亿卢布被带出国境。这些损失与俄罗斯联邦的三个年度预算相当。实际上，在今天，46%的国内生产总值都被存放在海外。就这一极其消极的指数而言，作为全球五大国家之一，我们的国家财政已经彻底枯竭。并且，2021年资本外流的速度进一步加快。2021年前8个月，这一数字超过了2020年同期数字的43%，达到510亿美元，折合3.7万亿卢布。

如果寡头的巨额收入进入国库，而不是进入他们自己的口袋，并且政府停止无节制地将金融资源提取给外国银行和离岸公司的行为，预算将可以额外获得近12万亿卢布。而如果在不动用国家基金的情况下，仅仅通过重新分配寡头的利润，预算也可以达到33万亿卢布——这也是俄罗斯联邦共产党所坚持的预算案的最低水平。

目前，中央银行一直在为进一步限制企业和公民的金融能力而"努力"。它继续执行提高利率的政策，这也同时导致第二产业从国家银行贷款的利率有所提高。事实上，这也是变相地鼓励商业银行提高抵押贷款利率的措施，而抵押贷款是大多数人购买自己房屋的唯一可能渠道。

就国家的发展来说，改造金融系统是至关重要的。决不能以控制通货膨胀为借口去实行新自由主义的货币政策，而需要设法刺激和发展生产力。它必须给为国家利益服务的生产企业提供优惠的长期贷款。因为没有这项政策，就无法阻止通货膨胀的飞轮，并且高速增长的通货膨胀率也是不利于经济增长的。因此，为实施这项政策，我们就必须对中央银行的职能进行修订。总的来说，以中央银行为首的国家银行不能按照商业银行的规矩和思路行事，而是要按照总体经济的战略利益和社会的要求行事。换句话说，它需要重新取得一个真正的国家银行的角色，在苏联时代它本是如此，而随着寡头资本主义的出现，它已经失去这个角色很久了。

同时，我们还必须让金融政策更严格地控制资本流出，并严格限制其在境外的异动。例如，我们主张立即向将资产转移出俄罗斯国境的企业家进行征税。同时还应当实行严格的资本项目管制，如果继续施行当前的政策，资本的趋利性必定会导致其流入流动性较强且具有投机性质的股票期货市场和房地产市场等，而这不利于经济的可持续发展。目前，国际垄断资本的新帝国主义特征已经极其明显——生产、流通的国际化和资本的进一步集中，世界上各个行业的数个巨型垄断公司已形成，金融垄断资本的异动对国际经济生活的影响越来越大，受知识产权和美国法律霸权的影响形成的全球性财产分配体制两极分化严重。对此，我们应有清醒的认识。

专家们的计算表明——如果石油和天然气工业处于真正的国家控制之下，除去所有的原材料开采成本之后，国家财政每年至少可以获得17万亿卢布的收入。这个数值几乎是今天的2倍。如果这一控制能够实现，我国目前的预算可以轻松增长20%。

总的来说，俄罗斯联邦共产党认为，制定一个全面的发展预算，不仅会大大增加经济和社会领域的公共投资，还将使各地区在由联邦和地方预算组成的综合预算的总额逐步增加进而帮助全国各地区实现均衡发展。如果不这样做，一些地区将继续因不断增加的债务以及缺乏经济、基础设施和社会发展的必要资金而不得不被实质性放弃。

十、俄罗斯联邦共产党的政府组织改革政策

目前，我国经济发展滞后的另一个因素是公共行政系统的退化。对此，执政当局的改进声明依旧是纸上谈兵，而没有转化为行动。无独有偶，经济发展规划部门公开的报告称：目前，总共有超过一半的预算用于45个国家项目上，但在2021年上半年的核查中，每5个国家项目中就有1个完全没有任何进展。45个国家项目只有13个项目被认为是成功的。而在各个重要领域的国家项目和重点项目的情况也极其糟糕——62%的"发展制药和医疗产业"项目、60%的为"确保俄罗斯联邦的化学和生物安全"项目、56%的"电力工程发展"项目、51%的"军事工程"研究项目、43%的"交通项目"，以及40%的"信息社会建设"项目均没有进展。

实际上，如果继续保留这样的行政系统和管理团队，我们可以期待的只有越来越多的危机和国家滑向深渊的现实。行政机关工作退化的主要原因之一在于，由独立的公共组织提供的能够抵制腐败和监督违法行为的制衡系统被破坏了。在苏联时代，这样的系统发挥了巨大的作用。它是以普遍存在的公共组织为基础，组成部门是人民监察委员会、工会、青年团和妇女组织。这些组织不仅加强了社会凝聚力，而且捍卫了人们的公民权利和劳动权利。我们目前的政策和方案就应该借鉴这一经验。

俄罗斯联邦共产党之所以强大，不仅是因为我们有一个反危机的、主导国家复兴和发展的方案——这也是当今俄罗斯唯一符合绝大多数人利益的连贯且明确的方案。同样重要的是，我们还有一个参加广泛的、专业并且自信的专家团队，他们为我们的方案做了很多的工作。俄罗斯联邦共产党是准备为国家承担责任的，我们准备好了去组建一个人民信任的政府，因为我们坚信，只有使俄罗斯重新回到能够成功发展的道路上，才能使其免于社会崩溃和动荡，并且还能够可靠地确保公民的安全和福祉。

今天，任何能够对局势有着清晰判断的人都清楚，国家的未来只有两种选择——要么沿着同样的路线，走向"死胡同"，而那里没有和平和文明的出路；或者我们可以改变政策，走出危机，在左翼爱国力量联盟的方案和人力资源潜力的基础上发展。

对此，我们将用我们所掌握的一切手段和武器为之奋斗。俄罗斯联邦共产党将用一个令人信服和有效的方案、一个专业和令人信服的团队以及对我们的新时代创新马克思主义的坚定认识来武装自己。

对此，我们任重而道远！

（李卓儒　译）

参考文献：

[1] [俄] Г. А. 久加诺夫. 共同携手，为人类走向美好未来铺平道路 [J]. 郭丽双，李卓儒，译. 马克思主义与现实，2021（4）.

[2] [俄] Г. А. 久加诺夫. 苏联解体三十年来的教训：惨痛的背叛和未来的希望 [J]. 李卓儒，译. 马克思主义与现实，2021（6）.

反战和平主义的轨迹

——日本共产党反对侵华战争的斗争历程

徐 拓[*]

【内容提要】从1922年日本共产党成立至1945年日本战败投降,日本共产党始终高举"反战和平主义"的旗帜与日本帝国主义作斗争,站在反对日本侵华战争的最前列。日本共产党根据战争形势的发展制定了"反战五原则",掀起一股反战热潮。但在日本帝国主义势力的残酷镇压下,日本共产党中央委员会遭到毁灭性破坏,进而调整反战路线,努力结成反法西斯统一战线,开展"人民战线运动"。最终随着"卢沟桥事变"的爆发,日本帝国主义开始全面侵华,而日本共产党微弱的反战声音亦未能形成唤醒民众的力量,这标志着反战和平运动的失败。此后,流亡国外的日本共产党人在延安支持中国共产党的抗日战争,为打败日本帝国主义做出了积极的贡献。

【关键词】日本共产党 反战和平主义 反侵华斗争

恩格斯指出:"压迫其他民族的民族是不能获得解放的。它用来压迫其他民族的力量,最后总是要反过来反对它自己的。"[①] 1931年9月18日,日本帝国主义悍然发动侵华战争,从此日本政治社会关于反战和平与侵略扩张之间就产生了激烈的对抗。日本共产党(以下简称"日共")作为战时日本唯一反对侵华战争的政党,自成立之日起就站在以"反对侵略中国"为核心的反战和平主义立场,与日本帝国主义势力进行长期不懈的斗争,在一定程度上牵制了日本帝国主义力量的发展。然而,日共最终并未能阻止日本侵华的步伐,反而自身遭到毁灭性破坏。这种局面的形成既有日共力量微小而屡遭镇压的原因,也与日本国内的政治、社会因素休戚相关。本文试图通过日共反对侵华战争的斗争历程一窥其反战和平主义轨迹的演变。

---

[*] 徐拓,男,云南大学马克思主义学院博士研究生,主要从事日本社会主义运动研究。基金项目:本文系云南大学马克思主义学院研究生科研创新重点项目"日本社会主义运动的历史进程及新动态研究"(项目编号:2021 – YNUMYZD – 01)的阶段性研究成果。

[①] 中共中央马恩列斯著作编译局,编译. 马克思恩格斯选集:第3卷[M]. 北京:人民出版社,2012:292.

一、反战和平——战前日本共产党的新起点

日共成立于1922年7月15日。此时的中国正处于军阀混战时期，日本帝国主义趁机干涉中国内政，不断扩大在华权益。1923年3月，处于非法状态的日共于东京石神井召开临时代表大会，讨论审议了《日本共产党纲领草案》（即《二二年纲领草案》，简称《纲领草案》），要求日本政府"放弃一切对外干涉的企图"，并"撤退驻在朝鲜、中国大陆、中国台湾和库页岛等地的一切军队"①。虽然《纲领草案》由于历史条件的限制未对日本帝国主义的侵略本质进行充分认识，但它作为"远超之前日本马克思主义理论水平的集大成者"②，是日共"确立反战和平与主权在民方向"③ 的第一个纲领性文件，具有重要意义。《纲领草案》反对日本对中国内政进行武装干涉，要求解放日本帝国主义在中国的殖民地——中国台湾，表明日共从成立时起就坚持反对侵略和战争、寻求政治和平的无产阶级国际主义立场。④

日本天皇制政府为了防止国内共产主义革命运动的激化，于1925年4月重新制定了以战前镇压体制为中心的《治安维持法》。这是一部极其反动的法律，它把日共作为最大的镇压对象，禁止一切"变革国体"和"否定私有财产制度"的结社、言论及运动，并规定对违反者处以十年以下徒刑⑤，1928年该法进一步被修改为死刑法。由此，日共领导的民主运动遭到了沉重打击。

1927年3月，日本资本主义陷入严重的金融危机。4月，以陆军大将田中义一为首相的政友会内阁宣告成立。田中内阁把加紧对中国进行武装侵略作为基本方针，并于5月入侵山东半岛（第一次出兵山东）。随即，日共在《无产者新闻》⑥ 上发表社论，要求日本政府立即撤兵，呼吁成立"对华不干涉同盟"。此后，劳农党⑦、评议会⑧等组织在1927年5月组成"对华不干涉同盟"，抵制日本帝国主义侵略中国的行径。

1927年7月，渡边政之辅、锅山贞亲等日共代表前往莫斯科，同共产国际协商制定了《关于日本问题的纲领》，即所谓的《二七年纲领》。《二七年纲领》揭露了"日本帝国主义是中国革命最险

---

① ［日］日本共产党史资料委员会，编．共产国际关于日本问题方针、决议集［M］．林放，译．北京：世界知识出版社，1960：4.
② 小山弘健．日本マルクス主义史概说［M］．东京：方贺书店，1970：106.
③ 日本共产党中央委员会．日本共产党の八十年 1922—2002［M］．东京：日本共产党中央委员会出版局，2003：22.
④ 日本共产党中央委员会．日本共产党の八十年 1922—2002［M］．东京：日本共产党中央委员会出版局，2003：21-22.
⑤ 日本共产党中央委员会．日本共产党の八十年 1922—2002［M］．东京：日本共产党中央委员会出版局，2003：23.
⑥ 《无产者新闻》于1925年9月26日创刊，最初是半月刊，后改为旬刊、周刊和每周五发行，主编是刚刚从苏联回到日本的佐野学。它表面上是以"无产者报社"为发行单位的合法机关报，但实际上的发行单位是日共重建委员会。该刊物反对干涉中国内政，因此在1929年8月被取缔，第238期停刊。1929年9月，更名为《第二无产者新闻》接替《无产者新闻》继续出版，此后于1932年第96期被日共机关报《赤旗报》所取代。别册·1亿人の昭和史「昭和史事典」［M］．东京：每日新闻社，1980：370.
⑦ 即"劳动农民党"的简称，创建于1926年3月5日，是战前日本合法的左派无产阶级政党。
⑧ 即"日本劳动组合评议会"的简称，创建于1925年5月，是战前日本的工会组织，其政策主张深受日共的影响。

恶的敌人"①，提出了"对帝国主义战争的危机进行斗争"和"停止干涉中国革命"的口号②，指出日共当前迫在眉睫的任务是反对侵略中国及制止发动战争③，准确而"尖锐地预见到日本帝国主义对中国的侵略，并对此进行强烈谴责"④。在《二七年纲领》的指导下，日共反对干涉中国内政和反对为侵华战争作准备的斗争取得新进展。

为在群众中宣传反战和平思想，1928年2月1日，日共创办秘密机关报《赤旗报》。作为"必须最迅捷敏锐地反映日本无产阶级劳苦大众的各种革命斗争"⑤的宣传性党报，其"高举反战和平、自由民主主义、维护国民权利和保障人民生活的旗帜"⑥成为战前日本马克思主义政党的风向标。

1928年4月，日本帝国主义趁国民政府北伐之际再次出兵山东半岛（第二次出兵山东），5月挑起"济南事件"，扩大对中国的侵略。随即，中日两国共产党发表联合宣言，谴责日军强行侵犯中国的行为，号召中日两国人民加强团结，以反对共同的敌人——日本帝国主义。日共在《赤旗报》上声明中日两国共产党对待"济南事件"的共同任务，即变当前的帝国主义战争为国内战争⑦；联合一致，对日本军队进行反军国主义宣传。此时，尽管日共遭到"三一五"镇压事件⑧的沉重打击，但仍通过《赤旗报》和《无产者新闻》要求"立即撤出在中国的所有军队"⑨，呼吁将"对华不干涉同盟"发展为"反战同盟"。"反战同盟"筹委会于1928年7月成立，次年11月即发展为国际反帝同盟成员——反帝同盟日本支部。此后，直至1934年春因遭到镇压而导致同盟被完全破坏为止，"反战同盟"始终"紧密地团结世界反帝力量，站在反对日本帝国主义的侵略战争和反对压迫其他民族的运动的最前列"⑩。1929年4月16日，天皇制政府再次对日共进行大规模镇压，共逮捕约300人，史称"四一六"镇压事件。至此，日共"失去在'三一五'事件中未被捕的几乎所有的领导人和全国许多活动家"⑪，力量被严重削弱，其领导的反战和平运动也面临严重

---

① ［日］日本共产党史资料委员会，编．共产国际关于日本问题方针、决议集［M］．林放，译．北京：世界知识出版社，1960：7.
② ［日］日本共产党史资料委员会，编．共产国际关于日本问题方针、决议集［M］．林放，译．北京：世界知识出版社，1960：24-25.
③ 日本共产党中央委员会．日本共产党の八十年1922—2002［M］．东京：日本共产党中央委员会出版局，2003：31.
④ ［日］日本共产党中央委员会．日本共产党的六十年（1922—1982年）［M］．段元培，等，译．北京：人民出版社，1986：30.
⑤ 日本共产党．赤旗：第1卷［M］．东京：白石书店，1972：3.
⑥ 日本共产党中央委员会．日本共产党の八十年1922—2002［M］．东京：日本共产党中央委员会出版局，2003：32.
⑦ 一战爆发后，列宁于1914年10月为布尔什维克党中央起草了《战争和俄国社会民主党》的宣言，第一次明确提出并阐述了"变当前的帝国主义战争为国内战争"的策略口号。列宁认为，该口号"是唯一正确的无产阶级口号"，"是在分析高度发达的资产阶级国家之间的帝国主义战争的各种条件后得出的"．中共中央马恩列斯著作编译局，编译．列宁选集：第2卷［M］．北京：人民出版社，2012：409.
⑧ 1928年3月15日，田中义一内阁为巩固日益迫近的侵略战争的后方，以违反《治安维持法》为由对日共进行了大规模残酷镇压，共逮捕了日共及其支持者约1600人，被捕者受到严刑拷打，其中483人被起诉。该事件给日共造成了巨大的灾难，并成为加强军国主义和法西斯主义的开端．钟清清．世界政党大全［M］．贵阳：贵州教育出版社，1994：167.
⑨ 第五十六帝国议会と日本共产党のスローガン（一九二九）［M］//现代史资料：第14卷．东京：みすず书房，1964：321.
⑩ ［日］日本共产党中央委员会．日本共产党的六十年（1922—1982年）［M］．段元培，等，译．北京：人民出版社，1986：38.
⑪ ［日］日本共产党中央委员会．日本共产党的六十年（1922—1982年）［M］．段元培，等，译．北京：人民出版社，1986：42.

危机。

因受到《治安维持法》的残暴镇压，加之日本社会民主主义右倾化日益严重，在战前天皇专制统治下，"以日共为代表的左翼政党大多陷于半瘫痪状态，难以汇聚抗衡当局的民众力量"①，日本国内关于反战和平、反对侵略的力量日渐衰弱。但长期以来，在这些反战斗争中表现最活跃、最具影响力的当数日共。因此，可以说"反战和平"乃战前日共的新起点。该党自成立以来，一直站在反战和平主义的立场上，坚决反对日本帝国主义对中国的侵略，反对日本军国主义思想，直至1945年日本战败投降。

二、日本共产党反战和平原则的确立

随着资本主义世界经济危机的不断加深和人民斗争的日益高涨，日本企图通过实行法西斯主义和发动侵华战争来转嫁危机并转移矛盾。在这种形势下，日本帝国主义声称"满蒙是日本的生命线"，并为发动大规模侵华战争而加速准备。1931年9月18日，关东军以制造的"柳条湖铁路"被炸为借口，发动蓄谋已久的"九一八事变"，揭开了日本侵华战争的序幕。

早在战争爆发前两个月，日共即在《赤旗报》上发表《同日本帝国主义的战争准备进行斗争》的文章，预先揭露日本帝国主义企图在"满洲"发起新的侵略战争，并号召抵制这一阴谋行径。1931年8月1日的"反战日"，日共在各地组织秘密集会和示威游行，要求日军立即从"满洲"、朝鲜和中国台湾撤出。"九一八事变"的第二天，日共发表告全国工人、农民、士兵书，揭露日军进攻"满洲"的真正意图，呼吁民众"反对帝国主义战争，反对干涉中国，开展大众运动"②。9月20日，中日两国共产党发表了《联合宣言》，共同谴责侵略行径。接着，日共于9月25日在《第二无产者新闻》上发表社论，强调"与帝国主义战争抗斗到底""绝不把一个士兵送上前线""拒绝运送和制造武器"③。在日共的影响下，各群众团体也进行了反战宣传。"全协"④即刻揭破政府所谓的"正当防卫""不再扩大战争"等阴谋欺骗，呼吁"为反对侵略战争而举行群众性政治罢工""组织群众性示威游行""拒绝运送士兵和军需品"。

虽然日共在"九一八事变"后发表了反战声明，但由于党组织遭到严重破坏，未能形成有力的反战群情，其反战运动主要以散发宣传单的形式在地方城市展开。⑤《赤旗报》自1932年4月起转入地下，每期都以具体事实为依据，翔实揭露日本帝国主义侵略中国的情况，"以大量篇幅报道日本人民同中国、朝鲜等抵抗侵略的亚洲各国人民之间的团结，站在日本人民反战和平斗争的第一线"⑥。

随着中国东北的沦陷，日本帝国主义的野心日益明显，种种迹象表明事态正向扩大侵略战争的

---

① 王希亮. 总动员体制前夜：日本社会对九一八事变的因应[J]. 日本侵华南京大屠杀研究, 2020(2): 23.
② 片山潜生诞百年纪念会. 片山潜著作集：第3卷[M]. 东京：河出书房新社, 1960: 229.
③ 日本共产党中央委员会. 日本共产党的八十年 1922—2002[M]. 东京：日本共产党中央委员会出版局, 2003: 41.
④ "日本劳动组合全国协议会"简称"全协"，成立于1928年12月，是战前日本的全国性工会中心。
⑤ 井上寿一. 战前昭和的国家构想[M]. 东京：讲谈社, 2012: 56.
⑥ 日本共产党中央委员会. 日本共产党的八十年 1922—2002[M]. 东京：日本共产党中央委员会出版局, 2003: 44.

方向发展。在这种情况下，日共迫切需要重新分析国内外形势和制定新的方针政策。1932年，日共代表片山潜、野坂参三等前往莫斯科共产国际参加讨论日本问题的会议，并于同年5月通过《关于日本形势和日本共产党任务的纲领》（即《三二年纲领》），第一次正式做出关于反对侵华战争态度的决定，其主要内容是："反对帝国主义战争和警察的天皇制，为大米、土地和自由而斗争，为建立工农政府的人民革命而斗争。"① 同时，日共也清楚地认识到，"反战斗争的重点必须放在群众运动之中和群众斗争之中"②。这样在"反对帝国主义战争、打倒天皇制、争取自由、坚持人民革命"的基础上再加上"开展群众斗争"，就形成了所谓的"反战五原则"。这一方针正确地指明了日共的前进道路和中心任务，并在第二次世界大战期间直至日本帝国主义战败时一直都是日共的基本政策及核心口号，在很大程度上影响了日共以后的发展方向乃至性质宗旨。

但在反对侵华战争被提上议事日程之后的仅仅几个月内，所有社会民主主义政党或者倒戈支持侵略战争，或者降下最初表示反对侵略战争的旗帜，只有日共坚定地表示："在这次想把中国变为殖民地的日本帝国主义战争中，日本共产主义者的行动口号必须是：'为中国的完全独立而斗争'。"③ 1932年5月，日共在野吕荣太郎的领导下，集结了大塚金之助、小林良正等党内外的马克思主义理论家，开始发行《日本资本主义发达史讲座》（简称《讲座》）。《讲座》的内容从学术上支持"反战五原则"，给日本知识分子和青年、学生以很大的影响，激起了反战热潮。这一时期，日共在东京、大阪等陆军连队里，在吴港、横须贺等海军军港中，在长门、山城号等军舰上，陆续成立了党组织。在吴港发行的《耸立的桅杆》（1932年2月创刊）、在全国范围内发行的《士兵之友》（1932年9月创刊）等刊物，被大量散发到军营里，通过在士兵和水兵中宣传"反战五原则"，扩大了反战斗争的影响。而在天皇的"御召舰"——"榛名号"上也诞生了日共组织，给统治集团发动侵略战争以极大的震动。

"在日本帝国主义沿着扩大侵略战争的道路走下去的时候，只有日共举起反对战争的旗帜，维护和平与民主，坚持保护国民的真正利益"④。"反战五原则"的提出进一步加强了日共左倾化和战斗性的姿态，在围绕反侵略与侵略、反对军备与增强武装、坚持反战和平与强化法西斯主义等问题上，与日本帝国主义展开了针锋相对的斗争，坚持了科学社会主义的基本原则。1932年8月，片山潜在阿姆斯特丹召开的世界反战大会上发表了著名的《打倒天皇与日本帝国主义》的演讲，这可以说是在战时体制下日共与帝国主义侵略势力进行激烈对抗的一个特写。片山潜在大会上指出，日本帝国主义对中国的侵略行径使世界人民面临大战的危险，"我们必须以革命战争来反对帝国主义战争……必须变帝国主义的对外侵略战争为国内战争"，必须支持反战的日本劳动人民和支援中国人民的抗战。⑤ 尽管这次大会最终未能阻止日本帝国主义继续侵华的脚步，但日共为争取民族自决、

---

① ［日］日本共产党史资料委员会. 共产国际关于日本问题方针、决议集[M]. 林放，译. 北京：世界知识出版社，1960：63.

② ［日］日本共产党史资料委员会. 共产国际关于日本问题方针、决议集[M]. 林放，译. 北京：世界知识出版社，1960：72.

③ ［日］日本共产党史资料委员会. 共产国际关于日本问题方针、决议集[M]. 林放，译. 北京：世界知识出版社，1960：71.

④ ［日］日本共产党中央委员会. 日本共产党的六十年（1922—1982年）[M]. 段元培，等，译. 北京：人民出版社，1986：55.

⑤ 片山潜生诞百年纪念会. 片山潜著作集：第3卷[M]. 东京：河出书房新社，1960：262.

实现殖民地解放的反战和平方针得到了与会者的声援，体现了无产阶级国际主义精神。因此，以"反战五原则"为核心的反战和平主义成为日共战时的基本政策和重要标志。

三、日本共产党中央委员会的解散与反战和平路线的调整

天皇制政府为破坏以"反战五原则"为指针的日共，对其进行了不择手段的残酷镇压。1932年10月，为在全国开展落实《三二年纲领》的工作，日共于静冈县热海市秘密召开全国代表大会。统治当局早在大会召开前就计划对其实施镇压，此次利用大会召开的机会在全国实施大清剿，共逮捕日共党员、共产主义青年同盟盟员及"全协"活动家等约1500人，制造了"热海事件"①。次年2月，以大阪地区为中心又逮捕1500余人，进而逮捕了"全协"的全体中央委员。1932年年末，日共组织"几乎全面崩溃"，到1933年1月末，其"运动陷入萎靡不振状态"②。

日军在中国东北扶持"伪满洲国"政权后，又于1933年2月扩大对热河省的侵略，准备进攻华北。日共在《赤旗报》上发表题为《反对侵略华北，组织群众性的反战运动》的社论，深刻揭露日军侵略华北、扩大战争的危险性，指出："掠夺华北战争的最终目的在于彻底准备反苏战争，但同时又意味着对中国工农革命直接进行大规模干涉战争的开始"，并强调："为了把这一群众性的反战决议发展成为强大的群众行动，要提出同群众生活最密切相关的反战日常斗争，立即开展群众工作。"③ 日共在这个方针的指导下注重维护群众性的反战诉求，例如，反对强征国防捐款、保障出征士兵家属的生活、反对地主因士兵出征而收回家属土地等。1933年3月，日共党员伊田助男在被日军派往吉林省宁安县时，把装载着十万发子弹的卡车送给了"抗日救国游击军"，而后写下一封遗书自杀，用自己的生命支援中国人民的抗战。王明在共产国际七大上高度赞扬了他的英雄事迹。④《人民日报》也于1965年8月介绍了伊田助男的英勇行为及其临终书信，称颂他反战的国际主义精神。⑤

1933年5月，当解除对法西斯政变"五一五"事件⑥的报道禁令后，《赤旗报》一面高喊打倒政党、财阀、特权阶级的法西斯主义者；一面严厉谴责统治阶级实行残酷的军事独裁统治，进行大规模的军事冒险体制。⑦ 这一声明表明了日共与法西斯主义抗争到底的决心，引起统治当局的极大恐慌，从而加强对日共的策反与迫害。连陆军大臣荒木贞夫也不得不承认："最近我们最忧虑的事情，便是国民内部的奔腾澎湃的思想问题……所以应该首先扫除这种可忧虑的障碍，然后再转向其他方面。"⑧

---

① 日本共产党中央委员会. 日本共产党の八十年 1922—2002[M]. 东京:日本共产党中央委员会出版局,2003:47.
② 资料来源:日本共产党运动概况等. CAJAR(アジア历史资料センター) Ref. A06030017000.
③ 资料来源:しんぶん赤旗,1933-05-26.
④ 野坂参三. 风雪のあゆみ:第8卷[M]. 东京:新日本出版社,1989:52.
⑤ 李延禄. 光荣的国际主义战士——伊田助男[N]. 人民日报,1965-08-22(005).
⑥ "五一五"事件是1932年5月15日以日本海军少壮派军人为首策动的法西斯政变,是政变者闯入总理大臣官邸,刺杀了护宪运动领导者犬养毅首相的暴乱事件。
⑦ 资料来源:しんぶん赤旗,1933-05-11.
⑧ [日]山越珑. 日本共产党斗争史话[M]. 张铭三,译. 北京:五十年代出版社,1953:115.

由于统治当局的威胁利诱和新闻机构的政治性污蔑，日共的处境变得十分困难。其后又频繁发生了特务奸细在党内进行破坏的事件，日共处于严重的内忧外患中。1932年11月，野吕荣太郎因奸细大泉兼藏的告密而被捕。1933年12月，宫本显治也因奸细获野增治的告密被关在麴町警察署。此后，狱外的最后一名日共中央委员袴田里见在没有选定接班人的情况下于1935年3月被捕。至此，日共中央委员会消亡，机关报《赤旗报》也于1935年2月20日出版到第187期后停刊。此外，共产青年同盟中央委员会于1933年12月被镇压，机关报《无产青年》也于1933年11月30日出版到第149期后停刊。①

至此，由于统治阶级的镇压，日共遭到最为严酷的打击，中央委员会被迫解散。此后，虽然也存在个别共产主义小组和共产主义者发起的斗争以及在狱中和国外为捍卫反战和平旗帜而展开的活动，但日共全国性统一组织从1935年年初到日本战败投降的十年间实际上被迫中断，其间党中央也未能重建。这十年活动的中断给日本革命运动带来了严重危害，不仅在侵略战争与极端压迫时期使日本人民失去了解放运动的司令部，而且由于未能系统培养后备人选和积累理论经验，给战后日共开展的"护宪和平活动"也带来不利影响。

中央委员会解散后，流亡在国外的日共领导人根据形势变化积极调整反战和平路线，以结成统一战线为反战斗争的任务，发起反法西斯的"人民战线运动"。1935年6月，野坂参三在纽约会见加藤勘十，提议建立工人运动的广泛联合战线。1935年7月25日，野坂参三和山本悬藏等作为日本代表出席了共产国际七大，大会决定各国联合一切可能的力量建立最广泛的反法西斯人民战线。野坂参三在会上作了关于进行以群众运动为主的反战斗争报告，指出："尽全力去建立一条全体无产者不分政治见解为争取自己切身利益而斗争的统一战线。"②

共产国际七大后，野坂参三把大会的决议和精神带回日本国内，结合日本的形势积极开展"人民战线运动"，给在艰苦环境中坚持斗争的日本活动家们以很大鼓舞。此后，野坂参三和山本悬藏以"冈野"和"田中"的名义于1936年2月在莫斯科发表了《给日本共产主义者的信》，指出："日本共产党当前的任务是团结全体劳动国民反对军部、反动势力和战争"，必须"建立广大的人民战线的运动"，"停止对中国人民的战争"③。这封信对当时的反战运动产生了积极作用：一方面，它以《三二年纲领》的战略方针和展望为前提基础，正确地把握了反战斗争的方向；另一方面，它把共产国际七大的方针具体化，纠正了包括在《三二年纲领》中存在的"社会法西斯主义"④论等一系列缺陷。

1936年7月，参加共产国际七大的日本青年代表小林阳之助回国后，与冈部隆司等日共党员和活动家在东京、大阪、京都建立起组织，开展团结共产主义者和推进人民战线运动的工作。此外，和田四三四等关西地区党员也开始支持人民战线运动，组建"重建日本共产党筹备委员会"。但这

---

① 日本共产党中央委员会. 日本共产党の八十年 1922—2002[M]. 东京:日本共产党中央委员会出版局,2003:53.
② 王学东. 国际共产主义运动历史文献:第57卷 共产国际第七次代表大会文献(1)[M]. 北京:中央编译出版社, 2013:216.
③ [日]日本共产党史资料委员会. 共产国际关于日本问题方针、决议集[M]. 林放,译. 北京:世界知识出版社, 1960:132-133.
④ "社会法西斯主义"是共产国际在20世纪30年代早期持有的一种理论，其首次提出是在1928年召开的共产国际六大上。它认为社会民主主义是法西斯主义的变种，在资本主义经济崩溃和无产阶级激进化的第三时期，阻碍了无产阶级革命。德国纳粹党上台后，共产国际抛弃了"社会法西斯主义"理论，转而提出"人民战线"理论。

些组织成立不久后皆因统治当局的残酷镇压而被勒令解散。1937年12月15日,天皇制政府制造"人民战线事件",约400人被逮捕,起初被捕人士仅限日共,而后扩大到非共产主义的马克思主义者和社会主义者。① 反法西斯的人民战线运动在"事件"中遭到了彻底打击,左翼组织"日本无产党""日本工会全国评议会"亦在镇压中被解散。

人民战线运动也影响了左翼社会民主主义者,曾一度出现打着反法西斯旗号的"统一工运战线运动"、成立"劳农无产协议会"、② 筹建"反法西斯人民战线"、号召社会大众党进行联合斗争等动向。但是,社会大众党作为当时合法的无产阶级政党,却在1936年12月召开的党代会上做出拒绝建立统一的人民战线组织的决定,接着在1937年11月修改的党纲中支持中日战争"是日本民族的圣战",从而"急剧走上社会法西斯主义的道路,使人民阵线组织遭到夭折"③。

尽管各阶层人民都郁积了对扩大侵略战争和反动政策的不满情绪,但"在当时日共组织的统一领导遭到严重破坏的情况下,日本的人民战线运动不可能组织起群众性的行动"④,最终也未能获得成功。

四、日本共产党反战和平运动的失败及在延安的反战活动

日本帝国主义意欲扩大侵华战争,不断"壮大国民支持军队的营盘"⑤,向国民灌输"八纮一宇"⑥ 这一侵略扩张思想。日共在付出艰苦卓绝的斗争和巨大的牺牲后,其微弱的反战声音未能形成唤醒民众的力量,也未能阻止日本帝国主义继续侵华的步伐,反战和平运动陷入了空前低谷。1937年7月7日,日本帝国主义发动全面入侵中国的"卢沟桥事变",标志着日共反战和平运动的失败。

虽然反战和平运动失败了,但日共仍在为反对侵华战争而奔走发声。在"卢沟桥事变"爆发的次日,日共在东京、大阪、北海道等地散发反战传单,揭露战争的强盗性、非正义性和侵略性,并在军队中开展反战活动。随后,日共在各地建立了不同类型的反战组织,进行不同形式的反战斗争。然而,在日共中央委员会职能丧失的情况下,这些斗争只能在各地区分散进行,未能形成较大规模的合力和影响力,很快被镇压下去。

从1937年12月13日清晨开始,日军官兵在南京及附近地区对普通民众和俘虏进行了长达6周的有组织、有计划、有预谋的大屠杀、奸淫、放火、抢劫等血腥暴行,这就是惨无人道的"南京大

---

① Marshall, Byron K (eds.). Academic Freedom and the Japanese Imperial University 1868—1939[M]. Berkeley: University of California Press, 1992:205.
② 1936年5月成立,加藤勘十任委员长。
③ 吕迺澄. 中日战争中日本人民的反战运动[J]. 外交学院学报,1985(3):30.
④ 日本共产党中央委员会. 日本共产党的八十年 1922—2002[M]. 东京:日本共产党中央委员会出版局,2003:55.
⑤ 粟屋宪太郎. 昭和の政党・政党政治の崩壊と戦后の再出発[M]//昭和の历史:第6卷. 东京:小学馆,1988:98.
⑥ "八纮一宇"是日本帝国主义于第二次世界大战期间宣扬的国家格言,日本政府宣传部门的解释是天下一家、世界大同,但在当时的氛围下,实质上是服务于军方的侵略扩张政策,从军备、政治体制、外交关系、意识形态等方面进行动员。

屠杀"。①"大屠杀事件并非士兵出于一时的激愤而偶然发生的事件,这是日军对俘虏及一般平民所实行的有组织的屠杀行为。"② 日共对"南京大屠杀"进行了真实的报道,并在日本国内揭露了日军在中国的罪行。

为了尽快结束战争、争取和平,国外的日共党员与中国共产党在"革命性友谊"的传统下加强合作,在延安继续开展反战运动。1940年年初,时任日本共产国际代表的野坂参三由莫斯科抵达延安,协助中国人民开展抗日活动。出于对敌斗争策略的需要,其在延安化名"林哲",为中国共产党提供了诸多有关日本局势的信息。1940年"五一"国际劳动节,野坂参三组织被八路军俘虏的森健(原名吉积清)、高山进等人,成立"在华日本人反战同盟延安支部"。同年7月20日,"在华日本人反战同盟重庆本部"成立,日本反战作家鹿地亘任本部会长。

随着敌后抗日游击战的发展,侵华日军士气日益低落,八路军中的日军战俘日渐增加,如何对战俘进行思想改造是一个亟待解决的问题。1941年5月15日,野坂参三在中国共产党的帮助下创建了一所史无前例的战俘学校——"延安日本工农学校",对曾被灌输军国主义思想的日军战俘进行和平与民主教育。在民主和革命理论的熏陶下,日本工农学校学员对其过去的罪行进行了反省,一些学员愤慨地说:"在日本国内学校教的历史,简直是骗小孩子的,完全为统治阶级辩护的鬼话。"③"日本工农学校教育、争取了一大批士兵的转变,并通过他们的反对侵略战争和瓦解日军等各种宣传和活动,争取了大批日军士兵脱离反动军队,进入反对日本法西斯的战斗行列,形成了国际反法西斯统一战线中的一支重要力量,从而加速了争取抗战胜利的进程。"④

日本工农学校成立后,野坂参三决定建立一个更高级的无产阶级政党的预备组织,并定名为"在华日本共产主义者同盟"。1942年6月23日,"在华日本共产主义者同盟"在日本工农学校举行了隆重的成立大会,并通过了同盟章程。同盟的成立使对敌工作获得了新的可靠力量,不仅给在残酷的法西斯恐怖下与国外断绝了关系、孤军奋斗的日共以很大的鼓舞,而且给中国人民的抗战同样带来很大的援助。⑤

为了加强抗日根据地内各反战组织的团结合作,野坂参三联合"觉醒联盟"⑥和"反战同盟"等六个反战团体,于1942年8月15日召开"华北日本士兵代表大会"和"华北日人反战团体代表大会",成立抗日根据地内日本人反战运动的统一领导机构——"在华日本人反战同盟华北联合会"。这两个会议的召开在日本反战运动史上具有里程碑的意义,"使抗日根据地的日人反战运动,提高到一个新阶段,使日人反战运动迅猛发展,取得日益增多的效果"⑦。共产国际解散后,野坂参三决定公开身份,恢复在共产国际时使用的日本姓名"冈野进",并于"卢沟桥事变"爆发六周

---

① "しんぶん赤旗"社会部取材班. 元日本兵が语る"大东亚战争"の真相[M]. 东京:日本共产党中央委员会出版局,2006:44.
② [日]不破哲三. 历史教科书与日本的战争[M]. 中国社会科学院日本研究所,译. 北京:世界知识出版社,2003:125.
③ 愉快地紧张地学习着的日本工农学校的学生[N]. 解放日报,1943-10-12(003).
④ [日]小林清. 在华日人反战组织史话[M]. 北京:社会科学文献出版社,1987:62.
⑤ "在华日本共产主义者同盟"成立[N]. 解放日报,1942-06-25(001).
⑥ 即"日本士兵觉醒联盟"。1939年11月7日,由杉本一夫、小林武夫等被俘日本士兵在山西发起成立,是日本反战士兵在中国组成的第一个反战组织。其宗旨是:唤醒广大日军士兵,反对非正义的侵略战争,号召中日人民团结,共同反对日本帝国主义。
⑦ 孙金科. 关于野坂参三[J]. 抗日战争研究,2007(1):248-249.

年的1943年7月7日发表了《告日本国民书》，号召日本广大人民结成统一战线，为反法西斯军部、反侵略战争而斗争。①

1944年1月15日至2月16日，在延安王家坪礼堂召开了"反战同盟华北联合会扩大会议"，讨论并通过野坂参三起草的《日本人民解放联盟草案》，"反战同盟"正式发展成为"日本人民解放联盟"，其成员由已完成思想改造的日本工农学校学员及"反战同盟"的骨干组成。"解放联盟"制定了争取建设民主日本的民主政治纲领，要求："结束战争，实行媾和，建立永久和平"②。在战争后期，"解放联盟"成为在华日本人反战组织的核心，为战后日共的重建作了组织上的准备。

1945年8月15日，日本战败投降。8月17日，"解放联盟"向朱德总司令发出致敬电，祝贺中国人民的抗战胜利，并对中国共产党援助和发展日本人民从法西斯军部奴役下争取解放的斗争运动表示崇高的敬意，决心继续与中国人民团结起来，为实现民主的新日本而奋斗。③ 8月30日，日本工农学校、日本共产主义者同盟、日本人民解放联盟在延安王家坪礼堂举行了盛大的归国纪念大会。

至此，日共的反战和平斗争正式结束，虽然其未能阻止日本帝国主义践踏中国领土的野蛮步伐，但日共反战斗争的精神在一定程度上鼓舞了日本人民的和平觉醒，为打败日本帝国主义做出了积极的贡献，也为中日两国共产党的友好关系奠定了基础。

五、结语

从日共成立到日本帝国主义战败，日共反战和平主义轨迹的演变从一个侧面反映了战时日本政治社会的发展方向，即宪政体制趋于崩溃，军部势力趋于统治，民主力量趋于衰弱。在这样的背景下，"日本的战争所追求的完全就是依靠武力扩大领土和统治范围，依靠武力统治其他国家"的侵略战争，"这一事实是被日本政府以政府名义发表的政府和军部的公文所证实过的，不存在任何反驳的余地"④。因此，侵华战争的爆发绝非偶然，是日本帝国主义蓄谋已久而发动的反人道、反民主的非正义战争。

从《治安维持法》颁布到日本战败的这一时期，根据该法被检举送审者超过75000人，被逮捕者达数十万人。⑤ 这既显示了日本帝国主义的残暴野蛮，也显示了追求和平与民主的日共的顽强抵抗和英勇抗争。"在其他所有政党都与侵略、战争、反动潮流同流合污的逆流中，日本共产党高举和平与民主主义大旗，进行不屈不挠的斗争，对日本的和平与民主主义事业具有深远意义"⑥：第一，日共反战和平斗争加速了日本法西斯灭亡的进程，有力地支援了中国人民的抗日战争和日本人

---

① 冈野进同志发表告日本国民书 号召日人团结打倒军部结束战争[N]. 解放日报, 1943-07-07(1-3).
② [日]日本共产党中央委员会. 日本共产党的六十年(1922—1982年)[M]. 段元培, 等, 译. 北京: 人民出版社, 1986: 91.
③ 日本人民解放联盟电斯杜阿等致敬 向朱德司令致敬[N]. 解放日报, 1945-08-18(001).
④ [日]不破哲三. 从"科学视角"思考日本的战争[M]. 有邻, 译. 北京: 中共中央党校出版社, 2015: 27.
⑤ 日本共产党中央委员会. 日本共产党的八十年 1922—2002[M]. 东京: 日本共产党中央委员会出版局, 2003: 66.
⑥ 日本共产党纲领[EB/OL]. https://www.jcp.or.jp/web_download/2020/02/2020-manifesto.pdf.

民的反战斗争，在东方人民反法西斯战争的胜利中发挥了重要作用。日共反战和平斗争贯穿于中国人民抗日战争的始终，成为中国抗日战场的重要环节，更是日本人民反对日本法西斯的侵略政策和战争政策的一个重要组成部分。第二，日共反战和平斗争奠定了战后日本左翼政党开展的"护宪和平运动"的精神。战后，日本社会围绕以"安全保障"为中心的"护宪"与"改宪"论争展开了激烈对抗。以日本社会党和共产党为代表的左翼力量站在"护宪和平主义"的立场与执政的保守政权进行了长期较量，在一定程度上遏制了日本向军事大国方向的发展，多次使右翼改宪风潮无功而返。第三，日共反战和平斗争为战后建设民主的新日本准备了一支进步力量。日共改造了一批日本士兵，清算了他们的法西斯侵略思想，使其树立了新的人生观和世界观，这对于战后建设和平与民主的日本来说，无疑增添了一支新生力量。第四，具有一定规模并产生一定影响的延安日共反战运动，在世界历史上是绝无仅有的，是世界战争史的奇观，增进了中日两国共产党的友好关系。延安日共反战运动是中日两国人民团结战斗的可歌可泣的英雄事迹，在东方反法西斯战争史上写下了光辉一页。

在战后日本学界总结日本战争责任的研究中，学者戒能通孝曾指出："即使军队拥有再强的力量，如果没有国民的盲目支持，那些暴乱行动也就不会持续下去。"① 换言之，日共反战和平运动的失败，究其原因是没有发动最广大的人民、未能发起全民族的反战斗争，最终也使自身淹没在日本政治社会的波涛之中。因此，客观而准确地研判战争责任和日共反战和平斗争失败的原由，对于警惕和遏制日本军国主义的复苏，坚守民主与和平、维护中日友好具有重要而深远的意义。

参考文献：

[1][日]日本共产党史资料委员会，编.共产国际关于日本问题方针、决议集［M］.林放，译.北京：世界知识出版社，1960.

[2]日本共产党中央委员会.日本共产党の八十年 1922—2002［M］.东京：日本共产党中央委员会出版局，2003.

[3][日]山越珑.日本共产党斗争史话［M］.张铭三，译.北京：五十年代出版社，1953.

[4]吕迺澄.中日战争中日本人民的反战运动［J］.外交学院学报，1985（3）.

[5][日]不破哲三.从"科学视角"思考日本的战争［M］.有邻，译.北京：中共中央党校出版社，2015.

[6]吉田裕.现代历史学と战争责任［M］.东京：青木书店，1997.

---

① 吉田裕.现代历史学と战争责任［M］.东京：青木书店，1997：197.

《马尔库塞文集》自然观的逻辑进路与价值意蕴

——兼谈美丽中国建设对马尔库塞生态思想的扬弃

黄飞瑜[*]

【内容提要】《马尔库塞文集》(以下简称《文集》)展示出一个不一样的马尔库塞。《文集》自然观展现出了独特的整体视野,并指出人类应当重视自然的原因。《文集》中指出了三个造成生态危机的主要原因:资本主义制度、科学技术滥用和异化消费。此外,《文集》中还指出了解决生态问题的四条主要路径:放弃对资本主义的幻想、重视人心变量、更感性地使用技术手段、消除虚假需要。显然,《文集》自然观在理论和实践层面具有重要价值,美丽中国建设应当发扬马尔库塞的自然革命论、生态危机理论、自然解放论等生态思想的合理成分,纠正马尔库塞生态思想中对资本、技术、消费的不合理观点。

【关键词】《马尔库塞文集》 自然观 逻辑进路 价值意蕴 美丽中国

《马尔库塞文集》(以下简称《文集》)自然观的逻辑进路与价值意蕴是法兰克福学派自然观的重要组成部分,由此衍生出马尔库塞生态思想的中国化问题是西方马克思主义生态思想中国化的重要问题,美丽中国建设过程中如何反思马尔库塞生态思想成为需要解决的问题。国内对赫尔伯特·马尔库塞(Herbert Marcuse,1898—1979)的研究成果丰富,但大多集中在《单向度的人》(*One Domination Man*)、《反革命与造反》(*Counter-revolution and Rebellion*)、《论解放》(*On Liberation*)、《工业社会和新左派》(*Industrial Society and the New Left*)、《现代文明与人的困境》(*Modern Civilization and the Human Predicament*)等著作中。近年来,由道格拉斯·凯尔纳(Douglas Kellner)主编的《文集》(1~6卷)向我们展示了一个"不一样"的马尔库塞。《文集》是由凯尔纳挑选了马尔库塞档案馆中其未发表的手稿、书信、笔记等编辑而成,该《文集》的内容有助于消除国内对马尔库塞诸多片面的认识和理解,自然观就是其中重要的部分。该《文集》收录了《现代技术的一些社会含义》(*Some Social Implications of Modern Technology*)、《生态与现代社会批判》(*Ecology and Modern Social Criticism*)、《生态与革命》(*Ecology and Revolution*)、《克服支配》(*Overcoming Domination*)等重要文章,展现了其自然观的价值意蕴与逻辑进路。随着"人类世"的到来,人与自然、人与人、人与自身的关系问题凸显,《文集》涉及丰富而精辟的自然观。《文集》中涉及诸多"伤

---

[*] 黄飞瑜,女,中山大学马克思主义学院博士研究生,主要从事生态马克思主义研究。

害人类与非人类的生命"(凯尔纳语)而带来的问题,值得关注。

一、《文集》自然观的整体视野

马尔库塞在《文集》中主要围绕生态问题,从哲学逻辑进路阐释独特的自然观,并回答了四个问题:自然观具有什么独特性?为何关注生态?造成生态危机的原因主要有哪些?解决生态问题的主要路径有哪些?

第一,《文集》中提出独具特色的自然观,并指出重视自然的原因:其一,马尔库塞指出关注自然的原因在于"粗暴冒犯地球是反革命的一个重要方面"①,揭示出人类强暴自然的事实;其二,生态受到威胁源于资本主义的攻击性,具体体现在帝国主义本身对资源的浪费十分严重,再加上战争的消耗和工业的破坏,二者造成了巨大的破坏性。资本主义的发展和技术的进步使生产力提高了,但与此同时,它的破坏性也增强了,资本主义的内在矛盾裹挟着人与自然。资本主义自身的不合理性对自然的破坏是巨大的,"资本主义的生产力的结构本质上是扩张性的;它不断地削减劳动世界和不仅有组织而且受操纵的闲暇世界之外的最后剩余的自然空间"②;其三,马尔库塞独特的自然观体现在他看待生态问题的视野和角度上。例如,他在《生态与革命》一文中主要表达以下观点:保护环境不仅因为自然作为主体的地位,也在于自然的内在价值能够帮助人类抵抗异化。他还从自然的内在价值和外在价值两个方面阐释了人类为何必须高度重视自然。马尔库塞指出,文明能够改变人的本性和自然,从而使得文明更加文明,使快乐原则战胜现实原则,从而使人走向异化,成为异化劳动的攻击对象,这一现实蔓延到外部自然当中。而自然本身是劳动的一个方面,是"美与宁静,非压抑与解放的象征之一",但自然却在市场经济考虑的范围之外。自然的价值体现在它是生命本能的发源地,能够遏制攻击性和破坏性。因此,一旦生态遭到破坏,人类的本能领域失去了活动的场域,爱欲受困,威胁人类自身的发展和解放,从而揭示出自然解放与人类解放之间相辅相成的关系。

第二,《文集》中指出三个造成生态危机的主要原因,分别是资本主义制度、科学技术滥用和异化消费。其一,资本主义制度是生态危机的重要根源。马尔库塞认为资本逻辑与生态逻辑相对立,在资本主义制度下地球无法获得拯救。资本主义制度通过"合理性"推演,制造占有自然、破坏自然的"应当性"。马尔库塞试图"从替代方案的角度为发达工业社会提供一种批判理论"③,因为他发现"大部分劳动阶级已经从完全否定变成了顺从,甚至肯定制度"④。对于资本主义社会中的不合理因素,包括掠夺大量的自然资源、破坏生态环境等也在资本主义的"合理性"设计中变得合理。因为"在资产阶级仍然是统治阶级的地方,它更加公开地揭示了其对遏制社会变迁的依赖。经济——使生产效率不断提高,换言之,因为在全面管控下舒适程度不断提高,在最发达的工业文

---

① [美]赫尔伯特·马尔库塞. 马尔库塞文集:第3卷[M]. 陶锋,高海青,译. 北京:人民出版社,2019:256.
② [美]赫尔伯特·马尔库塞. 马尔库塞文集:第3卷[M]. 陶锋,高海青,译. 北京:人民出版社,2019:254.
③ [美]赫尔伯特·马尔库塞. 马尔库塞文集:第2卷[M]. 高海青,陶焱,译. 北京:人民出版社,2020:78.
④ [美]赫尔伯特·马尔库塞. 马尔库塞文集:第2卷[M]. 高海青,陶焱,译. 北京:人民出版社,2020:78.

明地区，大部分劳动阶级已经从完全否定变成了顺从，甚至肯定制度"①。除了制造"合理性"，发达工业社会还有一个突出特点在于"可计算性"，包括中国改革开放以后喊出的口号"时间就是金钱""效率就是生命"等，都是这种"可计算性"的衍生物。这种"可计算性"完全服务于人类自身而忽视了自然，是一种"经济效用"原则，而不是"生态效用"的衡量尺度。这样的准则必然引起生态破坏，具体表现为过度掠夺自然资源以满足各种虚假消费等。"技术社会在对人与自然的科学控制上完全实现了可计算性，但与此同时，作为社会变迁的向导（标准），理性概念却受到了质疑。通过对比发达工业社会及其早期阶段，文明可以阐明这种新情况。在工业革命期间，以及此后的近半个世纪里，社会不合理的地方有很多并且很显眼；童工、非人的工作环境、高死亡率、普遍贫困、社会财富分配明显不公证明了进步的不合理性。它的不合理性并不会因为指出物质和技术生产力发展水平相对较低而有所减少；即使处在这个相对较低的生产力水平上，辛劳与痛苦也可以减少，也就是说，对进步进行更加合理的组织安排完全是可能的。"② 马尔库塞在《生态与革命》一文中就如何拯救地球而言，强调应该放弃资本主义制度下的幻想，他认为资本主义社会不可能拯救地球。"生态逻辑纯粹就是资本逻辑的否定，地球在资本主义的框架下不可能获得拯救，第三世界也无法以资本主义的模式发展起来。"③ 通过变革生产方式和消费方式才是正确的革命方式，"我们必须清醒地认识到，我们完全有必要改变生产方式和消费方式，放弃军工产业，放弃生产废品和小玩意的产业，代之以生产那些对减少劳动的生活、创造性劳动的生活以及享受生活来说有必要的产品和服务"④ 以变革现有的社会。"我们的目标仍然是幸福，但幸福的定义不是以不断增加劳动为代价来不断增加消费，而是过上从文明资本主义工业世界的恐惧、工资奴役、暴力、恶臭以及地狱般的噪声中解脱出来的生活。"⑤ 因为个体解放与自然解放具有内在一致性。"污染和毒害是物理现象，也是精神现象，既是客观现象，也是主观现象。"⑥ 正是资本逻辑把一切不合理的因素戴上合理的面具，使自然界成为人类践踏的场域，资本主义是生态危机的罪魁祸首。其二，科学技术的滥用。马尔库塞在《技术社会中的社会变迁问题》中一开始就谈到"成果之一是自由衰落，并且是非暴力式的、民主式的衰落——高效的、平稳的、合理的不自由似乎在技术进步之中有其根源"⑦。开场白表明了核心观点，这一观点包含两层含义：一是建立在自动化程度日益提高的机器大工业基础上的社会造成了剥夺自由的后果，其主要手段是技术控制；二是造成这种后果的方式是非暴力的、舒适的、高效的、合理的，是一种"痛苦中的安乐"。这一观点表明马尔库塞早期即初步形成了独特的科技观，而且一直延续到《单向度的人》一书中。马尔库塞批判的不是科学技术本身，而是对技术的滥用，才使其成为控制和支配自然的主要手段。其三，异化消费是造成生态危机的重要原因。马尔库塞指出，自然之所以变为"商业化的自然、军事化的自然"和"被污染的自然"，原因在于，发达资本主义社会制造"虚假需要"，通过各种手段唤起人的消费欲望，导致过度消费和不合理消费，掩盖了"真实需要"，用虚假满足使人陷入"痛苦中的安乐"，最终达到"非暴力"

---

① ［美］赫尔伯特·马尔库塞. 马尔库塞文集：第2卷［M］. 高海青，陶焘，译. 北京：人民出版社，2020：78.
② ［美］赫尔伯特·马尔库塞. 马尔库塞文集：第2卷［M］. 高海青，陶焘，译. 北京：人民出版社，2020：46.
③ ［美］赫尔伯特·马尔库塞. 马尔库塞文集：第2卷［M］. 高海青，陶焘，译. 北京：人民出版社，2020：259.
④ ［美］赫尔伯特·马尔库塞. 马尔库塞文集：第3卷［M］. 陶锋，高海青，译. 北京：人民出版社，2019：256.
⑤ ［美］赫尔伯特·马尔库塞. 马尔库塞文集：第3卷［M］. 陶锋，高海青，译. 北京：人民出版社，2019：259.
⑥ ［美］赫尔伯特·马尔库塞. 马尔库塞文集：第3卷［M］. 陶锋，高海青，译. 北京：人民出版社，2019：259.
⑦ ［美］赫尔伯特·马尔库塞. 马尔库塞文集：第2卷［M］. 高海青，陶焘，译. 北京：人民出版社，2020：43.

的胜利。消费主义已经成为资本主义控制的新形式,生态破坏是这种形式带来的严重后果。

第三,《文集》中指出生态问题的解决路径。其一,放弃对资本主义制度的幻想,寻找新的、合理的替代方案。他指出,"问题不在于美化丑陋,掩饰贫穷,消除恶臭,用鲜花装饰监狱、银行或工厂,也就是说,问题不在于净化现有社会,而是取代它"①。由此,包括后来的生态马克思主义者对生态社会主义的道路不断探索,希望找到更加合理的替代方案,但常常从"恶托邦"走向"乌托邦"。其二,重视"人心"因素和心理变量在自然保护中的作用。不仅如此,马尔库塞所认为的心理变量与自然相互呈辩证关系。他在《现代技术的一些社会含义》中指出,机械发明(技术的一种)侵入人的本能和无意识领域,削弱人的"力比多",导致人对自然的侵略,而自然的破坏又反过来干扰人的"新感性"塑造。此外,他在《生态与革命》一文中指出,破坏自然有一个令人难以想象的结果,就是人类意识成为破坏的领地和根源。"在当前的发展阶段,社会财富与它破坏性的使用之间存在的绝对的矛盾正渐渐渗入人们的意识,甚至渗透到他们头脑中任人摆布的有意识和无意识层面。"②《工业社会对社会变迁的遏制》一文的核心观点是,遏制与支配力量是发达工业社会的主要特征,而对于自然的控制与支配是其控制的重要部分。"发达工业社会并不取决于技术理性,恰恰相反,它取决于对技术理性的封堵、抑制和扭曲,简单地说,取决于对技术的使用,而它把技术当成了压抑的工具,当成了支配的工具。"③ 在这种支配下,压抑性文明成为代价,而"压抑更深层次的特点是,个人自由、独立思考与表达明显地、普遍地退化了"④。而发达工业社会需要创造压抑性文明的原因在于,"正是通过大规模地生产垃圾品、计划报废、破坏资源,通过把发达工业文明的巨大的生产力转化成有利可图的破坏,这种必要性被延续和保持了下来"⑤。而资本主义发展的结果却是人与自然走向异化,得不到解放,并成为管控的对象和靶子。最终结果是:社会征服了人的整个的存在,既包括他的本能领域,也包括他的无意识领域,而被征服了的、丧失个性的人更容易转为变相对待自然的行为倾向,从而反复地破坏自然成为其结果,这也印证了本雅明所说的"一部文明史同时也是一部野蛮史"。其三,倡导以更感性的方式使用技术手段。马尔库塞指出,正是发达工业社会把理性转化为合理性,使得任何人无力摆脱世界机械化和标准化的机构,同时使得每个人毫无选择地生活在这种机械化和标准化的世界里,这样的异化状态并非通过自身的意志和努力可以轻易摆脱,从而,人的"新感性"在这样的环境中丧失。马尔库塞希望塑造一种"新感性"的人,并以更加感性的方式使用技术,而不是居于理性主导和控制的方式。在他看来,现代社会出现问题的主要原因在于技术滥用,而这种不合理性主要体现在过度理性地、单向度地使用技术手段,通过支配与控制的方式,借助于技术手段操控人类,从而使人与自然关系异化,使人异化。因此,为了实现自然与人的双重解放,他倡导以采用一种富有感性色彩的方式使用技术手段,从而规避技术带来的自然的反扑和报复。其四,消除虚假需要。马尔库塞指出:"消除对各种乏味而又浪费性的东西的需要,消除对有利可图的、攻击性的自由的需要和可能是解放的一个先

---

① [美]赫尔伯特·马尔库塞. 马尔库塞文集:第3卷[M]. 陶锋,高海青,译. 北京:人民出版社,2019:259.
② [美]赫尔伯特·马尔库塞. 马尔库塞文集:第1卷[M]. 高海青,冯波,译. 北京:人民出版社,2019:259.
③ [美]赫尔伯特·马尔库塞. 马尔库塞文集:第2卷[M]. 高海青,陶焘,译. 北京:人民出版社,2020:95.
④ [美]赫尔伯特·马尔库塞. 马尔库塞文集:第2卷[M]. 高海青,陶焘,译. 北京:人民出版社,2020:95.
⑤ [美]赫尔伯特·马尔库塞. 马尔库塞文集:第2卷[M]. 高海青,陶焘,译. 北京:人民出版社,2020:97.

决条件。"① 虚假需要是与真实需要相对立的。马尔库塞主张"大拒绝",而对于商品和消费的拜物的拒绝就是其中一个重要的方面。要实现这种合理的"拒绝",消除虚假需要成为主要的途径。发达工业社会通过技术等手段控制和支配人与自然,通过商品消费满足人类物质膨胀的需求和对自然的过度开发,从而引发生态危机与人类精神危机。因而通过识别真实需要与虚假需要,进而摒弃虚假需要,并从创造、生产、艺术审美等方面获得满足,从而实现对现实压抑的升华,不仅有助于自然的解放,而且有利于人类自身的解放。

二、《文集》自然观的价值意蕴

全球生态危机肆虐,地球进入"人类世"时代,新的地质纪元呼唤新的理论阐释。马尔库塞作为历史的"先知",抓住了人与自然关系的关键点,他的生态视野是建设"美丽中国"的重要参照。总体而言,《文集》中的自然观在理论层面和实践层面具有一定的价值。

就理论层面而言,《文集》自然观的价值体现在以下三个方面:

第一,弥补了马克思主义理论当中意识领域和心理领域的匮乏,是马克思主义自然观的重要补充。作为弗洛伊德的马克思主义者,他指出"人心"变量在生态问题中的重要性,以及自然反作用于人的意识和本能领域,而马克思主义的自然观是一种唯物主义自然观,弗洛伊德的精神分析却是一种建立在人的本能领域和心理层面的学说体系,马尔库塞借用弗洛伊德的理论表达其自身独特自然观的时候十分重视心理变量,甚至他认为所谓的生态运动,心理运动因素占重要地位②。此外,马尔库塞认为自然是主体,与马克思把自然看成客体是相对立的。尽管在对自然的认识上存在明显的差异,但马尔库塞的"自然主体论""生态运动心理论"等学说仍然是马克思主义理论的重要参照和补充,能够扩展马克思主义理论的研究视野和场域,扩大其理论的影响力,是一种把马克思的社会存在与弗洛伊德的生物存在充分结合起来的创新理论体系。

第二,从法兰克福学派的自然观演进史来看,马尔库塞思想为学派做出了思想史论证③。他的自然观扩展了法兰克福学派自然观的视野,并且起到了举足轻重的作用。《文集》展现了马尔库塞与以往其他著作中许多不一样的自然观。这种自然观展现出了顽强的生命力,而且作为法兰克福学派的主要成员,马尔库塞在自然革命方面起到了独特的作用。法兰克福学派自然观是在马克思主义自然观与技术社会中反思人与自然关系形成的理论,其核心观点在于认为科学技术使人与自然显示出丧失自由、走向异化的状态。而且,法兰克福学派自然观还制造马恩自然观对立论的幌子④,在

---

① [美]赫尔伯特·马尔库塞. 马尔库塞文集:第2卷[M]. 高海青,陶焘,译. 北京:人民出版社,2020:60.
② 《生态与革命》一文指出:"归根结底,生态运动本身救赎政治解放运动与心理解放运动。它之所以是政治运动,是因为它面对的是其切身利益受到了运动的威胁的、相互协调的大资本的力量,它之所以是心理运动,是因为(这一点最为重要)外部自然得到了安抚、生活环境得到了保护,也将有助于安抚人类内在的自然。从个体来讲,成功的环保主义会使破坏性能量服从爱欲能量。"[美]赫尔伯特·马尔库塞. 马尔库塞文集:第3卷[M]. 陶锋,高海青,译. 北京:人民出版社,2019:304.
③ 胡大平. 西方马克思主义哲学概论[M]. 北京:北京师范大学出版社,2010:172.
④ 主要体现在施密特对恩格斯自然辩证法的批判当中,详情参见:[德]施密特. 马克思的自然概念[M]. 吴仲昉,译. 北京:商务印书馆,1988:44-58.

某种程度上歪曲了马克思主义自然观，具有一定的负面影响。马尔库塞不仅是法兰克福学派当中在自然观方面阐释得最系统的哲学家，而且透过《文集》，他展示了一种更加辩证、理性、多元的自然观，有助于弥补法兰克福学派自然观存在的不足和缺憾，并在法兰克福学派自然观的形成过程中提供了新的思路和方向，具有独特的作用。

第三，从对生态马克思主义的理论效应来看，《文集》自然观展现了马尔库塞作为生态马克思主义先驱的地位，他的自然观不仅影响了莱斯（William Leiss）、本·阿格尔（Ben Agger）、奥康纳（O'Connor）、约翰·贝拉米·福斯特（John Bellamy Foster）等重要的北美生态马克思主义者，而且影响了生态马克思的走向。作为生态马克思主义的先驱，其理论对生态马克思的发展产生了一定的效应。譬如，《文集》中的控制与支配自然的思想演变为莱斯《自然的控制》一书中的核心思想。生态马克思继承了马尔库塞对资本主义制度和技术进步的批判，从马克思主义的立场和观点出发探讨人与自然关系的异化、技术的异化等问题。生态马克思通过借用和改造马尔库塞的"自然解放论""自然主体论""自然革命论"等，尤其是其技术理性批判、虚假消费批判等态度和理论，在生态马克思的发展过程中发挥了重要作用。作为法兰克福学派对生态理论阐释最完整的哲学家，他在《文集》中所展现出的自然观等思想在莱斯的《自然的控制》《满足的限度》，以及阿格尔《西方马克思主义概论》等著作中都能找到继承和发展的线索。以莱斯为例，莱斯始终追随他的老师马尔库塞。莱斯借用马尔库塞对生态问题的症候分析，其观点主要体现为从人心变量到观念控制、从异化消费到需要理论以及技术观与生态危机的辩证关系。为此，莱斯从个人、社会、自然三个层面改造马尔库塞的生态批判理论，阐发其生态社会主义构想。借用马尔库塞人与自然双重解放的思想，发展人与自然双重控制理论。显然，这是马尔库塞理论效应的体现。因此，应当重视《文集》对生态马克思理论效应的价值和意义。

就实践层面而言，《文集》自然观的价值体现在以下两个方面：

第一，《文集》中的自然观为现代性问题的解决与规避提供了参考路径。鲁枢元把生态分为"自然生态""社会生态""精神生态"三个方面。按照马尔库塞的观点，这三个方面呈现的是一种辩证关系，因此，马尔库塞的自然观并非仅仅关注自然方面，而是涉及社会与精神方面，类似于萨克塞在《生态哲学》中所言："生态是一种关联的学科。"[1] 马尔库塞的思想与人类生存困境、生活方式、人与自然的异化、物化、技术的工具化、理性结构错误、道德意识倒错等现代性问题有高度的相关性。马尔库塞所关注的问题依然在当代发达资本主义社会中普遍存在，当人们试图去破解现代性难题时，可以到马尔库塞思想中寻找可供参考的答案。《文集》与马尔库塞的其他著作一脉相承，包括《单向度的人》等作品中的思想几乎都可以在《文集》中找到许多明线和暗线，能够还原一个完整而全面的马尔库塞理论。《文集》始终关注人的境况。马尔库塞在《文集》中的一篇访谈中谈到，他认为哲学的功能在于批判，而所谓的批判就是对人的境况的反思，而他在《文集》中所提供的这种反思，无疑是现代性问题规避的重要参考。

第二，《文集》中的自然观为生态文明建设提供了启发。马尔库塞的理论是专注于"人与自然的双重解放"的学说，围绕个人的需求逐层予以剖析，并基于人的意识形态来创想和构建未来社会形态，特别是他对社会中真正人的反思和资本主义与社会主义发展道路的反思，着实为中国特色社

---

[1] [德]萨克塞. 生态哲学[M]. 文韬,佩云,译. 北京:东方出版社,1991:1.

会主义建设提供了重要的理论借鉴与参考。马尔库塞生态哲学思想对于解决生态危机、推进生态文明建设、走出发展中的环境瓶颈、助推绿色观念的重构、呼唤人类生态意识的回归具有一定的启示意义。生态文明建设需要注入新的理论参照，为其实践提供更全面的理论基础，而《文集》中的自然观所展现的独特性、辩证性、多元性、反思性无疑是生态文明建设重要的理论源泉。把《文集》中的自然观与中国实际情况相结合，不仅是对马克思主义自然观的重要补充，而且具有独特价值。

三、《文集》自然观的综合考量

综上所述，《文集》包含着丰富的自然观，通过"是什么—为什么—怎么办"的逻辑进路阐释了鲜明而独特的生态思想。无疑，马尔库塞在《文集》中所展现的自然观逻辑进路和价值意蕴能够为生态文明建设提供新的思路。《文集》中的自然观具有丰富的理论与实践价值，从理论上而言，它不仅丰富了马克思主义理论，调节了法兰克福学派自然观，在生态马克思主义当中产生了独特的效应，而且加深了人们对生态问题的认识；就实践层面而言，它能够为现代性问题，尤其是精神生态层面的问题提供参考，而且对美丽中国的建设提供了一定的启示。尽管《文集》中的自然观具有丰富的价值意蕴，但仍然存在一些局限性。譬如，其自然观具有一定的乌托邦和神秘色彩，马尔库塞在《文集》中反复强调破坏自然会侵入人的本能领域和意识领域，但缺乏合理、有效的论证，相反，却陷入精神分析学派当中的神秘主义，缺乏一定的科学性。因此，在生态文明建设的过程中，不仅需要借鉴马尔库塞自然观中的合理成分，也应当规避其存在的不足。综合评析《文集》中的自然观，可以对其主旨进行考量：

第一，就理论价值而言，《文集》自然观展现了马尔库塞前期与后期的一致性与差异性。可以说，马尔库塞后期包括《单向度的人》《爱欲与文明》等作品中体现出的完整而独立的思想可以在《文集》中找到许多相一致的线索，但这种一致性也是建立在差异性的基础之上的。从《单向度的人》一书出发，马尔库塞常常被研究者误解为"技术悲观主义者"，例如，陈昌曙在《技术哲学引论》中就把马尔库塞归为海德格尔、卢梭等技术悲观主义者一类。但在《文集》中马尔库塞的自然观是一种更加辩证而多元的自然观，这一点在他的《现代社会主义的一些含义》等文章中可以发现。因此，《文集》中所展现出的马尔库塞是一个与通常的研究者所理解的不一样的马尔库塞，有助于更加全面、完整、客观地理解马尔库塞的思想，还原一个真实的马尔库塞。

第二，就内容而言，《文集》自然观展现的是一种辩证性、全面性、独特性的特征。辩证性与全面性体现在《文集》中的自然观并不是一种纯粹批判的态度。在《单向度的人》中，马尔库塞展现的是对发达工业社会和资本主义制度借用科学技术的手段控制和支配自然的一种自然观。而《文集》中能够严格区分"技艺"与"技术"，能看到技术对自然巨大的解放潜能，对社会变迁的改造，等等。独特性主要体现在《文集》提供的解决生态问题的路径上。例如，马尔库塞在《文集》中重视心理因素与人心变量在自然保护和生态运动中的作用，并把外在自然与内在自然统一起来，认为二者相互影响，并在多维互动中互相成就，从而得出自然解放与人的解放最终走向双重解放的乌托邦的结论。

第三，就与中国特色社会主义生态文明的区别与联系而言，需要对《文集》自然观进行合理的纠正。《文集》自然观存在对马克思主义生态理论的误解。马尔库塞对马克思的解读本身陷入了"两个马克思"的泥沼,认为早期的马克思主义,尤其是他以《1844年经济学哲学手稿》为代表的著作才是正统的马克思主义,否认和无视晚期马克思主义,因此,马尔库塞发展出来的"黑格尔马克思主义""弗洛伊德的马克思主义""存在主义的马克思主义"并不能代表马克思的思想观点,甚至出现与马克思主义相左的地方。例如,马尔库塞主张的"自然主体论"与马克思的"自然客体论"存在观点上的对立,因此,不能因为马尔库塞是马克思主义者并深受马克思主义的影响,而且对生态马克思主义产生了深远影响,就把他的思想观点嫁接到马克思的思想上,因为马尔库塞本身没有直接遵循马克思主义理论而且对马克思主义理论存在诸多误解,因此,应该严格区分中国特色社会主义生态文明与《文集》自然观的区别,找到二者的连接点,让前者充分吸收后者的营养,与此同时,也要辨析后者的局限性和错误。

第四,就与马克思自然观的区别而言。其一,马克思主义自然观具有马克思哲学的唯物主义本性,而马尔库塞的自然观陷入意识与精神领域的泥沼当中。作为弗洛伊德的马克思主义者,马尔库塞主张"自然是主体",把自然放在与人等同的位置,借助弗洛伊德的生物本体论阐发其"非压抑性"文明理论,张扬人与自然的生物本能。其二,马尔库塞自然观违背了马克思主义自然观的社会历史特征,忽视马克思所强调的自然—历史性。其三,马尔库塞自然观具有浪漫主义色彩。自马尔库塞的博士论文《德国艺术家的小说》到其生前的最后一部著作《审美之维》,马尔库塞的思想类似一个圆圈,从美学经过哲学、马克思主义、弗洛伊德、存在主义,最终回到美学,而他的美学是一种具有浪漫本体论的美学,因此,使得马尔库塞包括自然观在内的思想都具有浪漫色彩,显然这与马克思主义自然观具有很大的区别。

综上,《文集》展现出与马尔库塞以往不同的自然观,而且这种自然观具有深刻的理论与实践意蕴。地球进入"人类世",中国也处于世界百年未有之大变局,在工业文明向生态文明转型的过程中,"美丽中国"的建设道路亟须马尔库塞生态批判理论的指导,因此,需要探讨"美丽中国"建设对《文集》自然观的扬弃问题。

四、"美丽中国"建设对马尔库塞生态思想的扬弃

"美丽中国"是在党的十八大首次提出的,而后,学者们从"美丽中国"的含义和思想渊源、美丽国家、城市、乡村等多个领域展开研究。总体而言,"美丽中国"的思想渊源可以追溯到马克思和恩格斯的生态文明理论,以及中国传统文化中的"天人合一""道法自然"等思想,具有科学性,但在"美丽中国"建设路径中面临各种不利因素和挑战,诸多难点和瓶颈有待攻克。"人类进入工业文明时代以来,在创造巨大物质财富的同时,也加速了对自然资源的攫取,打破了地球生态系统平衡,人与自然深层次矛盾日益显现。"[①] 应当如何实现马尔库塞生态思想的中国化、扬弃马尔库塞的自然观,成为建设"美丽中国"需要反思的问题。

《文集》自然观是在西方发达资本主义国家的背景下提出的,针对的是资本主义社会的生态危

---

① 习近平. 共同构建人与自然生命共同体——在"领导人气候峰会"上的讲话[J]. 环境科学与管理,2021(5):1-2.

机作出的理论回应和反思，其在中国背景下是否适用值得反思，因此，"马尔库塞生态思想的中国化"成为一个重要问题。尽管如此，马尔库塞对此回应道："很多人批评我针对发达工业社会，尤其是美国。但我想说的是，其他发达国家，包括后发的社会主义国家都会模仿美国的发展模式，从而出现相似的问题。"① 在这一点上，马尔库塞无疑是一位历史的先知，至少中国特色社会主义的生态文明建设出现了相似的困境。《文集》自然观对于"美丽中国"建设而言，具有两面性：一方面，借鉴《文集》自然观的理论思考，结合中国的实际情况，利用马克思主义的立场观点方法，思考中国特色社会主义生态文明建设应当如何正确地对待资本、技术与消费；另一方面，思考"美丽中国"的建设如何纠正《文集》自然观的局限性以及马尔库塞生态理论的乌托邦色彩。

第一，"美丽中国"建设对马尔库塞自然观的发扬。马尔库塞的生态思想具有广义和狭义之分，狭义上是专门指自然生态，广义上则不仅涉及人与自然的关系，还包括人与人的关系、人与自身的关系，因此，演化出社会生态和精神生态。在此使用广义的马尔库塞自然观，就自然生态而言：其一，发扬马尔库塞的自然革命论。马尔库塞在《自然和革命》《生态与革命》两篇文章中深入地阐释了其独特的自然革命论。其核心思想可以概括为自然主体论、外部自然与内部自然同步论、自然解放理论等，基于马尔库塞的自然革命论，"美丽中国"建设应当改变把自然看作客体的人类中心主义，重视自然的地位和价值，并协调内部自然与外部自然。其二，发扬马尔库塞的生态危机理论。在"美丽中国"的建设过程中保持生态理性与经济理性的内在张力，注重人与自然的关系和人与人的关系的共振与协作。其三，发扬马尔库塞的自然解放理论。坚持可持续发展道路，树立生态文明的价值观和思维方式，助力"美丽中国"建设。就社会生态而言，发扬马尔库塞的技术理性批判和异化消费思想。就精神生态而言，发扬马尔库塞鼓励人们摆脱异化、追求解放，培养否定思维、反思精神，塑造"新感性"的人，追求艺术与审美。

第二，"美丽中国"建设对马尔库塞生态思想的纠正。其一，纠正马尔库塞看待资本的观点。建设中国特色社会主义生态文明，需要如何对待资本？走中国特色的社会主义道路、充分发挥市场经济的作用已经成为发展的共识，其中，资本充当了重要角色，但资本追求利润最大化与"美丽中国"建设明显存在矛盾。面对这一矛盾，在中国特色社会主义生态文明建设的过程中，应该对资本采取既利用又限制的态度，要在利用资本的同时超越资本，从而扬弃资本。其二，纠正马尔库塞看待技术理性的观点。马尔库塞在《单向度的人》一书中从资本主义社会的各个方面抨击和否定了技术理性，其合理性中也存在许多失之偏颇的地方，建设中国特色社会主义生态文明，需要如何对待技术？有别于西方发达工业社会，作为发展中国家，中国仍然需要大力发展生产力。科学技术是发展生产力最有力的武器。与马尔库塞对技术理性的批判不同，大力支持科学技术的发展仍然是发展中国家的重要任务，只是在发展的过程中，也应该对技术进行驾驭与监督。马尔库塞技术理性批判下的异化社会仍然是"美丽中国"建设需要加以警惕的。其三，纠正马尔库塞的消费观。建设中国特色社会主义生态文明，需要如何对待消费？马尔库塞完全否定了消费异化和虚假需要，但这一态度并不完全适用于中国特色社会主义生态文明建设的实际情况。不可否认，异化消费对生态环境造成了极大的浪费与破坏，对生态多样性造成了威胁。以生态为导向的现代化建设应该提倡一种"低消费的高品质"生活，避免走向"高消费的低品质"生活，从这一维度来讲，马尔库塞的异化消费

---

① ［美］赫尔伯特·马尔库塞. 马尔库塞文集：第5卷［M］. 黄晓伟，高海青，译. 北京：人民出版社，2019：204.

理论具有借鉴意义。但对于处于发展中的中国而言，在守住生态容量底线的前提下，应对消费实行刺激与引导并重的方针。

总之，中国特色社会主义生态文明对马尔库塞生态思想的扬弃有助于"美丽中国"建设，既应当发扬马尔库塞生态思想当中切合中国实际的部分，包括自然革命论、生态危机理论、自然解放论中的合理成分，又应当舍弃中国与西方国家在发展过程中存在的诸多不一致的地方，纠正马尔库塞生态思想当中的不合理之处，包括马尔库塞对资本、技术理性、消费的不合理观点。

参考文献：

[1][美]赫尔伯特·马尔库塞.马尔库塞文集：第1卷[M].高海青，冯波，译.北京：人民出版社，2019.

[2][美]赫尔伯特·马尔库塞.马尔库塞文集：第2卷[M].高海青，陶焘，译.北京：人民出版社，2020.

[3][美]赫尔伯特·马尔库塞.马尔库塞文集：第3卷[M].陶锋，高海青，译.北京：人民出版社，2019.

[4][美]赫尔伯特·马尔库塞.马尔库塞文集：第5卷[M].黄晓伟，高海青，译.北京：人民出版社，2019.

[5]胡大平.西方马克思主义哲学概论[M].北京：北京师范大学出版社，2010.

[6][德]萨克塞.生态哲学[M].文韬，佩云，译.北京：东方出版社，1991.

[7]习近平.共同构建人与自然生命共同体——在"领导人气候峰会"上的讲话[J].环境科学与管理，2021（5）.

保罗·斯威齐是如何误读马克思价值转形方法论的？

王甄玺　吴旭平*

【内容提要】商品的价值总额转为商品的价格总额、剩余价值总额转为利润总额问题是马克思劳动价值论的核心问题。保罗·斯威齐在《资本主义发展论：马克思主义政治经济学原理》中，正确解读了马克思对"资本""商品""商品拜物教"的分析并证明了马克思剩余价值学说的正确性，但在转形问题上存在严重误读，首先是误读了马克思的部类划分，将《资本论》第2卷的部类划分与《资本论》第3卷的不同生产部门概念相混淆。其次，斯威齐在生产部门中"强加"再生产平衡条件，破坏了马克思对社会平均剩余价值分配计算的前提条件。最后，斯威齐以资本有机构成相同为前提推导马克思价值转形，而马克思价值转形恰恰是建立在资本有机构成不同前提下的。因此，保罗·斯威齐对马克思价值转形之质疑不能成立。

【关键词】斯威齐　马克思价值转形　社会总剩余价值分配

马克思阐述了剩余价值转化为利润、利润转化为平均利润，商品价值转化为生产价格，以及马克思在《资本论》第1卷中所阐述的剩余价值理论，用以说明资本主义社会现存的利润、利息和地租以及以它们为基础的资本主义社会的三大阶级关系。西方学者普遍地将该理论称作"马克思的转形理论"。价值转形理论是连接《资本论》第1卷剩余价值生产理论和《资本论》第2卷剩余价值流通理论，与《资本论》第3卷剩余价值分配理论的关键性的桥梁，在马克思劳动价值论中具有举足轻重的理论地位。也正因如此，《资本论》第3卷问世以后，这一理论在西方资产阶级经济学界引发了持续100多年的理论论战。在国外，研究转形问题最早的是德国柏林大学数理统计学家鲍特凯维茨。在国内，20世纪80年代以来朱绍文、胡代光、丁堡骏、白暴力等学者相继对转形问题进行了介绍与研究。英语国家经济学家讨论转形问题，深受美国经济学家保罗·斯威齐（Paul Marlor Sweezy）的影响，在价值转形这场旷日持久的理论大战中，国内外学者从不同的角度分析了资本有机构成变化后的价值转形问题。斯威齐以《资本主义发展论》一书对马克思价值转形理论的介绍和评论发挥了重要的作用，但细观全书，斯威齐在价值转形方面严重误读了马克思，扭曲了马克思价

---

* 王甄玺，男，浙江大学马克思主义学院博士研究生，主要从事马克思主义政治哲学研究；吴旭平，男，浙江大学马克思主义学院副教授，主要从事马克思主义哲学研究。

值转形的方法论和思想内核，因而无法真实理解马克思劳动价值论理论之精髓，因此，需要对斯威奇的质疑做出回应，从而在学理层面澄清马克思价值转形的真正内涵。

一、《资本论》第3卷关于社会总剩余价值分配的理论还原

商品的价值总额转为商品的价格总额、剩余价值总额转为利润总额，是马克思在《资本论》第3卷中研究社会剩余价值中价值转化生产价格推导出来的。要理解马克思的"价值转形"，首先要厘清马克思关于社会总剩余价值总额分配理论，在《资本论》第3卷中马克思按照三个步骤引出社会剩余价值的分配问题：第一步，利润平均化；第二步，剩余价值的平均分配与商品价格的偏离、资本有机构成的不同，影响着利润及对剩余价值的占有不同；第三步，商品的价值转化为生产价格。

第一，在资本主义生产方式下，资本利润率通过竞争出现利润平均化。在《资本论》第3卷第二篇中，马克思认为，在资本主义生产方式下，工资之差别表面上是"简单劳动"与"复杂劳动"的区别，实际上掩盖了对工人的剥削程度。譬如，工匠的工资高于装订工，那么工匠在剩余劳动中所创造出的剩余价值也会按相同比例高于装订工。就剩余价值率本身来说，随着资本主义的发展，资本主义生产方式会使剩余价值率在不同部门或同一部门以不同投资获得平均化。

马克思在考察剩余价值率时，以各生产部门剩余价值率相等、不变为前提，各生产部门的利润量同剩余价值量、剩余价值率为同一。马克思在设定利润率时指出，利润率受两种因素影响：资本有机构成（$c+v$）和资本周转时间。"尽管在彼此相隔很远的产业部门，这个比率偶尔可能完全相同或大致相同。"[1] 就资本有机构成来说，以可变资本为例，假定100元是100个工人一周工资，每周劳动60个小时，剩余价值率为100%，即30个小时为自己劳动，30个小时为资本家劳动。在钢铁部门700元的投资中，100元为工人工资，600元用在生产资料（铁矿石）上；在造纸部门700元的投资中，600元为工人工资，100元用在生产资料（木浆）上。那么，钢铁部门700元中只有100元可以推动劳动力，在100个劳动周中，钢铁部门资本家只能占有50个劳动周的剩余价值。造纸部门700元中有600元可以推动劳动力，在100个劳动者中，造纸部门可以占有300个劳动周的剩余价值。在剥削劳动相等时，造纸部门比钢铁部门多生产了6倍的剩余价值。可以看到，钢铁部门的利润率为14.29%，而造纸部门的利润率为85.71%。以此类推，固定资本亦如此。因此，资本有机构成影响着利润。资本有机构成不同，所占有的剩余价值量也不同。等量的资本获得等量的剩余价值，这是资本的"共产主义"。因此，马克思得出结论：即使在不同的生产部门和不同的资本有机构成中，"只要为生产产品所预付的资本部分相等，其产品的成本价格总是相等的"，因为成本价格具有等同性，平均利润便是以资本竞争来确定的。[2] 市场竞争可以使得资本由利润不足的生产部门转移到有超额利润的生产部门，进而达到各个生产部门的利润率平均化。

第二，在资本主义生产方式下，剩余价值的平均分配会影响商品价格的偏离，资本有机构成的

---

[1] 中共中央马恩列斯著作编译局，编译. 马克思恩格斯文集：第7卷[M]. 北京：人民出版社，2009：162.
[2] 中共中央马恩列斯著作编译局，编译. 马克思恩格斯文集：第7卷[M]. 北京：人民出版社，2009：172.

不同，影响着利润以及对剩余价值的占有不同。马克思在《资本论》第3卷第二篇第九章中以棉纺织厂分的不同组成部分为例，梳棉间、粗纺间、纺纱间和织布间的固定资本和可变资本的比率各不相同，如表1所示。

表1 棉纺织厂资本有机构成

资本	剩余价值率	剩余价值	商品价值	商品成本价格	商品价格	利润率	价值与价格偏离
1. $80c+20v$	100%	20	90	70	92	22%	+2
2. $70c+30v$	100%	30	111	81	103	22%	−8
3. $60c+40v$	100%	40	131	91	113	22%	−18
4. $85c+15v$	100%	15	70	55	77	22%	+7
5. $95c+5v$	100%	5	20	15	37	22%	+17

注：c为固定资本，v为可变资本，m为剩余价值，K为商品价值，$K=c+v+m$。

可以看出，部门1、部门4和部门5的商品价格总值高于价值的总值为+26，部门2和部门3商品价格总额低于价值的总值为−26，所以商品价格偏离源于剩余价值的平均分配。因为每100预付资本（$c+v$）都会有22%平均的利润分别加入部门1~部门5的各种商品的成本价格，以互相抵消。"一部分商品出售时比自己的价值高多少，另一部分商品出售时就比自己的价值低多少"①，按照这样的价格，平均利润才同样达到22%。不同部门资本有机构成不同，占有的剩余价值也不同，利润率也不同。但马克思在这里引申出了"一般利润率"，即有着不同利润率的不同生产部门通过竞争，将利润平均化，一般利润率成为这些不同部门利润率的平均数。不同部门资本家出售完商品后得到的不是商品含有的剩余价值，而是获得以社会总资本中所有生产部门生产的总剩余价值分配时回馈于各个部门的相应剩余价值。② 可以说，不同资本家获得的利润之所以不同，是因为每位资本家投入总企业的资本量不等，因此而区别开来的。马克思在这里区隔了商品的成本价格与商品的价格。商品的成本价格由各部门的支出决定，商品的价格由社会总生产使用的社会总资本的一部分在一定流通时间平均下得到的利润所决定。同时，部门间通过竞争所导致的剩余价值的平均分配，并不影响剩余价值，更不影响社会劳资关系的固定化，因而利润和总工资之间的比例不会因社会竞争而发生变动。

第三，商品的价值转化为生产价格。马克思指出，商品的生产价格等于商品的成本价格加上平均利润率，这是建立在社会平均资本有机构成已确定的基础上的。假设平均资本有机构成$=mc+nv$，m和n为不变量。当$m+n=100$，平均利润率为20%，有机资本的高位构成为：$(m+x)c+(n-x)v$，有机资本的低位构成为：$(m-x)c+(n+x)v$。如马克思在《资本论》第3卷中所示：

1. $80c+20v+20m$。利润率$=20\%$。产品的价格$=120$。价值$=120$。

2. $90c+10v+10m$。利润率$=20\%$。产品的价格$=120$。价值$=110$。

3. $70c+30v+30m$。利润率$=20\%$。产品的价格$=120$。价值$=130$。

三个部门中，只有第2个部门产品价值才等于生产价格，这是因为其资本有机构成刚好为社会

---

① 中共中央马恩列斯著作编译局,编译. 马克思恩格斯文集:第7卷[M]. 北京:人民出版社,2009:176.
② 中共中央马恩列斯著作编译局,编译. 马克思恩格斯文集:第7卷[M]. 北京:人民出版社,2009:177.

平均资本有机构成，因此，商品价值与价格的偏离需要考虑资本有机构成与社会平均资本有机构成的差距。

为什么商品价值会转化为生产价格？马克思作了进一步解释：商品的价格 $= k + p$，p 为商品的成本价利润，$p = kp'$（p' 为一般利润率）。商品的价格只有在三种情况下才会发生变动，第一，商品的价值量不变，一般利润率发生变化；第二，一般利润率不变，价值发生变化；第三，二者同时发生变化。一般利润率的变化需要经历商品的大周期波动才会产生，因此，在不考察一般利润率的情况下，商品在价值转形过程中净产品生产价格总量等于商品价值总量是始终成立的，因此，商品的价值可以用商品的生产价格来说明，商品的价值可以转化为商品的生产价格。

为什么剩余价值总量会转化为利润总量？社会总资本 $f = c + v + m$，一般利润率为 m/f。影响利润总量的有两种情况：第一，假定剥削强度不变，即剩余价值 m 不变，影响利润的只有 c、v，即固定资本与可变资本变动，利润总额才会发生变化，因此，一般利润率的变化是以商品的价值变动为前提。第二，剩余价值 m 发生变化，利润率发生变化。从量来讲，利率与剩余价值是同一的。"实际上，量的差别还只存在于利润率和剩余价值率之间，而不是存在于利润和剩余价值之间。"若将剩余价值总额转为利润总额，可用公式表达为：

$$\text{I } c_1 + v_1 + m_1 = f_1$$
$$\text{II } c_2 + v_2 + m_2 = f_2$$
$$\text{III } c_3 + v_3 + m_3 = f_3$$

$C + V + M = F$

平均利润 P，是全部剩余价值除以全部资本。

$$P = \frac{m}{c + v}$$

即可改写为：

$$\text{I } c_1 + v_1 + p(c_1 + v_1) = f_1$$
$$\text{II } c_2 + v_2 + p(c_2 + v_2) = f_2$$
$$\text{III } c_3 + v_3 + p(c_2 + v_2) = f_3$$

总计，$C + V + P(C + V) = F$

马克思在《资本论》第 3 卷中对商品的价值转形进行分析，是以一种科学研究剩余价值分配的方法，首先忽略偶然和非本质因素对剩余价值的影响，是在社会分工、劳动生产率和资本有机构成已定的前提下讨论商品的价值转形。其次，马克思指出，剩余价值与利润率是同一的。刨去商品的流通时间，资本有机构成不同，所占有的剩余价值量即不同。再以资本有机构成推导，无论资本的有机构成如何不同，只要各部门预付的资本部分相等，其产品的成本价格总是相等的，商品成本价格相等性会形成各个投资者竞争的基础，平均利润和剩余价值的平均分配在竞争中确定，部门剩余价值率的相同是资本主义生产方式发展到一定阶段的必然规律。最后，剩余价值的平均分配会影响商品价格的偏离，从社会总资本投入生产的投入来说，即使各个部门获得的利润不同，每个部门都会在社会总资本中获得其相应的份额，即一般利润率，因而决定商品的价格，因此从社会总资本投入来讲，社会剩余价值总额即利润总额问题，受价值规律影响，商品的价值总额等于商品的价格总额。在价格与价值偏离方面，马克思已设定，商品的成本价格是生产该商品所消耗的各个商品价值,但在一个商品的生产价格方面,对于买者来说,该商品就是它的成本价格。"可以作为成本价格加入另一个商品的价格形成。因为生产价格可以偏离商品的价值……无论如何,商品的成本价格总是小于商品的价值这个论点,在这里仍然是正确的。"① 正如马克思指出,"费用价格对价值的这种有重要意义的偏离——这种偏离是由资本主义生产决定的——丝毫没有改变费用价格照旧是由价值决定这个事实"②。

二、保罗·斯威齐对马克思政治经济学的贡献及在价值转形问题上的误读

斯威齐在研究转形问题中以"马克思抽象法的应用"为题,指出"只有像马克思这样对现存社会秩序进行批判的人,才敢于在李嘉图止步的地方接踵而起,暴露商品生产形势下的真正社会关系"③,让人们看清"资产阶级之政制、正义、法权景观历史相对性",正确地从马克思政治经济学视角批判并揭示了资本主义生产关系。然而,其在《资本主义发展论》第七章"价值转化为价格"的分析中存在着对马克思转形问题的误读,主要表现在三个方面:第一,对部类的错误划分,强加再生产平衡条件,破坏马克思对社会平均剩余价值的划分;第二,误将前提作结论,以资本有机构成相等为条件推导马克思价值转形的公式;第三,错用鲍特凯维茨价格计算方法。

下面,针对这三点展开论述。

第一,斯威齐误读马克思的部类划分,强加再生产平衡条件,破坏马克思对社会平均剩余价值的划分,以错误的前提推导马克思价值转形。斯威齐在《资本论》第2卷中受马克思启发,以部类的思路推导剩余价值总额与价值总额是否相等。在《资本主义发展论》第二篇积累过程中,斯威齐列出了所谓"马克思的价格计算图表"④(见表2)。

表2 马克思的价格计算

部类	固定资本	可变资本	剩余价值	价值	利润	价格	价格与价值的背离
1	250	75	75	400	$108\frac{1}{3}$	$433\frac{1}{3}$	$+33\frac{1}{3}$
2	50	75	75	200	$41\frac{2}{3}$	$166\frac{2}{3}$	$-33\frac{1}{3}$
3	100	50	50	200	50	200	0

斯威齐认为,从表2中可以看出,三个部门的利润总额等于总剩余价值,价值总额等于总价格。他声称"这就是马克思所特有的价值转化为价格方法"。斯威齐为了核验马克思价值转形的一致性,将第一部类的产品假定为固定资本总额,将第二部类假定为工资总额,将第三部类假定为社

---

① 中共中央马恩列斯著作编译局,编译. 马克思恩格斯文集:第7卷[M]. 北京:人民出版社,2009:184.
② 中共中央马恩列斯著作编译局,编译. 马克思恩格斯全集:第35卷[M]. 北京:人民出版社,2009:183.
③ [美]保罗·斯威齐. 资本主义发展论——马克思主义政治经济学原理[M]. 陈观烈,秦亚男,译. 北京:商务印书馆,2011:29.
④ [美]保罗·斯威齐. 资本主义发展论——马克思主义政治经济学原理[M]. 陈观烈,秦亚男,译. 北京:商务印书馆,2011:146.

会总剩余价值总额。若马克思价值转形的方法是合适的，便不会得出"简单再生产遭到破坏"的结论。因此，斯威齐设置了表3。①

表3 斯威齐的价格计算

部类	固定资本	可变资本	利润	价格
1	250	75	$108\frac{1}{3}$	$433\frac{1}{3}$
2	50	75	$42\frac{2}{3}$	$166\frac{2}{3}$
3	100	50	50	200
总计	400	200	200	800

斯威齐声称，从表3中可以看出，马克思的价值转形方法使简单再生产的均衡遭到了破坏。因为从表3得出，固定资本总额仍是400，而第一部类的不变资本作价为$433\frac{1}{3}$，两个数字之间有$33\frac{1}{3}$的差额。可变资本（总工资）为200，但第二部类的产品价格只有$166\frac{2}{3}$，又是$33\frac{1}{3}$的差额。因此，斯威齐根据表3中所显示的差额认为，这种情况若要成立，只有一种条件，那就是工人从他们工资收入中多拿出$33\frac{1}{3}$来积累资本。"没有理由做出这样的假定。"马克思的价值转形以价值转化为价格在逻辑上不能令人满意。

第二，斯威齐误将前提作结论，以资本有机构成相等为条件推导马克思价值转形的公式。斯威齐认为，"马克思的错误根源，是不难发现的。……在一个盛行价格计算的制度里，生产中使用的资本和产品本身，都必须用价格表示。不幸的是，马克思在变价值为价格的途中只走了一半。无怪这种处理方法要导致自相矛盾的结果"②。斯威齐便概述另一种价值转化为价格的方法，以数学方程式重新按照他所理解的马克思思路进行价值公式推导。斯威齐假定固定资本为x乘以它的价值，可变资本为y乘以它的价值，单位奢侈品为z乘以它的价值，资本有机构成为相等，一般利润率为r。按价值计算，三个部类便会有三个方程式描绘出简单再生产的条件（c为固定资本，v为可变资本，s为剩余价值）。

$$\text{I } c_1 + v_1 + s_1 = c_1 + c_2 + c_3$$
$$\text{II } c_2 + v_2 + s_2 = v_1 + v_2 + v_3$$
$$\text{III } c_3 + v_3 + s_3 = s_1 + s_2 + s_3$$

将方程式换成价格计算为：

$$\text{I } c_1 x + v_1 y + r(c_1 x + v_1 y) = (c_1 + c_2 + c_3)x$$
$$\text{II } c_2 x + v_2 y + r(c_2 x + v_2 y) = (v_1 + v_2 + v_3)y$$
$$\text{III } c_3 x + v_3 y + r(c_3 x + v_3 y) = (s_1 + s_2 + s_3)z$$

---

① [美]保罗·斯威齐.资本主义发展论——马克思主义政治经济学原理[M].陈观烈,秦亚男,译.北京:商务印书馆,2011:146.

② [美]保罗·斯威齐.资本主义发展论——马克思主义政治经济学原理[M].陈观烈,秦亚男,译.北京:商务印书馆,2011:152.

这几个方程式最终可换算为：

$(c_1 + c_2 + c_3) x + (v_1 + v_2 + v_3) + (s_1 + s_2 + s_3) z = (c_1 + c_2 + c_3) + (v_1 + v_2 + v_3) + (s_1 + s_2 + s_3)$①

斯威齐认为此方程的经济意义显而易见，"在我们的价值表式中，一切都是以劳动时数来计算的"，因为已经假定了商品价值总量等于价格总量，只需要在价格表式中简单地保留同样的计算单位，这种按价值换算方法在逻辑上是成立的。之后，斯威齐为了以货币单位来计算，便假定"价值表式已经按着货币单位计算出，……货币商品属于奢侈品一类的金子，因此一单位金子就成了价值的单位"，并再假定其他单位的奢侈品均按金子1:1计算，金子的单位等于1即 $z = 1$，假设 $1 + r = m$。若将换算方法切入表3中，价值公式表便转为：

Ⅰ $250c_1 + 75v_1 + 75s_1 = 400$

Ⅱ $50c_2 + 75v_2 + 75s_2 = 200$

Ⅲ $100c_3 + 50v_3 + 50s_3 = 200$

由上述计算求得，$x = \frac{9}{8}$，$y = \frac{3}{4}$，$m = \frac{4}{3}$，得出的结论总会出现33.3%的利率差，斯威齐认为，马克思"以用一个价值量直接计算出来的平均利润是一种错误"。"但这种错误同他提出这个问题时那种深邃的创造性来说微不足道。"② 因为马克思凭借对社会平均剩余价值和利润的换算剖析了劳动价值论。斯威齐以资本有机构成相同为条件，并加入奢侈品计算和马克思没有涉及的公式比例推导价值总量与价格总量是否相等，并认为此方法从逻辑上看无可挑剔。

第三，斯威齐错用鲍特凯维茨价格计算方法。斯威齐认为，鲍特凯维茨价格计算方法不会打乱简单再生产的均衡，第一部类的产品等于耗用的不变资本，第二部类的产量等于付出的总工资，第三部类的产量是全部剩余价值，可以使全部资本家获得33.3%的利润。如表4所示。

表4 价格计算

部类	固定资本	可变资本	利润	价格
1	$281\frac{1}{4}$	$56\frac{1}{4}$	$108\frac{1}{3}$	$433\frac{1}{3}$
2	$56\frac{1}{4}$	$56\frac{1}{4}$	$42\frac{2}{3}$	$166\frac{2}{3}$
3	$112\frac{1}{4}$	$37\frac{1}{2}$	50	200
总计	450	150	200	800

为了说明鲍特凯维茨的正确性，斯威齐将表4再进一步改制（见表5）。

表5 价值计算

部类	固定资本	可变资本	利润	价格
1	225	90	60	375
2	100	120	80	300

---

① [美]保罗·斯威齐. 资本主义发展论——马克思主义政治经济学原理[M]. 陈观烈,秦亚男,译. 北京:商务印书馆,2011:154.

② [美]保罗·斯威齐. 资本主义发展论——马克思主义政治经济学原理[M]. 陈观烈,秦亚男,译. 北京:商务印书馆,2011:157-158.

续表

部类	固定资本	可变资本	利润	价格
3	50	90	60	200
总计	375	300	200	875

注：剩余价值率假定为66.7%。

斯威齐将采金工业资本有机构成与社会总资本进行比较，认为"如果采金工业资本有较高的资本机构构成"，金子的价格就会高于它的价值，商品价格总额以金子表示，价格总额便会低于价值总额。假设金子价值与价格为1，那么金子价格高于价值只能用其他商品的平均价格这个事实来表示。斯威齐又认为，"没有理由假定采金工业资本有机构成等于社会资本平均有机构成"①，因此，使用鲍特凯维茨价格计算方法会导致价格总额与价值总额出现差异。斯威齐认为，借助鲍特凯维茨价格计算方法可以阐明马克思价值转形的错误。

三、对斯威齐误读马克思"价值转形"的学理反驳

斯威齐在《资本主义发展论》中误读马克思关于商品价值转化为价格主要表现有三点：第一，斯威齐误读了马克思对部类的划分，将马克思在《资本论》第2卷中对部类的划分认定为《资本论》第3卷各个生产部门，并强行拼凑再生产平衡条件扰乱马克思对商品价格转化商品价值的设定。第二，斯威齐以资本有机构成均等为前提推导公式，误读马克思价值转形方法。第三，斯威齐错用鲍特凯维茨价格计算方法。恩格斯在《资本论》第3卷"序言"业已指出："一个人如果想研究科学问题，首先要学会按照作者写作的原样去阅读自己要加以利用的著作，并且不要读出原著中没有的东西。"② 事实上，对马克思"价值转形问题"进行误读的不仅有以斯威齐为代表的西方马克思主义学者，甚至在我国关于转形问题也存在诸多争论，因此，关于转形问题需要进一步进行学理阐明。

第一，马克思对部类的划分并非彼此割裂。对部类划分的割裂从鲍特凯维茨计算模型便开始走"偏"，所谓"工资部""资本部""剩余部"在其模型中多增了规定性，因此无论价值如何转形，工人消费总会存在于工资部中，"消失"在社会流通中。首先，马克思对部类的划分是"社会的总产品，从而社会的总生产，分成两大部类：①生产资料：具有必须进入或至少能够进入生产消费的形式的商品。②消费资料：具有进入资本家阶级和工人阶级的个人消费的形式的商品"。每一部类的资本都由两部分组成：一为固定资本，二为可变资本，即将社会总产品划分为生产资料和消费资料，以指明其用途差异。将社会总生产分为生产资料生产和消费资料生产，以用于生产的消耗。马克思在两大部类的基础上探析简单商品生产和资本主义扩大再生产，从而揭示生产与消费的协调关系。斯威齐直接越过生产资料与消费资料范畴，将表3中第一部类的产品假定为不变资本总量，将第二部类的产品假定为可变资本总额，将第三部类的产品假定为剩余价值总额。其次，斯威齐的公

---

① [美]保罗·斯威齐.资本主义发展论——马克思主义政治经济学原理[M].陈观烈,秦亚男,译.北京：商务印书馆,2011：159-160.
② 中共中央马恩列斯著作编译局,编译.马克思恩格斯文集：第7卷[M].北京：人民出版社,2009：184.

式推导加上了再生产平衡条件,按他所认为的"马克思价值转形"方法推导价值与价格的关系得出二者不能转化的结论。

马克思在《资本论》第3卷中从来没有讨论过五个部门或三个部门的比例,再生产平衡条件从来没有被马克思引入分析的考察对象。因此,斯威齐提出的该方程式是马克思价值转形问题讨论之外的条件。

$$\text{I} \quad c_1 + v_1 + s_1 = c_1 + c_2 + c_3$$
$$\text{II} \quad c_2 + v_2 + s_2 = v_1 + v_2 + v_3$$
$$\text{III} \quad c_3 + v_3 + s_3 = s_1 + s_2 + s_3$$

事实上,马克思在《资本论》第3卷中研究的主要问题是剩余价值的平均利润分配问题,在这里,马克思谈的主要是平均利润与总剩余价值的差额。斯威齐强行将拼凑的再生产平衡问题当作马克思所不包含的计算条件,所谓33.3%的差额是马克思所不涉及的。斯威齐以马克思不依据的再生产平衡条件来向马克思发难,并不具有正确性。

第二,马克思价值转形方法是以资本有机构成不等为条件开展的。斯威齐认为,马克思价值转形方法并不完善,"可能受价值向价格转化影响的,不仅有个别的价值和利润,而且还有种种总额以及它们彼此之间的关系","让我在资本有机构成均等的情况下,设想一个价值表式,……表式为V,……后者的相应价格为P……原则上既可以用价值计算价格来加以发现和分析,也可以用价格计算和发现分析。对价值计算和价格计算相类同的情况进行了探讨,这样做的合理性,就显然是推定的"①。事实上,这是对马克思资本有机构成的歪曲。这就好比将勾股定理写错了,斯威奇设置了新的勾股定理,勾^2+股^2+3^2=弦^2,那么根据这个错误的公式,斯威奇推导出了:
$3^2 + 4^2 + 3^2 = 9 + 16 + 9 = (\sqrt{34})^2$,即勾=3,股=4,弦=$(\sqrt{34})^2$,这就是一组没有意义的公式了。

首先,马克思的资本主义社会利润平均化是建立在资本有机构成不同的基础上的。在《资本论》第3卷中,马克思对资本有机构成的还原如表6所示。

表6 马克思的资本有机构成

资本	剩余价值率	剩余价值	产品价值	利润率
1. $80c + 20v$	100%	20	120	20%
2. $70c + 30v$	100%	30	130	30%
3. $60c + 40v$	100%	40	140	40%
4. $85c + 15v$	100%	15	115	15%
5. $95c + 5v$	100%	5	105	5%

注:c为固定资本,v为可变资本,m为剩余价值,K为商品价值,$K = c + v + m$。

由表6可以看出,即使各个部门类型不同,但资本家在生产过程中有着平均的利润,若以表中500视为总资本,其平均构成便是$390c + 110v$。"用百分比表示,是$78c + 22v$",因资本生产方式下的社会竞争,马克思已将部门剩余价值率相等为前提,表6是马克思在不考虑生产折旧、再生产平衡条件基础上得出的。

---

① [美]保罗·斯威齐.资本主义发展论——马克思主义政治经济学原理[M].陈观烈,秦亚男,译.北京:商务印书馆,2011:165.

其次,马克思的劳动价值论着重讨论的是价值转化为生产价格。在价值转形问题上,再生产平衡条件与价值转形并无实质联系,[①] 即使资本有机构成(投入生产要素)变化,依然可以证明平均利润总额等于剩余价值总额、生产价值总额等于商品价格总额。

1. $\rho_1 (C_1 + V_1 + S_1) = (1 + r)(C_1 + V_1)$

2. $\rho_2 (C_2 + V_2 + S_2) = (1 + r)(C_2 + V_2)$

……   ……   ……   ……

n. $\rho_n (C_n + V_n + S_n) = (1 + r)(C_n + V_n)$

$$r = \frac{\sum s_i}{\sum (C_i + V_i)}$$

该方程是由 $n+1$ 个方程所组成的 $n+1$ 个未知量方程组,可以看出有唯一的一组解,若将价值体系转化为生产价格体系,其转化结果便是生产价格总额与商品价值总额相等。

第三,马克思价值转形在什么意义上是成立的?在马克思转形语境中,剩余价值转化为利润、商品价值转化为生产价格,并非指单个或几个部门的流转,而是指社会总的生产部门完成的结果,即商品转形过程中所有部门累计的产品生产价值总量始终等于其价格总量。排除其他干扰因素和偶然情况,资本竞争带来的利润平均化即使导致不同资本有机构成的生产部门产品的生产价格与价值偏离,但从社会整体各个部类来看,在商品价值转形过程中,各个部类存在的差额会相互抵消,这并不违背马克思的劳动价值论。可以参考我国学者所提出的"扩大的马克思价值转形模型",以扩大生产要素为例论证马克思转形结论的正确性。为了理解"扩大的马克思价值转化模型",我们以固定资本投入生产价格化来理解"扩大的马克思价值转形模型"。

以固定资本投入生产价格化为例:

因为在一个价值转化体系的投入要素属于上一个价值转化体系的社会总产品的一部分,所以以生产价格来计算(不变资本)投入要素的价格可以高于、低于或等于不变资本的内在价值。假设在部门1至部门5中固定资本投入的价值依次为82、75、61、87和98,其生产价格分别按80、70、60、85和95购进。其他条件与马克思《资本论》第3卷中的假设相同。那么,价值转化过程即如表7所示。

表7 价值转化过程

资本	剩余价值率	剩余价值	利润率	转移的旧价值	商品价值	商品成本价格	生产价格	平均利润	价格同价值的偏离
1. $80c + 20v$	100%	20	20%	82	122	100	122	22	0
2. $70c + 30v$	100%	30	30%	75	135	100	122	22	−13
3. $60c + 40v$	100%	40	40%	61	141	100	122	22	−19
4. $85c + 15v$	100%	15	15%	87	117	100	122	22	+5
5. $95c + 5v$	100%	5	5%	98	108	100	122	22	+14

首先,部门1至部门5的利润率和平均利润率分别与马克思《资本论》第3卷第九章所列表(本文表3)中的相应部分相等。部门2按生产价格支付$70c$,所购买的生产资料无论是70还是75,

---

① 孟捷. 从"新解释"到价值转形的一般理论[J]. 世界经济,2018(5):6.

在计算利润率时剩余价值都被100除。因此，在这两种情况下利润率都等于20%。部门1、部门3、部门4、部门5的情形可依此类推。剩余价值总额（$\sum S$）等于平均利润总额（$\sum P$），都等于110。这说明即使可变资本生产价格化扩大，马克思的剩余价值分割的基本结论仍旧不变。

其次，在这个以不变资本生产价格扩大的马克思价值转化表中，商品价值总和为$\sum(C+V+S)=623$，而生产价格总和为$\sum(K+P)=610$，二者不相等。这是因为，旧价值只能通过生产过程中工人的具体劳动如数转移，所以在不变资本投入中作为前提的生产价格与价值的差额，便会直接反映在转移的旧价值上，也必然直接反映在新产品价值上。因此，正如马克思在《剩余价值论》中指出的，商品价值与价格的差额在于两方面："一方面是那些构成新商品生产过程的前提的商品的费用价格和价值之间的差额，另一方面是实际加到生产条件上的剩余价值和（按预付资本）计算的利润之间的差额。"① 可以说，一种商品时而表现为其他商品的生产资料，时而表现为其他商品过程的结果。譬如，就第2个生产部门来看，生产价格和价值之间的差额为 -13。其中 -5 是由上一个生产过程的商品生产价格和价值之差造成的。就5个生产部门整体而言，生产价格总额减去价值总额即 610 - 623 = -13，恰好与固定资本投入中作为前提存在的生产价格与价值的差额相等。这说明，固定资本投入中无论价格与价值差异有多大，"费用价格和价值的这种差额将作为先决要素转入新商品的价值"。

最后，在"扩大的马克思价值转化模型"中，可以明确无论是固定资本投入变化、可变资本投入变化，抑或二者同时变化，均证明了价格与价值有一个稳定的数量差额，这一差额是生产产品的 $t-1$ 时期剩余价值分割的结果，表明 $t-1$ 时期该部门资本有机构成高于社会平均资本有机构成，反之，则低于社会平均资本有机构成。因此，少实现的差额可以追溯 $t-1$ 时期商品生产部门的较多的剩余劳动力，若按时间顺序依次进行各个价值转形体系的排序，商品的生产价格与价值的差额可由 $t-1$ 时期生产要素的价值转形体系的剩余价值来说明，因此，从生产的动态过程看，生产的价格与价值总额相等。因此，马克思劳动价值论及其价值转形并非"一个先验的体系，而是对于客观存在的商品经济从简单商品经济向资本主义商品经济发展的发展过程的观念的反映"②。马克思关于剩余价值在各资本家集团之间平均分配的结论无疑是正确的。正如马克思所说，"价格和价值量之间的量的不一致的可能性，或者价格偏离价值量的可能性，已经包含在价格形式本身中。但这并不是这种形式的缺点，相反地，却使这种形式成为这样一种生产方式的适当形式，在这种生产方式下，规则只能作为没有规则性的盲目起作用的平均数规律来为自己开辟道路"。因此，斯威齐从误读马克思的部类划分，强加再生产平衡条件，破坏马克思对社会平均剩余价值的划分，再到以错误的前提推导马克思价值转形，抑或错用鲍特凯维茨价格计算方法，其质疑马克思"价值转形"的论点不能成立。

参考文献：

[1] 中共中央马恩列斯著作编译局，编译. 马克思恩格斯文集：第7卷 [M]. 北京：人民出版社，2009.

[2] [美] 保罗·斯威齐. 资本主义发展论——马克思主义政治经济学原理 [M]. 陈观烈，秦亚男，译.

---

① 中共中央马恩列斯著作编译局，编译. 马克思恩格斯全集：第35卷[M]. 北京：人民出版社，2013：182.

② 丁堡骏. 坚持、捍卫和发展马克思的劳动价值论——纪念恩格斯诞辰200周年[J]. 当代经济研究，2020(9)：8-9.

北京：商务印书馆，2011.

［3］［美］保罗·斯威齐，［英］伊恩·斯蒂德曼．价值问题的论战［M］．北京：商务印书馆，2016.

［4］丁堡骏．转形问题研究［J］．中国社会科学，1999（5）.

［5］孟捷．从"新解释"到价值转形的一般理论［J］．世界经济，2018（5）.

［6］丁堡骏．坚持、捍卫和发展马克思的劳动价值论——纪念恩格斯诞辰200周年［J］．当代经济研究，2020（9）.

21世纪世界共产主义革命家小传

禚明亮*

【内容提要】 先有《德意志社会革命家列传》，今有《21世纪世界共产主义革命家小传》。国际共产主义运动的历史证明，在无产阶级革命事业中，伟大的历史人物往往发挥着极为关键的作用。本文选取当前世界共产党领导人中的15位代表人物，将他们的个人成长和政治活动的基本情况进行简要梳理，力图展现低潮期的各国共产党领导人在艰苦探索、砥砺前行中寻求变革资本主义制度、追求共产主义理想的光辉形象。

【关键词】 国际共产主义运动　资本主义　共产党

一、引言

1905年10月，中国资产阶级革命派主办的报纸《民报》第2期发表了朱执信撰写的《德意志社会革命家小传》（第3期更名为《德意志社会革命家列传》），文章指出马克思和恩格斯在起草《共产党宣言》中"马尔克（马克思）之事功，此役为最"[①]，由此助推了国人了解、认知马克思主义的历史进程。1917年11月，俄国十月革命的爆发又一次引领当时部分先进的中国人追随科学社会主义理论的指引，开启了探索近代以来中华民族改变命运、追求民族伟大复兴的光明大道。十月革命、各国共产党的建立并上台执政以及苏联社会主义建设的伟大成就曾给予世界各国人民以实现共产主义之美好期盼。不可否认的是，20世纪的世界社会主义运动在与强大的资本主义世界的较量中初步展现了社会主义制度的巨大优势和感召力，让世界各国被压迫民族和人民为之精神振奋、

---

* 禚明亮，男，中国社会科学院马克思主义研究院国外共产党理论研究室助理研究员，中国社会科学院世界社会主义研究中心特邀研究员，主要从事世界社会主义运动研究。特别指出的是，文中日本共产党委员长志位和夫和日本共产党书记局长小池晃的相关内容由中国社会科学院马克思主义研究院博士后朱旭旭撰写，尼共（联合马列）主席、前总理卡德加・普拉萨德・夏尔马・奥利的相关内容由云南大学马克思主义学院博士研究生王恩明撰写。基金项目：本文系国家社会科学基金一般项目"21世纪美国共产主义运动新发展研究"（立项号：22BKS034）的阶段性研究成果。

① 肖万源. 朱执信思想研究[M]. 北京：人民出版社，1985：29.

斗争昂扬。遗憾的是，受历史和现实、国内和国际、客观和主观等综合因素的合力影响，20 世纪八九十年代的苏联解体和东欧剧变等引发的多米诺骨牌效应使盛极一时的国际共产主义运动陷入历史未有之低潮，影响深远。

先有《德意志社会革命家列传》，今有《21 世纪世界共产主义革命家小传》。21 世纪是一个充满希望的世纪，是世界社会主义与世界资本主义进行重新较量的时代。当今世界各国的共产党组织是 21 世纪世界社会主义复兴的骨干力量。当前，他们在不同的斗争条件下都在努力地积攒力量，积极寻求和探索实现共产主义的现实路径。马克思曾在《1848 年至 1850 年的法兰西阶级斗争》一书中引用爱尔维修的话指出："每一个社会时代都需要有自己的大人物。"① 国际共产主义运动的历史证明，在无产阶级革命的进程中，伟大历史人物往往发挥着极为关键的作用。本文选取当前世界共产党领导人中的 15 位代表人物，将他们个人成长和政治活动的基本情况进行简要梳理，力图展现低潮期的各国共产党领导人在艰苦探索、砥砺前行中寻求变革资本主义制度、追求共产主义理想的光辉形象。

这是一种初步性的尝试，也是一项前所未有的崭新事业。限于前期资料的多寡有别，每位领导人的小传篇幅长短不一，叙述结构也不尽相同。但我们的目标是把他们的革命故事讲出来，使读者们逐步与他们"相识""相知"。我们是想向世人证明，在 21 世纪的今天，马克思主义依然具有强大的时代价值，"国际共产主义运动"依然"活着"，"共产主义战士们"正在世界各地的不同角落里顽强地思考着、探索着、奋斗着。

二、希腊共产党总书记季米特里斯·库楚巴斯

季米特里斯·库楚巴斯（Dimitris Koutsoumpas），现任希腊共产党总书记，1955 年 8 月 10 日出生于拉米亚，已婚并育有一女。他的家人曾是民族解放阵线（EAM）的激进分子，其中一部分人在内战期间被纳粹占领军和特别军事法庭处决，其他人则被监禁和流放。他的父亲希腊共产党员阿波斯托利斯·库楚巴斯（Apostolis Koutsoumpas）于 1945 年在拉里萨被捕，被监禁和流放 8 年。

库楚巴斯于 1973 年 6 月高中毕业，参加考试并进入雅典大学法律系学习②。在学习期间，为支付学习费用，他尝试了很多的工作。抵达雅典后，他接触到当时处于"非法"状态的青年组织——希腊共青团，并于 1973 年 12 月成为希腊共青团团员，一直从事地下工作，直至 1974 年夏希腊的独裁政权垮台。他于 1974 年 12 月加入希腊共产党，成为一名党员。1975 年夏，他被派到希腊中东部以及尤博亚的党组织中工作，担任希腊共青团地区委员会委员，系希腊共青团第一届会议代表。

1977 年秋，他从共青团的工作转为专门从事党的工作，担任某部门党委书记，后来又担任博伊奥蒂亚地区党组织的书记。1979 年，他成为希腊中东部地区局和尤博亚地区局的成员，负责劳工和工会工作，并负责博伊奥蒂亚、夫蒂奥蒂达、福基达、埃夫里塔尼亚等地级组织的政治指导工作。

---

① [德]马克思. 1848 年至 1850 年的法兰西阶级斗争[M]. 北京：人民出版社，2014：86.
② Biographical details of the the General Secretary of the CC of the KKE, Dimitris Koutsoumpas[EB/OL]. https://inter.kke.gr/en/articles/Biographical-details-of-the-the-General-Secretary-of-the-CC-of-the-KKE-Dimitris-Koutsoumpas/.

后来，他成为希腊中东部和尤博亚地区委员会书记，在迈索隆吉、科莫蒂尼和利姆诺斯服兵役期间除外。

1987年5月，库楚巴斯在希腊共产党十二大上当选为中央委员。1991年8月，希腊共产党出现分裂，他作为希腊中东部和尤博亚的书记以及中央委员会的成员，和其他同志一起，努力捍卫党的原则，维护党的统一，反对分裂。

在党的十三大上，他再次当选希腊共产党中央委员，并在秘书处负责党组织的政治建设工作。并且，在希腊共产党分裂后，他立即承担了希腊共产党新闻办公室的职责。

1991年12月，在党的十四大上，库楚巴斯当选希腊共产党中央委员会政治局委员，负责新闻办公室和文化工作，后来又负责党的电视和广播工作。

在党的十五大（1996年5月）上，他再次当选希腊共产党中央委员会政治局委员，并成为机关报《激进者》（*Rizospastis*）负责人，随后在这个岗位上工作了10年时间。

在党的十六大（2000年2月）和十七大（2005年2月）上，他再次当选中央委员会政治局委员，负责党的国际工作。

在希腊共产党召开的十九大（2013年4月）上，库楚巴斯当选希腊共产党中央委员会总书记。

三、澳大利亚人共产党总书记鲍勃·布莱顿

鲍勃·布莱顿（Bob Briton），现任澳大利亚人共产党（Australian Communist Party，ACP）总书记。鲍勃1955年出生于堪培拉，曾经接受过严格的天主教教育。他起初在澳大利亚公共服务部门工作，其后曾从事各种低薪工作。他一直积极参与工会活动，并因领导一场工会运动（包括罢工）而获得工会颁发的服务奖，他是工会中获得这个奖项的最年轻会员。

鲍勃于1979年加入澳大利亚共产党（Communist Party of Australia，CPA）。鲍勃在社区组织中表现得非常活跃，面对皮诺切特统治下军事独裁的野蛮行径，他声援智利人民。他为在工厂受害的工人奔走呼号，用一切可能的方式将他们团结起来、给予支持，并为生活贫困者提供住房。他参与了非常大胆的行动，为许多堪培拉的无家可归者提供廉价住房。

鲍勃还参与了堪培拉廉租房委员会领导的公共住房租户的部分罢工行动。他与著名的共产主义活动家雷·奥沙纳西一起曾多次被捕。在许多个夜晚，他被关在城内的拘留所里，而他的家人们却在等他回家。在这些行动中，他曾在古尔本高度设防监狱里待了10天。其妻子斯蒂芬妮（Stephanie）一直支持他的政党活动。

1990年，鲍勃转移到阿德莱德，并积极参与澳大利亚共产党港口分部的工作，其中包括许多环保运动，以及支持产业工人和土著土地权利的斗争。他是一场运动的核心人物，这场运动要求糖厂被拆除后，为当地的土著居民嘎纳人建造一个养老院，他们以前一直生活在这片土地上。2012年和2014年，鲍勃以政党候选人的身份参加阿德莱德港区的竞选，并获得大量民众的支持。

2002年，鲍勃当选澳大利亚共产党中央委员会委员。这时他开始在党报工作。2013年，他被选为党的代理总书记，并在当年晚些时候召开的澳大利亚共产党第12次全国代表大会上正式当选，并在2018年召开的第13次全国代表大会上再次当选为总书记。

鲍勃曾代表澳大利亚共产党出席多场国际会议，包括世界共产党和工人党大会以及其他重要的会议，例如，2006年委内瑞拉共产党第12次全国代表大会、2006年哥伦比亚爱国游行会议、世界共产党和工人党国际会议（2009年在印度，2013年在葡萄牙，2018年在希腊），以及中国社会科学院"世界社会主义论坛"等。他致力于与兄弟党建立实际的团结联系。

在他担任总书记的最后一个任期内，鲍勃遇到了更大的政治阻力，其中包括党的青年工作的创新。与其他一些澳大利亚共产党员一起，鲍勃得出的结论是，现在的澳大利亚共产党员已经迷失了方向，被各种机会主义倾向所取代。他认为建立一个新的政党的时机已经来临，要建立一个真正的"无产阶级政党"，这个新的共产党将彻底摆脱以前政党的那种根深蒂固的缺乏纪律性的习惯。这个于2019年新成立的党就是澳大利亚人共产党。鲍勃曾受邀参加2006年召开的委内瑞拉共产党十二大，以及2009年、2013年和2018年召开的世界共产党工人党大会①。

鲍勃·布莱顿的主要政治职务及任期：

1995—2005年，任澳大利亚共产党港口委员会书记；

1992—2019年，任澳大利亚共产党南澳大利亚州委员会委员；

2005—2018年，任澳大利亚共产党南澳大利亚州委员会书记；

2008—2018年，任澳大利亚共产党南澳大利亚州委员会财务负责人；

2005—2019年，任澳大利亚共产党中央委员会委员；

2009—2019年，任澳大利亚共产党中央委员会执行委员、国际部书记；

2013—2019年，任澳大利亚共产党总书记、理论刊物《澳大利亚马克思主义者评论》编辑委员会委员；

2019年至今，任澳大利亚人共产党总书记。

四、印度共产党（马列主义）总书记迪潘卡·巴塔奇亚

迪潘卡·巴塔奇亚（Dipankar Bhattacharya），印度政治家，现任印度共产党（马列主义）总书记。他1960年12月出生于印度高哈蒂，毕业于印度统计学院，1998年接替维诺德·米沙（Vinod Mishra），开始担任印度共产党（马列主义）总书记。曾任印度人民阵线（Indian People's Front）和全印度工会中央理事会（All India Central Council of Trade Unions）主席。

2018年3月23—28日，该党召开第十届全体党员大会。28日，大会选举产生由77人构成的中央委员会，中央委员会随之再次选举巴塔奇亚为党的总书记。全体党员大会是该党的最高决策机构，每5年召开一次。其间，由党员大会选举产生的中央委员会拥有最高决策权。

（一）成长经历

迪潘卡·巴塔奇亚1960年12月出生于印度高哈蒂，其父亲是一位铁路工人。他高中时成绩优异，大学进入印度统计学院巴勒克布尔校区就读，1982年，获得统计学学士学位，1984年获得统

---

① BOB BRITON[EB/OL]. https://auscp.org.au/history/bob-briton/.

计学硕士学位。

（二）政治生涯与观点

在印度统计学院读书期间，巴塔奇亚就积极参与政治活动，并于1982—1994年担任印度人民阵线主席，随后又担任全印度工会中央理事会主席。1987年12月，巴塔奇亚当选印度共产党（马列主义）中央委员会委员。1998年，维诺德·米沙去世之后，迪潘卡·巴塔奇亚当选印度共产党（马列主义）总书记。

在政治观点上，巴塔奇亚认为印度绝大多数人似乎处于隐身状态，只有一小部分人掌握着国家的政治权力，享受着经济发展带来的社会进步。他认为，印度经济的发展并没有让人民群众获得就业、教育、住房和卫生等方面的权利。医疗事业和教育业的私有化和市场化政策与这种"人民权利观"相抵触，并且会进一步导致人民群众权利的丧失。

印度共产党（马列主义）认为，印度的工人阶级是革命先锋队，但同时占据印度人口最主要部分的农民是革命的主要力量。因此，他们拒绝任何企业的捐赠，也因此巴塔奇亚总书记言及在印度西孟加拉执政多年的印度共产党（马克思主义）最近选举失败时，就归因于其"采取了资本主义发展措施为国外企业强行征地，引起了农民的不满和反抗"。

有意思的是，印度共产党的各个派别，其历史与现实都深刻地受到了来自中国的影响。2007年，印度共产党（马列主义）的第八次全国代表大会通过的《关于国际形势的决议》，专门用一个章节研究中国问题，分析了中国经济改革对国际政治经济秩序的影响，该章节标题为《不是东风压倒西风，就是西风压倒东风》。

事实上，1962年的中印纷争导致了印度共产党分裂成国际主义者［印度共产党（马列主义）］、民族主义者［印度共产党］和中间主义者［印度共产党（马克思主义）］三派。国际主义者认为这是一场"社会主义国家与资本主义国家之间的冲突"，因此支持中国。印度共产党（马列主义）的办公室里，悬挂着马克思、恩格斯、列宁、斯大林、毛泽东等领袖的画像。他们确立了党最重要的三条原则，分别是：理论联系实际、紧密联系群众、批评与自我批评。

巴塔奇亚一直觉得毛泽东是最成功的共产党人。"马克思主义主要是一些概念和理论分析，面对各种具体环境，需要具体的运用，毛泽东是这方面的典范。"他认为，"毛泽东对共产主义革命的分析，对我们现在的处境具有指导作用"。

五、日本共产党委员长志位和夫

志位和夫（Kazuo Shii），日本共产党现任领导人，日本左翼政治家。他从1993年起一直任国会众议员，从2000年起一直担任日本共产党委员长。

（一）成长经历

1954年7月29日志位和夫出生于千叶县印幡郡四街道町（现在的四街道市），先后于千叶大学教育学部附属小学、千叶大学教育学部附属中学、千叶县立千叶高等学校、东京大学工学部物理工学专业毕业。

（二）政治生涯与主张

大学一年级时，志位和夫以反对小选举区制运动为契机加入了日本共产党。大学毕业后，他在共产党东京都委员会就职，从事早稻田大学等大学的青年学生运动。1982 年他开始在日本共产党中央委员会工作。1987 年，在日本共产党第 18 次党大会上，他被选为日本共产党中央候补委员，1988 年被选为日本共产党书记局委员，1989 年成为日本共产党中央委员。1990 年（日本共产党第 19 次党大会）他再次当选为日本共产党中央委员，并在第一次中央委员会总会上当选为日本共产党书记局长，当时年仅 35 岁。1993 年，在第 40 届众议院议员总选举中，他在旧千叶 1 区首次当选为众议院议员，此后一直担任国会议员至今。从 2000 年日本共产党第 22 次党大会开始，他接替不破哲三成为日本共产党（委员长）第四代领导核心至今。

自就任日本共产党委员长以来，志位和夫对历代自公联合政权都进行了批判。

（1）关于军事基地问题。2010 年 5 月 28 日，鸠山内阁发表了日美共同声明，承认将普天间军事基地迁移到冲绳县边野古军事基地。对此，志位和夫批评其"背叛了县外、国外公约""践踏了县民意志"。

（2）关于日本参加跨太平洋伙伴关系协定（TPP）问题。志位和夫从一开始就使用"卖国"和"亡国"等词语来批判日本参加 TPP 的方针。另外，志位和夫认为，包括野田内阁实施的消费税增税在内的"社会保障与税费一体化改革"举措是"踩躏议会制民主主义的暴行"。

（3）关于安倍经济学。志位和夫认为，"这是不能提高国民收入、改善内需的箭"，将其批评为"毒箭"。对于安倍政权实施的年金改革法案，志位和夫批判说："即使物价上涨，如果工资下降的话，养老金也会下降，这将大大改变现行养老金制度的根基。"

（4）关于安倍政权颁布的法律。志位和夫批判日本颁布特定秘密保护法违反了宪法和平主义，是对国民主权、基本人权的违宪行为；对于恐怖活动等准备罪（"共谋罪"），他也批判说"要惩罚内心""要建成监视社会"；对将安全保障关联法视为"战争法"展开强烈批判。以此为契机，志位和夫推动在野党联合、开展要求废除"战争法"的运动。

（5）实现日本零核电。2018 年 3 月，志位和夫与立宪民主党等共同提出了"零核电基本法案"，要求日本实现向可再生能源根本转换的目标，建设零核电的日本。

（三）主要著作

（1）《与越南友好合作之旅》（新日本出版社，2007 年）；

（2）《日本共产党是什么党》（新日本出版社，2007 年）；

（3）《向职场问题学习·交流讲座的报告·总结》（日本共产党中央委员会出版局，2006 年）；

（4）《希望的潮流与日本共产党》（新日本出版社，2003 年）；

（5）《"自公对决"——志位和夫国会论战集》（新日本出版社，1998 年）；

（6）《科学社会主义是什么》（新日本出版社，1992 年）；

（7）《激荡的世界和科学的社会主义》（新日本出版社，1991 年）。

六、塞浦路斯劳动人民进步党总书记安德罗斯·基普里亚努

安德罗斯·基普里亚努（Andros Kyprianou），现任塞浦路斯劳动人民进步党总书记，擅长英语和意大利语。1955年10月26日，安德罗斯·基普里亚努出生于塞浦路斯的斯特罗沃洛斯。他有一个哥哥和两个姐姐，是家中四个孩子中最小的一个。妻子是索薇娅·泡蒂娜（Sofia Podina），育有两个孩子，分别是艾维和季米特里斯。

（一）教育经历

安德罗斯·基普里亚努1976年毕业于尼科西亚高等技术学院土木工程系，求学期间，他每年夏天都做建筑工人。1976—1988年，他在尼科西亚高等技术学院工作。在此期间，他还在教育学院参加了一系列教育学课程，并于1984—1985年在意大利的里米尼完成了研究生学业。

（二）体育生涯

从小的时候起，安德罗斯·基普里亚努就积极参加各种体育运动。他曾是一名足球运动员，并担任帕纳赛斯斯特罗沃罗斯俱乐部足球队的队长。他也是该俱乐部羽毛球队的创始人之一，并于1988年与来自苏格兰的选手Christine Heatly共同获得塞浦路斯国际羽毛球比赛混双冠军。在校期间，他还积极参加田径比赛。安德罗斯·基普里亚努曾担任尼科西亚高等技术学院毕业生协会主席和行政委员会成员，以及尼科西亚区足球联合会主席和塞浦路斯羽毛球联合会副主席。

（三）政治生涯

安德罗斯·基普里亚努于1974年成为塞浦路斯劳动人民进步党党员，在此之前他加入了伊东（EDON）青年组织。在伊东，他是尼科西亚伊东区议会成员、伊东委员会体育局成员，也是伊东地区报纸 *NEOLEA* 的定期撰稿人。他曾任塞浦路斯劳动人民进步党斯特罗沃罗斯区委员会委员，也是尼科西亚区委员会的成员。

1988年，他开始在塞浦路斯劳动人民进步党中央委员会担任全职干部，并于1990年当选塞浦路斯劳动人民进步党中央委员会委员。1995年，他再次当选中央委员会委员和政治局委员。

基普里亚努曾任塞浦路斯劳动人民进步党中央委员会体育局、地方政府局、环境局、国际关系局、欧洲事务局局长。2003—2009年，他担任党的新闻发言人，同时兼任斯特罗沃罗斯内阁参事。在2001年5月27日的议会选举中，他当选为众议院议员，成为尼科西亚左翼新势力候选人，并在2006年5月21日的议会选举中再次当选。[1] 他还曾经担任众议院内政常务委员会、劳工和社会保障部常务委员会主席。如今他是塞浦路斯选举委员会成员，众议院内政常务委员会主席、外交常务委员会委员、发展计划和公共支出控制常务委员会委员。

2009年1月21日，基普里亚努当选中央委员会总书记，并于2010年11月在该党召开的第21

---

[1] KYPRIANOU Andros[EB/OL]. http://www.parliament.cy/easyconsole.cfm/id/2080/lang/tr/.

次全国代表大会上再次当选党的总书记。

七、日本共产党中央委员会书记局长小池晃

小池晃（Akira Koike），日本政治家、医生。日本第 18 届、20 届、23 届、25 届参议院议员，历任日本共产党中央委员会政策委员长（政策负责人）、党副委员长、日本共产党参议院议员团团长、参议院干事长、常务干部委员会委员、中央委员会书记局长。

（一）生平经历

小池晃 1960 年 6 月 9 日出生于东京都世田谷区，曾经就读于武藏野市立大野田小学、武藏野市立第四中学、筑波大学附属驹场高等学校。他于 1984 年任全国医学生自治会联络会议（医学联）委员长，1985 年任全日本学生自治会联合会副委员长、国际部长，1987 年毕业于东北大学医学部医学科。他 1987 年 4 月进入健康文化会小豆泽医院工作，之后转入医疗法人社团北医院，1997 年 10 月开始在东京劳动者医疗会代代木医院工作。他 1998 年任全日本民主医疗机构联合会理事，同年 7 月在参议院选举（比例区）中首次当选（担任国民福利委员会理事、社会保障制度审议会委员、关于共生社会的调查委员会委员、预算委员会理事、议院运营委员会理事、关于金融问题以及经济活性化的特别委员会委员、国会对策委员长代理等）。他 2004 年 1 月任日本共产党常任干部委员会委员、政策委员长，同年 7 月在参议院选举（比例区）中第 2 次当选，任日本共产党参议院议员团干事长。他 2007 年 8 月，任日本共产党参议院议员团长（兼任参议院议员团干事长）。2013 年 2 月，任日本共产党副委员长，同年 7 月在参议院选举（比例区）中第 3 次当选（担任厚生劳动委员会委员、预算委员会委员、财政金融委员会委员、国家基本政策委员会委员）。2016 年 4 月，任日本共产党书记局长。2019 年 7 月，在参议院选举（比例区）中第 4 次当选。

（二）政策主张

小池晃反对修改和平宪法、反对允许行使集体自卫权、反对美国军事基地移到边野古、反对参拜靖国神社，赞成加强对朝鲜核试验的制裁、遵守村山谈话与河野谈话，反对在日本建设核电站和向海外输出核电站，反对日本参加跨太平洋伙伴关系协定（TPP）。

八、德国共产党主席帕特里克·科贝尔

帕特里克·科贝尔（Patrik Köbele），出生于 1962 年 1 月，德国政治家，德国共产党领导人。1989—1994 年，他担任德国共产党（DKP）青年组织——德国社会工人青年组织（Sozialistische Deutsche Arbeiterjugend）的负责人。2004—2009 年，他担任埃森市议会议员。

2013 年 3 月 2 日，他在德国共产党二十大上当选党主席，获得 91 票支持，得以击败竞争对手。

他在2020年召开的二十三大上再次当选。参加的主要活动有：

2020年3月26日，德国共产党发起了一项请愿活动，呼吁结束对俄罗斯、委内瑞拉和古巴的经济制裁，以加强各国打击新型冠状病毒传播的能力。在请愿中，科贝尔表示，"对古巴、委内瑞拉和俄罗斯的制裁阻碍了药品、援助和专家的交流，在与新冠流行病进行必要的共同斗争之时，这些制裁是疯狂的。与中华人民共和国的合作也必须加强。目前我们认为这样的请愿是一个机会，目的是向德国联邦政府施加压力，结束这种疯狂的行为"。

2020年5月9日，参加在恩斯特威尔茨广场举行的会议时，科贝尔在讲话中指出，德国工人阶级不会为新型冠状病毒感染造成的危机埋单，同时批评由德国领导的欧盟在疫情危机期间缺乏对挣扎中的国家和人民的援助。

2020年8月25日，他在线上参加中国社会科学院当代中国研究所《中国战"疫"的国际贡献和世界意义——国外人士看中国抗疫》新书发布会暨"新冠抗疫与构建人类命运共同体"国际研讨会。科贝尔在发言中指出，资本主义危机是一种生产过剩的危机。从辩证角度来看，此次疫情与资本主义危机之间是互相影响的关系。疫情首先是由资产阶级内部危机所引起的，而为抗击疫情采取的封城之类的措施反过来又加剧了资本主义的危机，而德国资产阶级政府利用此次疫情暴发的契机，进一步将经济危机的负担转移到工人阶级和小型个体经营者身上。

2021年9月27日，他对德国联邦议会选举结果进行评论，指出，"德国联邦议会选举的结果，将促使社会民主党（SPD）、基督教民主联盟（CDU）、绿党（Greens）、自由民主党（FDP）之间进行妥协。尽管与2017年联邦议会选举相比有所收获，德国共产党的表现并不令人满意。德共非常弱小以至于无法向不满意当下形势的人展示自己。尽管如此，德共的竞选活动仍然值得被肯定。很大程度上，竞选活动将党和党的问题抛向外界并予以加强。在这场'好战分子'的选举中，德共是唯一一贯主张和平的政党"①。

九、英国共产党总书记罗伯特·格里菲斯

（一）成长经历

1952年4月，罗伯特·格里菲斯出生于英国威尔士加的夫，高中毕业后于巴斯大学学习经济学。大学期间，他还参加了拳击锦标赛。

（二）主要政治活动

1979年7月，他与加雷思·米莱斯合作出版了《威斯敏斯特的社会主义》，这本小册子批评了格雷德·西姆鲁的"机会主义"和所谓的对英国的顺从。这本小册子呼吁建立威尔士社会主义共和运动，该组织由格里菲斯、迈尔斯和其他人在1980年1月发起，格里菲斯担任该组织主席，并为该组织的杂志《箭》撰稿。

---

① 德国共产党、欧洲左翼党评2021年德国大选[EB/OL]. http://www.wyzxwk.com/Article/guoji/2021/10/442961.html.

格里菲斯曾担任威尔士欧塔斯工会主席。格里菲斯是威尔士第一所共产主义大学的演讲人，他定期在英国共产党的全国性活动上发表演讲。他还参加过牛津联合会、剑桥联合会和曼彻斯特辩论会的辩论活动。2013年2月，格里菲斯在《卫报》发表的一封信中支持人民大会，并积极参与加的夫的地方人民议会活动。

2016年，格里菲斯被选举为"左翼撤离"组织的主席，这是一个主张英国退出欧盟的运动组织。该组织是一个由英国共产党、全国铁路、海运和运输工人联盟以及尊重党（Respect Party）等政党和组织组成的联盟。

格里菲斯先前曾担任威尔士工程工人混合工会主席。1984年他加入大不列颠共产党（Communist Party of Great Britain，CPGB，CPB的前身），但是数年后因为和党执行委员会就党报《今日马克思》和《晨星报》的控制问题发生冲突而被开除出党。此后他参与组建了"共产主义竞选小组"（The Communist Campaign Group）——一个由前英国共产党和现英国共产党党员组成的反对党报《晨星报》的组织。1988年，大不列颠共产党因党内成员在现有的章程与原则的问题上发生分裂，更名为英国共产党（Communist Party of Britain，CPB）。1998年，格里菲斯接替马克希克斯成为英国共产党总书记。格里菲斯上任后重新修改了党的纲领，更名为英国的社会主义之路。在1994年的欧洲议会选举中，他代表南威尔士中央选区的共产党赢得了1073张选票，占总票数的0.6%。

（三）主要著述

罗伯特·格里菲斯的主要著述有：《威尔士人的社会主义》（1979年）、《葛兰西是欧洲经济学家吗？》（1985年）、《中国走向何方》（2011年）、《英国需要公共所有制》（2012年）、《欧盟、脱欧和阶级政治学》（2018年）等。

十、土耳其共产党总书记凯末尔·奥库扬

凯末尔·奥库扬（Kemal Okuyan）1962年出生于土耳其伊兹密尔，他的少年和青年时期是在伊兹密尔和伊斯坦布尔度过的，大学毕业于土耳其博斯普鲁斯大学政治学院。

奥库扬的政治活动是从参加土耳其工人党开始的。20世纪80年代，他与同事一同创办 *Gelenekz* 杂志。20世纪90年代初，他带领其他同志成立社会主义土耳其党（2001年11月11日，更名为他的土耳其共产党）。2017年1月22日，土耳其共产党重建。奥库扬著作颇丰，主要有：《反对民主的文本》《市民社会：国家的发展》《解读斯大林》《解读土耳其社会主义的力量》等。

土耳其共产党在意识形态上坚持共产主义和马列主义指导，参加共产党和工人党倡议组织，2020年10月统计的党员人数是2527人，党报是《左翼》，下属青年组织是土耳其共产主义青年。党的口号是"不屈服！"。主要活动有：

（1）参加"为共产主义而斗争：百年来的政治遗产"欧洲共产党倡议会议并致辞。2019年2月16—17日，由土耳其共产党主办的该会议在土耳其伊斯坦布尔举行。倡议由来自欧洲的30个革命共产党和工人党成员组成，自2013年成立以来，通过多次会议和行动，在欧洲范围内形成共同的斗争路线方面积累了相当多的经验。在共产国际成立100周年之际举行的此次会议，详细阐述了

国际共产主义运动的历史，并集体讨论了 20 世纪共产党和工人党在关键时刻所面临的挑战。会议一开始，各参会的共产党和工人党代表受到了土耳其共产党国际关系局的欢迎，随后土耳其共产党总书记凯末尔·奥库扬（Kemal Okuyan）致开幕词。

（2）为理论新著英文版撰写序言。2020 年 11 月，土耳其共产党国际关系局向全球推介该党总书记凯末尔·奥库扬的最新理论著作《在革命的阴影下：柏林、华沙、安卡拉 1920》一书英文版，由 Yaz Lama 编辑部出版。这部作品最初于 2019 年以土耳其语出版，不仅分析了共产主义运动在 20 世纪初革命浪潮兴起时的成就，也分析了共产主义运动的缺点。土耳其共产党组织译者在很短的时间内将这本书翻译成了英文，使得这本书的英文译本可供国际读者阅读和参考。凯末尔·奥库扬亲自为本书英文版撰写《序言》：

"整个 20 世纪的命运在 1917—1923 年被人们所决定。人类向往世界的最大飞跃——一个没有阶级和剥削的世界，就是在这个时期形成的。十月革命是人类无与伦比的成就。然而，人们在同一年也见证了巨大的失望，这对世界革命的进程产生了历史性的影响。社会主义基础建设面临的困难，即使是在一个拥有大量资源的国家，应该也是显而易见的。

毫无疑问，革命的形势仍在继续，但是 1917 年和 1918 年的乐观情绪已经被谨慎的期待所取代。所有的目光都集中在德国，在那里，革命的火焰在 1918 年中期开始升起，并在 1923 年结束时熄灭。我们必须进一步讨论那个时期的德国，正如我们必须进一步评估革命和反革命在 1920 年华沙提供的舞台上的历史对抗。正如我们必须调查东方人民为争取民族解放而进行的斗争，这场斗争导致了伟大的巴库代表大会以及在安纳托利亚的战争，这是这场斗争的重要前线。我们必须有勇气去做这些事情。共产党没有理由回避真相。我们的错误和缺点，是我们光荣历史不可分割的一部分。如果我们害怕它们，认为我们可以把它们从历史上抹去，它们就会成为我们敌人手中的武器。此外，这种勇气也是我们所需要的，以使自己免于重复，免于对历史的机械解释和理论的贫乏。

马克思列宁主义的理论基础永远不会过时，是我们调查历史事件的唯一指南针，也是我们所需勇气的源泉。如果我信心十足地写的这本书能对我们、对我提到的那段时期的评估有所贡献，我会非常高兴。写于 2020 年 9 月。"

（3）发表关于北约问题的文章。《保卫共产主义》杂志于 2022 年 3 月 17 日发表了凯末尔·奥库扬的《谁能阻止北约？》一文。文中指出"针对北约的侵略，土耳其的内政和外交政策将随着最近的行动变得更加关键，唯一有效和合法的斗争是在阶级基础上进行的斗争"，"包括土耳其在内的欧洲劳动群众有义务开展更有效的斗争，反对北约的侵略，而北约的侵略正变得越来越激烈"[1]。

十一、印度共产党（马克思主义）总书记西塔拉姆·亚丘里

西塔拉姆·亚丘里，当代印度著名政治家、马克思主义理论家、社会活动家、共产主义运动知名领导人，现任印度共产党（马克思主义）中央委员会总书记。

---

[1] Kemal Okuyan. Who will stop NATO？[EB/OL]. http://www.idcommunism.com/2022/03/kemal-okuyan-who-will-stop-nato.html#more.

1952年8月12日，亚丘里出生于印度泰米尔纳德邦的金奈，父亲叫萨尔维斯瓦拉·亚丘里，是一名公路运输公司工程师，母亲叫卡尔汗姆 Kalpakam Yechur，是当地的一名政府官员。亚丘里高中就读于海得拉巴万圣中学，大学就读于德里圣斯蒂芬学院经济学专业，硕士研究生就读于贾瓦哈拉尔·尼赫鲁大学经济学专业，学习成绩一流，顺利毕业并先后获得经济学学士、硕士学位。亚丘里1974年加入印度学生联合会，一个隶属于印度共产党（马克思主义）的学生组织，从而开启了自己的政治生涯。1975年，在获得贾瓦哈拉尔·尼赫鲁大学经济学硕士学位，并且加入印度共产党（马克思主义）之后，他选择继续攻读母校经济学博士学位。可惜的是，由于当时印度全国进入紧急状态①，亚丘里被捕入狱。出狱之后，他当选贾瓦哈拉尔·尼赫鲁大学学生会主席，并在一年内连任3次，是该校唯一拥有这一殊荣的学生会主席。1978年，亚丘里当选全印学生联合会主席，1984年当选印度共产党（马克思主义）中央委员会委员，1988年在该党的十三大上当选中央秘书处委员。1992年，他被选为政治局委员，成为印度共产党（马克思主义）国际部负责人。2005年7月，亚丘里从西孟加拉邦进入印度议会上院成为议员，任期从2005年8月19日到2017年8月18日。

2015年4月19日在印度共产党（马克思主义）二十一大上，亚丘里当选中央委员会总书记，2018年4月18日在党的二十二大上再次当选党的总书记。他曾游历多国，并先后在英国议会以及英国、美国的高校发表过演讲，还曾担任《印度斯坦时报》专栏作家、印度共产党（马克思主义）政治周刊《人民民主》编辑。

虽然每日忙于繁重的党务和群众组织工作，但亚丘里依然努力抽出时间来从事马克思主义理论研究与宣传工作且著述颇丰。已经公开出版的主要著作有：《当代印度政治中的种姓与阶级》（1997年）、《变化世界中的社会主义》（2008年）、《左翼驱动：具体问题具体分析》（2012年）、《莫迪政府：社群主义的新崛起》（2014年）等。

十二、尼共（联合马列）主席、前总理卡德加·普拉萨德·夏尔马·奥利

卡德加·普拉萨德·夏尔马·奥利（Khadga Prasad Sharma Oli，简称"卡·普·夏尔马·奥利"或"奥利"），1952年2月23日②出生于尼泊尔东部［原东部发展区戈西专区（Kosi Zone）］第一省德哈土姆（Terhathum）县丘陵地带的一户贫苦婆罗门农民人家。作为家中长子，奥利幼时乳名为德鲁巴（Dhruba），直到上学后奥利夫妇才为其取名卡德加·普拉萨德③。其父莫罕·普拉萨德·奥利（Mohan Prasad Oli）是一名地地道道的尼泊尔农民，没有接受过现代教育，仅仅懂一些

---

① 在印度，"紧急状态"指的是从1975年到1977年的21个月，由当时的印度总理英迪拉·甘地宣布全国进入紧急状态。宣布的背景是普遍存在的"内乱"，依据则是其《宪法》第352条。紧急状态从1975年6月25日起生效，直到1977年3月21日撤销。

② Rt. Hon'ble Prime Minister[EB/OL]. https://www.opmcm.gov.np/en/prime-minister/.

③ Read a Brief Biography on Newly Elected PM KP Sharma Oli[EB/OL]. https://kathmandupost.com/miscellaneous/2015/10/11/here-is-a-biography-of-newly-elected-pm-oli.

算术和占卜；其母马杜玛娅·奥利（Madhumaya Oli）则在奥利4岁时染上天花去世。父亲再娶后，奥利转由祖母拉玛娅（Rammaya）抚育。为了寻求更好的生计，在尼共领导人拉姆纳特·达哈尔（Ramnath Dahal，后在苏哈尼谋杀案中被杀）的帮助下，奥利一家在其12岁从内瓦（Iwa-2）的普拉纳米初中（Pranami Middle School）上完五年级后①，于1963年变卖所有家当，举家迁往东南部平原地区贾帕（Jhapa）县的拉纳曼尼（Ranamani-6）②，而奥利的早期政治生涯也开始于贾帕。据童年玩伴回忆，奥利从小就是一个喜欢下象棋、踢足球和写诗歌的头脑敏锐的聪明孩子。奥利认为下象棋有助于大脑发育，并时常鼓励他人参与此项游戏。奥利还喜欢踢足球，童年时常用碎布裹成"足球"玩耍，并善于盘带动作、经常破门得分。奥利还喜欢写一些民族主义诗歌，并向朋友们深情朗诵③。

20世纪50年代至60年代初的尼泊尔处于政治动荡时期。1950—1951年，特里布文（Tribhuvan）国王在印度尼赫鲁政府的支持下，联合大会党（Nepali Congress party）的势力，推翻了拉纳（Rana）家族105年的专制统治，恢复了君主立宪民主。1959年，大会党在尼泊尔首次议会选举中获胜，组建毕·普·柯伊拉腊（Bishweshwar Prasad Koirala）政府。1960年12月，马亨德拉（Mahendra）国王发动政变，宣布解散执政仅18个月的柯伊拉腊内阁和议会两院，取缔一切政党活动，亲自接管国家全部行政权力。1962年12月16日，马亨德拉国王颁布潘查亚特（Panchayat）体制的新宪法后，尼泊尔进入无党派议会体制时期。

奥利受马克思列宁主义哲学意识形态影响，于1966年投入反对君主专制的无政党评议会制度的民主斗争中，并开始自身政治生涯，而贾帕则因奥利参与"贾帕运动"被捕入狱14年而在其政治生涯中写下浓墨重彩的一笔。1964年，12岁的奥利进入当地道毛克镇的喜马拉雅中学（Himalaya Higher Secondary School）就读。1966年，当时正在读九年级的奥利选择离开学校，进入共产主义政治领域④。1968年，奥利成为全职政治活动家。1970年2月，年仅18岁的奥利正式加入尼泊尔共产党，同年因从事地下政治活动而首次被捕入狱（因涉嫌参与民主事业和建立共和制国家而根据《公共犯罪法》首次被捕）。1970年5月22日，奥利以躲藏起来引导运动而成为全职领导者。1971年，奥利进入尼泊尔共产党贾帕县委，并在第二年成为贾帕运动组织委员会领导人之一⑤。当时的尼泊尔共产党正处于四分五裂之中，在中国"文化大革命"和毗邻尼泊尔的印度西孟加拉邦印度共产党（马列主义）总书记马宗达领导的"纳萨尔巴里运动"的影响下，贾帕县的尼共党员在拉达·克里希·麦纳里（Radha Krishna Mainali）及其兄弟钱德拉·普拉卡什·麦纳里（C P Mainali）以及奥利等的领导下⑥，发动了反对当地封建地主的武装起义，"贾帕运动"也被视为尼泊尔共产主

---

① Read a Brief Biography on Newly Elected PM KP Sharma Oli[EB/OL]. https://kathmandupost.com/miscellaneous/2015/10/11/here-is-a-biography-of-newly-elected-pm-oli.
② KP Oli Becomes Prime Minister of Nepal for the Second Time[EB/OL]. https://kathmandutribune.com/kp-oli-becomes-prime-minister-nepal-second-time/.
③ Who is K P Sharma Oli[EB/OL]. https://indianexpress.com/article/who-is/who-is-k-p-sharma-oli-nepal-new-prime-minister-communist-party-5064915/.
④ Khadga Prasad Sharma Oli – Biography[EB/OL]. https://www.studyiq.com/blog/khadga-prasad-sharma-oli-biography-free-pdf-download/.
⑤ Oli Appointed as 38th PM of Nepal[EB/OL]. https://myrepublica.nagariknetwork.com/news/36371/.
⑥ Communist Party of Nepal Comes Full Circle in 69 Years[EB/OL]. http://therisingnepal.org.np/news/23701.

义运动的基石。"贾帕运动"失败后多人遭捕杀①,奥利于1973年因涉嫌所谓"颠覆行动"被逮捕,并于1973—1987年在不同监狱被连续监禁达14年之久,其中包括4年单独监禁,而这也极大地损害了他的身体健康。奥利被捕入狱期间,尼泊尔共产主义运动出现了新情况。1975年6月,"贾帕运动"幸存者与尼泊尔东部地区八个县的尼共组织召开秘密会议,联合成立了全尼泊尔共产党革命派协调委员会(马克思列宁主义)(All Nepal Communist Revolutionary Coordination Committee [Marxist-Leninist])。1978年12月26日,全尼泊尔共产党革命派协调委员会(马克思列宁主义)召开第三届会议,决定解散协调委员会,成立尼泊尔共产党(马克思列宁主义)[简称"尼共(马列)"]②。尽管奥利此时被捕入狱,但也被视为尼共(马列)创始领袖。

1987年获释之后,重返政坛的奥利回归以"贾帕运动"幸存者为主的尼共(马列),成为其中一名中央委员,并在1989年至1990年4月短暂负责蓝毗尼专区(Lumbini Zone)党委工作。其间,奥利不仅在一次党组织活动上遇到了现在的妻子,即同为尼共(马列)党员的拉迪卡·沙基亚(Radhika Shakya),并与其结为终身伴侣;而且与后来成为尼泊尔"人民领袖"、时任尼共(联合马列)总书记的马丹·班达里关系匪浅[马丹·班达里1994年在尼印边境奇特旺一场神秘的吉普车祸中去世后,奥利还领导尼共(联合马列)调查委员会负责调查其不明死因③]。

1990年"第二次人民运动"后,尼泊尔王国终结了自马亨德拉国王起两代君主领导的无政党评议会制度,推动比兰德拉国王颁布恢复君主立宪制下实施议会多党民主的新宪法,并组建临时联合政府。为适应恢复多党制民主后尼泊尔的多党议会民主制度,当时尼泊尔最大的两个共产党集团,即马丹·班达里领导的尼共(马列)与尼泊尔第一代共产党人曼·莫罕·阿迪卡里(Man Mohan Adhikari)领导的尼泊尔共产党(马克思主义)[简称"尼共(马)"],于1991年1月6日合并成立尼泊尔共产党(联合马克思列宁主义)[简称"尼共(联合马列)"],成为当时尼共各派中力量最强、组织机构设置最严密规范的派别。尼共(马列)出身的奥利也成为新党创始中央领导人,在合并后的尼共(联合马列)中分管对外联络、宣传与青年工作,并发起成立了该党附属青年组织尼泊尔全国民主青年联合会(National Democratic Youth Federation of Nepal),同时担任创始主席。凭借在民主运动中的声誉,奥利开始在尼泊尔政坛崭露头角,逐渐成为尼泊尔政治的关键角色。在1991年5月12日时隔32年举行的尼泊尔史上第二次议会选举中,尼共(联合马列)凭借28%的得票率分别获得下院205席中69席和上院60席中16席,成为议会最大反对党和执政党大会党的主要竞争对手,奥利则在贾帕第6选区当选为众议院议员。此后,奥利于1992年担任尼共(联合马列)中央国际事务部部长。

在1993年尼共(联合马列)五大上,阿迪卡里和班达里分别连任党主席和总书记,而奥利则继续当选政治局委员兼中央宣传部主任。在1994年11月15日举行的尼泊尔议会中期选举中,尼共(联合马列)获得88个席位成为议会第一大党并组建一党少数政府,在贾帕第2选区连任众议院议员的奥利,则在尼共(联合马列)曼·莫汉·阿迪卡里首相少数党政府(1994—1995年)中担任

---

① No Room for Betrayal in Party Unification: PM KP Oli[EB/OL]. https://myrepublica.nagariknetwork.com/news/no-room-for-betrayal-in-party-unification-pm-kp-oli/.
② 中共中央对外联络部编印. 各国共产党概况[M]. 北京:中共中央对外联络部,1980:327.
③ UML Leader Accuses Maoists of Having Assassinated Madan Bhandari[EB/OL]. https://www.groundreport.com/uml-leader-accuses-maoists-of-having-assassinated-madan-bhandari/.

内政大臣。阿迪卡里政府倒台后，奥利则在1995—2008年4月担任尼共（联合马列）议会事务部部长。在1998年1月尼共（联合马列）六大上，奥利提出的关于党的战术路线的议案以压倒性多数获得通过，奥利也当选党的常务委员会委员兼中央国际事务部部长。在1999年议会选举中，奥利在贾帕第6选区中顺利当选众议院议员。1999—2002年，奥利担任议会主要反对党尼共（联合马列）副党团领袖。2000年至今，奥利担任尼泊尔亚非人民团结组织（AAPSO）主席。在2003年2月尼共（联合马列）七大上，奥利提出的重塑党中央、主席、副主席、总书记、书记等职务的议案被搁置。奥利在七大上再次当选政治局常务委员会委员，并被重新任命为党的中央国际事务部部长。

2006年成立过渡政府至2007年颁布实施临时宪法期间，奥利在由已故大会党首相吉·普·柯伊拉腊（Girija Prasad Koirala）领导的临时过渡政府内阁中被任命为副首相兼外交大臣（2006年4月至2007年3月）。2007年宣布进入共和国后，在2008年4月尼泊尔首届制宪会议（议会）选举中，大获全胜的尼泊尔联合共产党（毛主义）[简称"尼联共（毛）"] 最终选择与第三大党尼共（联合马列）等组建普拉昌达领导的联合政府，而奥利在1998年尼印《综合开发马哈卡利河条约》中发挥所谓"重要作用"，则被舆论攻击，最终在贾帕第7选区不敌来自尼联共（毛）的对手林布（Bishwodip Lingden Limbu），在选举中失利落败。当时，尼共（联合马列）不仅是仅次于尼泊尔联合共产党（毛主义中心）[简称"尼共（毛）"]、大会党之后的尼泊尔制宪会议第三大党，也是尼共（毛）领导的联合政府中最重要的执政联盟。时任尼共（联合马列）总书记内帕尔因政党选举失利主动引咎辞职，在随后举行的尼共（联合马列）第18次中央委员会选举中，卡纳尔当选新任总书记①，奥利则在2008—2009年担任中央党校部主任。在2009年2月八大上，尼共（联合马列）接受奥利的建议，决定改革中央组织方式，设立党主席、副主席等职务，不再由总书记一人集中掌握权力②。奥利在与原总书记贾拉·纳特·卡纳尔（Jhala Nath Khanal）的党主席竞选中落败，最终当选政治局常务委员会委员，并再次被任命为中央国际事务部部长。在2013年11月尼泊尔第二届制宪会议选举中，奥利在贾帕第7选区重新当选议员。

在2014年2月4日尼共（联合马列）议会党团领袖选举中，奥利以98∶75的结果战胜党主席卡纳尔，当选尼共（联合马列）制宪会议党团领袖，落败的卡纳尔遂放弃党主席竞选。在2014年7月3日—16日于尼泊尔首都加德满都举行的尼共（联合马列）九大上，奥利击败曾担任党的总书记、尼泊尔总理的内帕尔（Madhav Kumar Nepal），当选尼共（联合马列）第三任党主席。2015年9月，在尼泊尔朝野三大主要政党大会党、尼共（联合马列）和尼联共（毛）的努力下，尼泊尔终于通过实施《尼泊尔联邦民主共和国宪法》的提议。在尼泊尔第二届制宪议会通过、尼泊尔总统亚达夫颁布《尼泊尔联邦民主共和国宪法》后举行的首次议会选举中（2015年10月11日），在尼联共（毛）、尼泊尔民族民主党、马迪西人权论坛（民主派）以及其他13个小党的支持下，时年65岁的尼共（联合马列）主席奥利以338∶249的优势战胜唯一竞争对手——前总理、大会党主席苏西尔·柯伊拉腊（Sushil Koirala），当选尼泊尔第38任总理（2015年10月12日—2016年8月4日），

---

① 尼共（联合马列）选出新的总书记[EB/OL]. https://world.huanqiu.com/article/9CaKrnJktAA.
② 尼泊尔共产党（联合马列）选出新领导集体[EB/OL]. https://world.huanqiu.com/article/9CaKrnJlBJl.

成为尼泊尔新宪法颁布后当选的首位总理①。奥利是 1995 年以来,继阿迪卡里、内帕尔和卡纳尔之后,尼共(联合马列)出身的尼泊尔第四位总理。同时也是 22 年来民主选举产生的第六位共产党总理,但却是唯一一位说"东方价值观和哲学深深植根于我的信念"②的人。奥利第一任期内,其维持意识形态冲突的同盟政党的平衡、寻求与印度的合作以及推动有效的震后恢复的政治任务将成为对其的严格考验。

2016 年 7 月 12 日,在印度方面的挑拨下,执政联盟中的尼共(毛)③宣布退出尼共(联合马列)领导的联合政府,转而与反对党大会党联合,并随后在制宪会议(议会)提起对奥利的不信任案;7 月 24 日晚,奥利在不信任案表决前,在制宪会议演讲时正式宣布辞去总理职务,结束了自己 287 天④的首任总理任期;8 月 4 日,尼共(毛)与大会党组建联合政府,在下届议会选举前普拉昌达(2016 年 8 月 4 日—2017 年 6 月 7 日)与大会党主席德乌帕(Sher Bahadur Deuba,2017 年 6 月 7 日—2018 年 2 月 15 日)轮流担任总理,分享剩余总理任期⑤。

在 2017 年地方选举结束后不久,尼泊尔政坛中的三大泛左翼政党——制宪会议第二大党尼共(联合马列)、制宪会议第三大党尼共(毛)和由原尼联共(毛)副主席、前总理巴特拉伊领导的新力量党,于当年 10 月 3 日联合宣布组建左翼联盟(Left Alliance,新力量党隔日宣布退出,转而加入大会党竞选联盟),联合竞选联邦议会和省议会选举⑥。左翼联盟在尼泊尔 2017 年联邦议会和省议会中大获全胜,不仅在联邦下院众议院 275 席中获得近 2/3 的 174 席,而且在地方七省中的六省执政,奥利也在贾帕第 5 选区成功当选众议院议员。

2018 年 2 月 15 日,在尼泊尔总统班达里(Bidhya Devi Bhandari)的任命下,左翼联盟共同候选人、尼共(联合马列)主席奥利宣誓就任尼泊尔第 41 任总理。凭借在联邦议会近 2/3 的多数席位优势,奥利政府也成为尼泊尔近 30 年来最稳定、最强大的一届政府。3 个月后的 5 月 17 日,奥利与普拉昌达做出重要政治决断,以左翼联盟中的尼共(联合马列)和尼共(毛)为基础,联合组建新的统一的尼泊尔共产党(简称"尼共"),奥利和普拉昌达则被共同推选为地位平等的联合党主席,尼共也成为南亚地区最大的共产党⑦。

以 2020 年 12 月 20 日奥利总理提请班达里总统解散众议院提前进行中期选举为直接导火索,由尼共(联合马列)和尼共(毛)于 2018 年 5 月 19 日注册成立的尼泊尔共产党在经历党内多轮对决、实质分裂后,经最高法院裁决后宣布两党合并无效,戏剧性恢复为原来两党,奥利政府也由尼共政府恢复为两党联合政府。5 月 4 日,普拉昌达领导的尼共(毛)正式宣布不再支持奥利政府,

---

① Oli Elected 38th Prime Minister of Nepal(Update)[EB/OL]. https://kathmandupost.com/national/2015/10/11/oli-elected-38th-pm-of-nepal.

② K P OLI: A Man of 'Eastern Values', One Who Speaks His Mind[EB/OL]. https://indianexpress.com/article/explained/k-p-oli-a-man-of-eastern-values-one-who-speaks-his-mind/.

③ 尼共(毛主义中心)[Communist Party of Nepal(Maoist Center)]是由尼联共(毛)、尼共(革命毛主义)等十个相互独立的毛主义政党于 2016 年 5 月 19 日合并而成的,尼联共(毛)主席普拉昌达继续担任主席。

④ Know Your Prime Minister[EB/OL]. https://thehimalayantimes.com/kathmandu/know-prime-minister/.

⑤ 尼泊尔总理奥利宣布辞职[EB/OL]. http://www.xinhuanet.com/world/2016-07/25/c_129173571.htm.

⑥ CPN-UML and CPN-Maoist Centre Form Alliance in Nepal[EB/OL]. https://www.hindustantimes.com/world-news/cpn-uml-and-cpn-maoist-centre-set-to-form-alliance-in-nepal/story-DrP1l0a10oagbNxENvpO2H.html.

⑦ Nepal's Maoists, Liberal Communists Unite As Biggest Left Party[EB/OL]. https://www.reuters.com/article/us-nepal-politics/nepals-maoists-liberal-communists-unite-as-biggest-left-party-idUSKCN1II2BW.

导致后者不仅在众议院中失去多数席位，也在5月10日信任投票中未获半数支持，并根据宪法规定奥利总理成为看守政府总理。由于众议院中反奥利联盟的其他党派未能如期组建联合政府，奥利于5月13日晚再度被任命为总理，后于5月22日再度提请班达里总统解散众议院并定于11月12日和19日举行议会选举。7月13日，根据最高法院的裁决，班达里总统任命大会党主席谢尔·巴哈杜尔·德乌帕出任总理，后者组建包括尼共（毛）在内的多党联合政府。10月1日—3日，尼共（联合马列）召开首届章程大会。11月26日—30日，尼共（联合马列）继2014年九大后在南部城市奇特旺召开十大，奥利以压倒性优势战胜唯一竞争对手副主席比姆·拉瓦尔（Bhim Rawal），再度当选党主席。

十三、葡萄牙共产党总书记热罗尼莫·德索萨

葡萄牙共产党成立于1921年3月6日，1974年12月26日获得合法地位，党员人数54280人（2016年）。热罗尼莫·德索萨（Jeronimo de Sousa）出生于1947年4月13日，葡萄牙共产党现任总书记、冶金工人、政治家。2004年11月，他在葡萄牙共产党第十七次代表大会上当选葡萄牙共产党总书记，并担任该职务至今。他还是一名葡萄牙共和国议会议员，并曾作为联合民主联盟候选人参加2006年葡萄牙总统选举。

德索萨出生于里斯本区路易斯的一个工人阶级家庭，受到右倾萨拉查政权的统治。14岁时，他同大多数在里斯本工业区长大的工人家庭的孩子一样，成为家乡附近一个钢铁厂的机器调音师。

他很快就参加了反对法西斯主义的革命活动，同时组织合并了20世纪60年代家乡的一些工人阶级文化协会。在这一时期，德索萨与葡萄牙共产党在里斯本郊区的一个强大的秘密组织取得了联系，在那里，他是为数不多的有阅读能力的人之一，曾经秘密地给其他工人朗读当时被列为非法的葡萄牙共产党报纸 Avante！。后来，在1974年"康乃馨"革命之后，他正式成为葡萄牙共产党党员。

1969—1971年，德索萨参加了反对非洲的葡萄牙殖民地解放运动的殖民战争。他在几内亚比绍服役，被迫与马克思主义解放运动"几内亚和佛得角非洲独立党"（简称"几佛党"，PAIGC）[1] 作战。

1969年，马切洛·卡埃塔诺取代萨拉查之后，政权做出了一些微小的民主性开放，其中一项政策是允许没有任何非法政治活动记录的工人参加各自工会的选举。1973年，德索萨参加了里斯本冶金工人联盟领导层的选举。由于没有遭到任何政治上的怀疑，德索萨在被选中后得以参加选举，并且在葡萄牙共产党的秘密支持下，赢得了选举。从1974年4月起，他被选为工人委员会委员，并一直担任这个职务直到1995年。

---

[1] 几内亚和佛得角非洲独立党在意识形态上曾坚持共产党主义和马列主义指导，后来则以民主社会主义和左翼民族主义为指导，在1973年几比独立后长期执政，1999年沦为在野党。2008年重新执政。党的宗旨是实现民族团结，捍卫和巩固独立，为创建在人民团结一致、社会公正和法治国家基础上的民主社会而战斗。2012年4月军事政变后，其一度被排除在过渡政权之外。2014年2月，召开第八次全国代表大会，多明戈斯·西蒙斯·佩雷拉（Domingos Simões Pereira）接替卡洛斯·戈梅斯当选新一届党主席，阿贝尔·达席尔瓦（Abel da Silva）出任全国总书记。2014年4月，该党赢得立法选举，再度执政，党主席佩雷拉出任总理，后于2015年8月被瓦斯总统解职。2015年6月，几佛党中央任命阿里·伊雅齐（Ali Hijazy）为新任全国总书记。2018年2月，该党召开第九次全国代表大会，佩雷拉、伊雅齐分别连任几佛党主席、全国总书记。

在葡萄牙的首次民主选举中，德索萨当选议会议员。这次选举的目的是选出一个将起草新民主宪法的议会。在德索萨第一次参加共和国大会时，发生了一件奇怪的事情。大会的一名工作人员称德索萨为"医生"，德索萨回答说"我不是医生，而是工人"，当时现场一片诧异，这反映了48年以来长期由上流人士组成的葡萄牙议会中，首次出现工人身份的议员的情景。

德索萨于1979年首次当选葡萄牙共产党中央委员会委员，并于1992年成为该党政治局委员。他是该党1996年总统选举的候选人，但他退出竞选并转为支持社会党候选人若热·桑帕约（Jorge Sampaio）。

2004年11月，在党的第十七次代表大会上，德索萨被选为葡萄牙共产党总书记，接替卡洛斯·卡瓦哈斯。同时，他被宣布为该党2006年总统选举候选人，并得到了"绿党"的支持。在2006年1月的总统选举中，得到葡萄牙共产党、"绿党"支持的德索萨在首轮选举中获得474083张选票，占比为8.64%，排在第四位，其竞选对手前三位的支持率分别为50%、20.74%和14.31%。

十四、美国革命共产党主席鲍勃·阿瓦基安

鲍勃·阿瓦基安（Bob Avakian），1943年3月7日出生，现为美国革命共产党主席。阿瓦基安自1975年起开始领导该党，1979年起开始担任该党中央委员会主席。他曾参与过言论自由运动，并且和美国黑豹党有过密切联系。他曾连续35年发表有关马克思主义和毛泽东思想的文章，并被视为美国最著名的毛泽东主义者，他提出了一套称为"新综合共产主义"的政治理论。

（一）成长经历

阿瓦基安出生于华盛顿哥伦比亚特区，成长于伯克利。曾参加伯克利"学生争取民主社会"运动（Students for a Democratic Society）。1969年7月，参加了加利福尼亚州的黑豹党代表大会。2005年，阿瓦基安出版了自传《从艾森豪到毛以及超越：我从美国主流到革命共产主义者的历程》（*From Ike to Mao and Beyond: My Journey from Mainstream America to Revolutionary Communist*）。在此书中，阿瓦基安谈到，作为一个年轻人，他对音乐、体育、诗歌和文学充满激情，这些与他在20世纪50年代和60年代成长于伯克利的生活息息相关，因为伯克利是一个人口种族多元化的大学城，后来成为知识、文化和政治动荡的中心，对整个国家产生了重大影响。从小到大，阿瓦基安和黑人朋友一起上学、唱歌、运动，亲身经历了美国社会上盛行的种族隔离和种族歧视，以及这种歧视对他的黑人朋友所产生的巨大影响。作为一个年轻人，阿瓦基安开始憎恨种族主义。在这本回忆录里，他曾提到一场比赛后深夜坐公交车的经历，"比赛结束回来的路上，我和几个橄榄球队的黑人朋友坐在一起，我们深入讨论了为什么这个国家有这么多种族主义，为什么有这么多的偏见，它从哪里来，它能改变吗。主要是他们在说，我在听。我记得非常深刻，我在那一小时里学到的东西，比我在课堂上，甚至是从一些更好的老师那里学到的要多得多"[1]。

---

[1] FORMATIVE EXPERIENCES, CRITICAL JUNCTURES, DECISIVE LEADERSHIP[EB/OL]. https://thebobavakian-institute.org/bob-avakian-official-biography-part-1/.

(二) 早期政治生涯

阿瓦基安和黑人朋友们这种反对种族主义的情绪逐渐从讨论转为政治运动。阿瓦基安读书时恰逢美国历史上的一个重要时刻，即当时伯克利率先打破了20世纪50年代的保守主义氛围，学生中爆发了抗议活动，表达对政治现状的不满——其中最明显的表现是20世纪60年代初的言论自由运动。这场运动挑战了校园内组织活动的禁令，尤其是学生们抗议当地企业在招聘方面的种族歧视。阿瓦基安从1964年9月开始，就积极参与这场言论自由运动，是校园行政大楼大规模静坐示威活动中被捕的800人之一。这次示威活动是言论自由运动赢得其诉求的决定性转折点。此时，美国各层民众都在针对美国社会各个方面进行抗议——表达对文化、制度和政治统治等的不满。阿瓦基安作为一个战略家、组织者、作家和演说家，积极投身这场社会运动中，并于1965年开始组织一些最早的反对越南战争的讲座和示威活动。阿瓦基安积极为《堡垒》（*Ramparts*）杂志撰稿，发表了一系列反对越南战争和种族主义的文章。20世纪60年代后期，在民权运动之外，美国出现了一个更激进的黑人解放运动，即黑豹党运动。阿瓦基安与黑豹党进行了紧密的合作。从1967年下半年开始，他不知疲倦地为这一组织提供政治辩护。

(三) 组建、建立和领导共产主义运动的主要经历

1967年年底，阿瓦基安搬到加利福尼亚州的里士满，目的是把革命政治（其中一个关键部分是支持黑豹党和反对种族主义）带到那个城市的穷苦白人和其他穷人身上，同时继续积极组织学生运动和社区运动来反对越战。在此期间，阿瓦基安和其他人开始认真地研究马克思主义的"经典著作"以及毛泽东的著作，开始探索自己的革命理论。随着阅读的不断深入，阿瓦基安把马克思主义看作最科学地综合了资本主义帝国主义制度的动态基础，以及为什么它不断产生多种形式的剥削和压迫的理论框架。

1970年夏天，阿瓦基安已成为湾区革命联盟（Bay Area Revolutionary Union）的领导成员之一。他们从美国湾区的创建基地出发，到全国各地进行调研与开展斗争活动。在此过程中，阿瓦基安发挥了决定性作用。湾区革命联盟在1970年发展成为一个全国性组织，并改名为革命联盟（Revolutionary Union）。阿瓦基安被选为革命联盟中央委员会委员，并被越来越多的人认为是该组织的核心领导成员。在整个20世纪70年代，阿瓦基安对有关革命和共产主义的一系列重要问题不断进行思考，这些问题包括：如果要革命，这种革命的目标是什么？怎么能发动这种革命？需要什么样的领导？计划是什么？需要什么样的力量来动员和联合起来进行革命？1968—1974年，鲍勃·阿瓦基安为革命联盟的期刊《红色论文》（*Red Papers*）写了大量的理论文章和论战性文章。在这些文章中，阿瓦基安开启了一种崭新的科学研究方法，研究的主要问题除了涉及世界共产主义运动的经验、当时重大而争论不休的政治和意识形态问题（包括有关苏联社会主义性质的问题、毛泽东的理论分析是否正确等），他还继续关注根除美国黑人压迫的理论和实践问题，强调这些问题与革命总体战略的关键性联系。

1971年秋天，阿瓦基安率领代表团访问中国，深入了解中国在建设社会主义方面取得的成就以及"文化大革命"的性质和目标，并参与了有关共产主义运动历史的讨论活动。1974年下半年，阿瓦基安再次访华，其间与中国共产党的各级别代表就社会主义社会的"继续革命"以及这种革命

与中国的国际作用和革命责任之间的关系进行了热烈的讨论。

1975年,美国革命共产党宣布成立。在成立大会上,阿瓦基安被选为中央委员会主席,并一直担任这个职位直到今天。2003年,阿瓦基安在革命共产党内部发起并领导了一场"文化大革命",以此作为一种手段和方法来应对党内严重的修正主义路线和倾向。他认为,这些路线和倾向威胁着党从根本上偏离正轨,使其朝着经济主义、改良主义和顺应帝国主义制度的方向发展。阿瓦基安认为,世界共产主义革命遭受到严重挫折,苏联和与之结盟的国家已经分裂成若干资本主义国家,帝国主义势力不断加强对世界的控制。阿瓦基安指出,在革命共产党内部发起一场"文化革命",目的在于实现彻底重组和加强党作为一支革命性政党的力量,符合被压迫人民群众乃至全人类的根本利益。他认为,这种革命可以阻止修正主义在党内的发展,进一步铲除修正主义的影响,增强党的革命性质和先锋队作用。

(四)主要活动

近年来,由于年龄的原因,阿瓦基安公开露面的场合并不多。自2003年以来,阿瓦基安在公开或半公开场合出现过几次。2012年秋,他在美国不同城市做了一系列演讲。2014年11月15日,1900人在纽约市的河滨教堂上见证了康乃尔·韦斯特(Cornel West)[①]和鲍勃·阿瓦基安之间一场名为"革命与宗教:争取解放的斗争和宗教的作用"的历史性对话。这场理论对话恰逢因警方谋杀迈克尔·布朗和埃里克·加纳而爆发的紧张气氛中,因此吸引了来自从密苏里州的弗格森到夏威夷等美国社会各阶层的人以及墨西哥、欧洲观众的同步广播观看。

(五)主要著作

阿瓦基安著述颇丰。目前,美国革命共产党建有"鲍勃·阿瓦基安研究所"(Bob Avakian Institute),全面搜集、整理和收藏了鲍勃·阿瓦基安几十年以来的主要讲话、报告、录音、专访、文章、著作等文献资料,供全社会借阅。

其中,鲍勃·阿瓦基安的主要著作有:《民主:我们不能做得更好吗?》(1986年)、《我们需要的是道德,而不是传统道德》(1999年)、《虚伪的共产主义已经死了……真正的共产主义万岁!》(2004年)、《马克思主义与未来的呼唤:关于伦理、历史和政治的对话》(2005年)、《对艺术和文化,科学和哲学的观察》(2005年)、《远离所有的神!解除思想束缚,彻底改变世界》(2008年)、《共产主义和杰佛逊民主》(2008年)、《新共产主义:科学、战略,领导一场真正的革命,一个走向真正解放的全新社会》(2016年)等。

十五、加拿大共产党主席伊丽莎白·罗莉

伊丽莎白·罗莉(Elizabeth Rowley),1949年出生,政治家、作家、政治活动家,她毕业于阿

[①] 康乃尔·韦斯特,美国哲学家、政治活动家、社会评论家、作家。韦斯特在普林斯顿大学创建了一个非裔美国人的研究中心,是当时最先进的研究中心之一,致力于种族主义研究。

尔伯塔大学，现为加拿大共产党主席。自1978年以来，罗莉一直是加拿大共产党中央执行委员会委员，并多次在市级、联邦级和省级竞选公职。2016年1月，在米格尔·菲格罗阿（Miguel Figueroa）退休后，伊丽莎白·罗莉被中央委员会选为加拿大共产党领导人，成为该党历史上首位女性主席。

罗莉出生于不列颠哥伦比亚省，大学时就读于埃德蒙顿的阿尔伯塔大学，大学期间积极参加加拿大共产主义青年联盟的活动。罗莉于1967年加入加拿大共产党。作为一名年轻的政治活动家，在1970年"十月危机"期间，罗莉发起组织了反对战争措施法案的运动。在1972年举行的加拿大联邦选举中，罗莉成为加拿大共产党历史上最年轻的候选人，参与了诸如妇女生育权等问题的辩论活动（当时堕胎在加拿大尚属非法）。她还呼吁结束越南战争，停止加拿大的参与。在全国各地旅行并在魁北克居住过一段时间之后，她搬到了南安大略。在温莎，她成为一名排字工学徒和秘书，还成为一名当地的政党组织者。1975年，罗莉成为加拿大共产党安大略省委的组织员，并移居到汉密尔顿。在那里，她参与了许多劳工斗争，捍卫劳动者的工作、生活、工作的权利，倡导妇女平等，捍卫加拿大的主权。在参与发起禁止三K党的运动中，罗莉的住所曾遭到陌生人的蓄意纵火，之后，她的汽车也被人炸毁。

1988年，罗莉当选加拿大共产党安大略省委员会主席，成为安大略省首批女性领导人之一。随后，她搬家至多伦多。在此期间，她领导安大略省共产党委员会组织了多场政治抗议活动，其中包括反对自由贸易以及1990年大选的活动。多年以来，罗莉一直强烈反对北美自由贸易协定和其他贸易协定。

罗莉通过自身的努力，捍卫了加拿大共产党的团结统一。20世纪90年代的苏联解体给世界各国的共产主义运动带来了巨大的冲击，不同的言论和主张在各国共产党内部蔓延开来。在苏联解体之后引发的加拿大共产党的内部争论中，罗莉是被时任加拿大共产党总书记乔治·休伊森（George Hewison）开除党籍的第一批活动人士之一，原因在于她此前强烈反对乔治·休伊森试图放弃马克思列宁主义作为指导思想、把加拿大共产党发展成纯粹的左翼政党的提议。在捍卫党的团结方面，罗莉和加拿大前总书记威廉·卡斯坦、米格尔·菲格罗亚、金博尔·卡里欧等人做出了巨大贡献。在罗莉重新获得党员资格之后，她将休伊森的集团告上法庭，并成为亲列宁主义路线的首席谈判代表。最终达成的解决方案是将党的资产一分为二，亲列宁主义集团保留了党的名称，有超过15%的党员在此次分裂期间选择了退党。

20世纪90年代中后期，罗莉开始担任当地一家学校的董事。2001年，罗莉再次当选加拿大共产党中央执行委员会委员，同时她也取代了哈桑·侯赛尼，成为加拿大共产党安大略省委的领袖。从这一时期开始，罗莉一直担任《人民之声》的专栏作家，这是一份属于工人阶级的报纸。罗莉撰写了许多关于加拿大人民群众开展反抗斗争的文章，这些文章已被翻译成多种语言，并在世界各地传播。罗莉曾在欧洲、美洲和亚洲的一系列国际会议和进步论坛上发言，并多次代表加拿大共产党出席世界共产党和工人党国际会议。2016年1月30日—31日，在多伦多举行的加拿大共产党中央委员会会议上，罗莉当选党的领导人。虽然她不是第一位在加拿大共产党领导层任职的女性，但她是该党历史上第一位女性领导人。2016年春，罗莉开始在加拿大15个城市进行巡回演讲，向加拿大共产党员和支持者介绍即将召开的党的三十八大的情况，以及该党关于反对签署跨太平洋伙伴关系协议（TPP）的政治立场。2018年5月，罗莉曾来华参加2018年5月在北京召开的"中国共产党与世界政党高层对话会专题会议"——纪念马克思诞辰 200 周年专题研讨会分组会议"习近平新时代中国特色社会主义思想与 21 世纪的马克思主义"并发言。

十六、南非共产党总书记布莱德·恩齐曼迪

布莱德·恩齐曼迪（Blade Nzimande），1958 年 4 月 14 日出生于南非彼得马里茨堡附近的伊登代尔，南非政治家、社会学家、大学讲师、反种族隔离活动家，南非高等教育、科学和技术部部长。他于 2018—2019 年担任南非交通部部长，2009—2017 年担任高等教育和培训部部长。自 1998 年以来，恩齐曼迪一直担任南非共产党总书记。

（一）早年读书生活

恩齐曼迪曾先后就读于亨利维尔罗马天主教学校、普莱西尔初级小学，然后就读于埃登代尔的马托穆沙学校（这是该地区在新班图教育体系下建立的第一所学校）。1975 年，恩齐曼迪被伊登代尔的乔治敦高中录取。1976 年，恩齐曼迪进入祖鲁兰大学攻读公共管理和心理学学士学位。在这一时期，他开始参与学生运动，其中包括参与绝食以及 1976 年 5 月反对授予曼戈苏图·布特莱齐（Mangosuthu Buthelezi）荣誉博士的示威活动。恩齐曼迪于 1977 年回到大学，并于 1979 年完成学业。毕业后，他回到家乡伊登代尔，加入了"阿扎索学生组织"（Azaso），该组织最终脱离"黑人觉醒运动"（BCM），与国会或宪章主义倾向保持一致。对于恩齐曼迪来说，该学生组织脱离"黑人觉醒运动"并坚持宪章主义的立场是与"每周祖鲁广播"和"莫斯科广播"的政治倾向保持一致的。通过这种方式，他和他的同事熟悉了非洲人国民大会（ANC）的政策，并开始收到非洲人国民大会的秘密文件。在参加这一学生组织期间，恩齐曼迪获得了荣誉学位和硕士学位。

恩齐曼迪于 1980 年获得纳塔尔大学心理学荣誉学位，于 1981 年获得该校工业心理学硕士学位，并于同一所大学获得社会学博士学位，其博士学位论文题目为《企业游击队：1973 年后南非的阶级形成与非洲小资产阶级》。

（二）政治生涯

1982 年 1 月，恩齐曼迪搬到德班生活。在此期间，他积极参与丹布扎青年组织（Dambuza Youth Organisation）的活动，该组织自 1983 年成立以来，一直隶属于联合民主阵线（UDF）。

这一年，恩齐曼迪在当地汤加特休利特糖业有限公司的人事部实习，他遇到了杰·奈都（Jay Naidoo），并开始与工会开展非正式合作，在工会研讨会上就职业分级和其他问题发表演讲。两年后，他从这里辞职了。之后，恩齐曼迪在其母校祖鲁兰大学的乌姆拉齐分校应聘到讲师的职位，后来他在那里建立了工业心理学系。与此同时，他越来越多地参与工会活动，并在 1986 年担任《南非劳工公报》（*South African Labour Bulletin*）编辑委员会委员。在此期间，他继续协助工会举办讲授工会历史的研讨会。在乌姆拉齐分校期间，恩齐曼迪与青年人一起秘密举办马克思主义学习班。恩齐曼迪一直讲学到 1987 年 6 月，随后他加入德班拿塔尔大学并在该校心理学系授课。在这里，他积极创办文化协会，开展文化宣传活动，制作了一个关于执政暴力的戏剧，名为"*Koze Kube Nini*"，该

剧在地方乡镇上多次演出。此外，他还写了许多关于执政暴力的文章，并协助举办各类研讨会。

2009年5月，祖马就任南非总统时，任命恩齐曼迪为高等教育部部长。2017年6月，恩齐曼迪批评祖马总统，称他的内阁改组是滥用职权，并呼吁总统下台。2017年10月，恩齐曼迪被解除了高等教育和培训部部长的职务，由姆基泽（Hlengiwe Mkhize）取而代之。恩齐曼迪还曾担任议会教育特别委员会主席，并在萨尔瓦多大学担任各种领导职务，著有《战争的孩子：暴力对纳塔尔学校教育的影响》一书。

近年来，恩齐曼迪成为南非—中国两国两党双边关系的友谊使者。2010年8月25日，时任教育部部长袁贵仁在北京会见并宴请了来访的南非高等教育与培训部部长兼南非共产党总书记布莱德·恩齐曼迪博士一行。2012年7月12日—15日，南非共产党在南非祖鲁兰大学召开十三大。会议期间，南非共产党新当选总书记恩齐曼迪会见了应邀出席南非共产党十三大的中共代表、中央党史研究室主任欧阳淞一行。2013年9月12日，南非共产党总书记恩齐曼迪率领南非高教部访问团到访北京大学。2016年6月，中国驻南非大使田学军会见南非共产党总书记布莱德·恩齐曼迪，双方就中国共产党和南非共产党成立95周年互致祝贺，就两国两党关系深入交换看法。同年9月9日，教育部部长陈宝生会见南非共产党总书记、高等教育与培训部长布莱德·恩齐曼迪一行。

参考文献：

[1] 钟清清. 各国共产党总览 [M]. 北京：当代世界出版社，2000.

[2] 刘洪才. 当代世界共产党党章党纲汇编 [M]. 北京：当代世界出版社，2009.

[3] 王淼. 当代国外共产党对社会主义的探索 [M]. 北京：中国社会科学出版社，2019.

马克思主义及其中国化理论研究

中国推进共同富裕

[英] 唐 迈*

> 【内容提要】中国共同富裕思想可追溯至1953年。1979年,邓小平认为公有资产可以防止社会两极分化,中国选择让一部分人和地方先富起来,加速经济发展。其结果是非同寻常的持续经济增长,但代价是与私人资本增长相关的城乡、区域和社会在收入和财富方面的不平等大幅增加。1999年,中国共产党为推进共同富裕开始解决城乡差距和地区差距问题,而在习近平总书记的领导下,对共同富裕的强调与国内创新、治国理政、生态文明和精神文明等目标一道明显增强。从2020年开始,政府针对私人资本的无序扩张、垄断、投机以及私人提供的教育、住房和医疗的成本采取了强有力的措施,并在浙江省建立了示范区,以探索如何解决发展不平衡问题,重塑初级、中级和第三级的收入分配。
>
> 【关键词】共同富裕 公平 乡村振兴 生态文明 公共服务

一、共同富裕的含义

2021年8月17日,在中央财经委员会第十次会议上,习近平总书记强调在高质量发展中促进共同富裕。在需要自主创新的情况下,一场新的工业革命即将到来,生态文明建设旨在应对环境挑战,生产力的高质量发展至关重要,推动中国逐步从中上收入国家迈向高收入国家。因而,将高质量发展与共同富裕的追求结合起来,使中国在高质量发展中促进共同富裕,越来越多地被视为中国社会主义道路的一个新阶段。

1953年9月25日,《人民日报》刊载的一篇文章中首次出现了"共同富裕"一词。1953年12月12日,这一词语再次出现在《人民日报》一篇题为《社会主义道路是农民共同富裕之路》的文

---

* 唐迈(Michael Dunford),男,英国苏塞克斯大学全球研究学院名誉教授,主要从事如何缩小地区间贫富差距,促进全球区域平衡发展研究。

章中。"共同富裕"成为农村互助、合作社和集体化道路的一个步骤,与共同拥有资源联系在一起。仅仅四天后,中国共产党发布了《关于发展农业生产合作社的决议》,由毛泽东主持起草,将"共同富裕"作为中国社会主义建设的目标。

20世纪70年代后期,邓小平经常用"共同富裕"来描述社会主义。20世纪80年代,他又一次频繁地使用这个词,坚持主张共同富裕、避免两极分化和公有制占主导地位是社会主义的基本原则[1]。

20世纪70年代末,共同富裕和平均主义之间最初的联系遭到了否定。1979年4月15日,《人民日报》刊登了一篇题为《一部分先富裕和共同富裕》的文章。越来越多的人认为,为了加快生产力的发展,实现四个现代化,加快共同富裕的到来,应该允许一部分人和一部分地区先富起来,另一部分人后富起来。邓小平在许多场合谈到,公有制主体和共同富裕是我们必须坚持的两条社会主义基本原则。社会主义的目的是使全体人民富裕起来,而不是制造两极分化。如果我们的政策导致了两极分化,那就意味着我们的政策失败了;如果出现了新的资产阶级,那就意味着我们偏离了正确的道路。在鼓励一部分地区先富起来的同时,我们要鼓励其他地区以身作则,帮助经济落后地区的发展。

在资本主义生产方式下,生产资料和交换资料都是私人占有的。在资本主义生产方式占主导地位的社会中,私人所有权来自通过剥夺资产、资产和财富集中在小部分人手中的积累过程(往往是腐败途径)。这种财产在私人所有者阶级手中的集中是造成贫富差距的根本原因。虽然这些机制可能导致垄断,但资本的集中源于市场竞争。市场竞争会造成无休止的动荡,在某一阶段充当垄断或寡头的公司可能在另一阶段失去支配地位。防止和应对垄断势力出现的措施确实有所帮助。反垄断措施并不能防止财富和收入的两极分化(从贫富差距巨大和不断扩大的意义上来说),因为在竞争条件下(特别是在规模回报不断增加的情况下)货币资本的积累是自我强化的。

以资本为中心的社会创造了相当多的物质财富,劳动人民的物质生活水平显著提高,特别是在战后的黄金时代,当时低收入群体的收入增长速度快于高收入群体[2]。这是经济和政治妥协的结果,源于工人阶级和他们在国内的社会运动和政党的斗争,以及共产主义的挑战。在那个时代,工会的工资谈判见证了实际工资随着生产力的增长而稳步增长,而福利国家/社会保障与资本主义生产方式共存(在许多情况下与重要的国家资本相结合)。福利主要来自工薪阶层缴纳的税款,为公民提供了重要的最低限度的权利和生活保障[3]。这是一个特殊的时期,自20世纪70年代以来,私人资本的竞争性积累以及主要服务于资本主义利益的政府,是资本主义国家收入和财富两极分化以及收入和财富差距扩大的主要原因。由于财富和收入在一端累积,占人口绝大多数的非所有者因为私人资产所有权方面的极端自我强化而被剥夺了类似的权利。

20世纪70年代以后,西方资本主义社会朝着市场化、私有化和国际化的方向发展,同时也朝着金融化的方向发展。除了资本主义企业的利润,市场化土地、自然资源和自然垄断企业的所有者也获得了经济租金。这些租金与垄断地位、稀缺性和差别优势有关,导致与其(土地使用)相关的

---

[1] 邓小平. 共同富裕理论研究[M]. 北京:中华工商联合出版社,1999.
[2] Piketty T. Capital in the twenty-first century[M]. A. Goldhammer(trans.), Boston MA.: Harvard University Press, 2014.
[3] Dunford M. Theories of Regulation [J]. Environment and Planning D - Society & Space,1990,8(3):297-321.

商品和服务的市场价值超过其生产价格。在资本主义经济中，房地产资本的租金增加并且金融化：资产成为金融部门贷款的抵押品，业主招致债务，产生租金的资产收入被转化为复利支付。信贷推动资产价格上涨，而无力偿还的债务人被没收资产，导致财富进一步集中在金融部门手中。食利者、金融收入以及资产价值的相对增加使收入远离实际生产和消费，而在缺乏有效监管的情况下，资本市场自由化允许资本外逃、逃税和洗钱。在金融化的经济体中，债务的增长速度快于商品和服务的实际生产，金融和房地产利益集团寻求对货币、信贷创造和量化宽松的杠杆作用。在这些情况下，不平等现象急剧增加。

社会主义的目标是以人民为中心而不是以资本为中心的发展，主要目标是使经济和社会活动着眼于生产对社会有益的商品和服务，增加社会福利，使所有人能够发挥其潜力，过上幸福和充实的生活（共同富裕）。虽然共同富裕的物质条件（其本身是一个演变的过程而不是一个固定的标准）包括生产力的发展（虽然不是单方面追求 GDP 增长），但避免两极分化需要发展和完善社会主义公有制，这也有助于生产力和国力的发展。邓小平曾多次明确表示，只要公有制在我国经济中占据主体地位，就可以避免两极分化。在社会主义初级阶段的公有制经济中，按劳分配本身就是一种避免两极社会的方法。贡献各不相同，收入会有所不同，但其差别不应太大。同时，公有制限制了通过私人占有/拥有生产资料和资本剥削劳动力，以及通过不动产和金融资产获得高收入的可能性。

这意味着共产主义社会中工人阶级的最终解放、自由领域的实现和人的全面发展需要以集体拥有经济资产代替私人占有、分享使用这些资产成果的权利。然而，通往共产主义的道路需要一系列的步骤。这些步骤包括以各尽所能、按劳分配为原则的社会主义阶段本身从原始阶段相继发展到更高阶段。

然而，目前的共同富裕并不是平等的。不仅人们的生活需求不同，也需要多渠道的供给系统。在社会主义阶段（甚至在生产资料和交换资料的私有制消除之后），生产力的发展仍然是有限的。就中国而言，它需要推进社会主义现代化建设，升级、创新，并摆脱不久前的模式，即进口高端中间产品和资本货物，出口低端组装产品。在这种形势下，对技能、本土科学、技术和创新的投资是必不可少的，并将按劳动贡献的数量和质量分配奖励。此外，目前合理的差距已被广泛接受，不合理的差距则受到广泛谴责。差异不应很大。然而，在这个新的阶段，"效率优先，兼顾公平"的观点决定性地让位于共同发展的概念，在这个概念中，所生产的东西用于满足物质、生态和文化需要，过度的初级收入和财富差距得到弥合，分配合理，各方面都得到发展，在成功消除极端贫困的基础上再接再厉。

实现共同富裕呼应了人类命运共同体的建设，国际分工的建立创造了这样一个世界：拥有相对先进的工业和军事技术及金融实力的发达国家从发展中国家榨取价值，制造了全球贫富差距。共同富裕作为一个国家的雄心壮志，与全球共同发展和共同繁荣的需求相对应。

二、中国的道路

确定共同富裕的新道路是当前中国发展的新阶段。1949 年，中国实际上是世界上的贫穷国家。在接下来的 30 年里，它以平均每年 6.3% 的速度增长。然而至 1979 年，中国仍然是一个低收入国家，世界银行的数据显示，1979年64岁的预期寿命高于低收入国家的平均预期寿命51岁和中等收入国家的平均预期寿命61岁；成人识字率为66%，低收入国家为39%，中等收入国家为72%；小学净入学率（93%）略低于工业化国家（94%）。1983年，世界银行发表了一份报告，"中国过去30年最引人注目的成就"是由于食品、教育和卫生方面的优先考虑，"低收入群体在基本需求满足方面远远优于大多数其他贫穷国家"。该报告的作者得出结论：如果政策得当，中国的"人才、努力和纪律的巨大财富"将使其"在一代人左右的时间内，实现人民生活水平的巨大提高"[①]。

20世纪70年代初，在美国总统理查德·尼克松访华之后，美国对华贸易禁令终止，中国开始获取西方技术。1979年，中国开始改革开放，实现了前所未有的经济增长。随着工业化、城市化和信息化的推进，中国经济以每年9.3%的速度增长。到2020年，中国已经成为中上收入国家，人均国民总收入达到10610美元。目前，中国有望在第十四个五年计划（2021—2025年）期间进入高收入经济体行列。

中国惊人的经济增长使其成为世界第二大经济体、第一大出口国、第二大资本输出国，拥有巨额外汇储备（2014年达到3.8万亿美元的峰值，2021年1月下降到3.20万亿美元），拥有着越来越多的用于国际结算的货币，拥有一个巨大的、日益富裕的、令人垂涎的国内市场，其中永久性城市居民占总人口的60%。历经痛苦的改革，中国目前已拥有一批强大的核心国有和集体所有企业，并引领了近年来的世界经济增长。

从1979年起，总体上发展生产力成为中国优先考虑的事情，使一部分人和一部分地区先富起来。这一阶段一直持续到1999年。1998年中国共产党第十五届中央委员会第三次全体会议讨论了"三农"问题。这一讨论为农村共同富裕的一系列改革开辟了道路，包括保障农民土地承包及其使用权流转的权利、完善基础设施和公共服务、到2010年建成社会主义新农村、从2003年起实行新型农村合作医疗制度和最低生活保障制度等。

1999年开始实施西部大开发战略，其目的是在亚洲金融危机之后扩大国内需求，推动经济增长，推进共同富裕。这些措施之后，采取措施支持东北和中部地区。2000—2007年，中央财政向西部调拨资金近1.5万亿元，国债、预算和部门建设资金超过7300亿元。随后几年，区域差距（东北除外）开始缩小（见图1）。

2013—2015年，中国新一届领导班子通过了一项为期8年的有针对性的精准扶贫行动，以确定贫困家庭并帮助他们摆脱贫困[②]。这一行动使中国共产党实现了到2020年消除绝对贫困的第一个百年奋斗目标。2015年中共十八届五中全会强调共同发展、共同富裕。中国共产党第十九次全国代表大会开幕式上，习近平总书记宣布，社会主要矛盾不再是1981年确定的"人民日益增长的物质文化需要和落后的社会生产之间的矛盾"，而是"人民日益增长的美好生活需要和不平衡不充分的发展之间的矛盾"。2021年1月，在省部级主要领导干部学习贯彻中共十九届五中全会精神专题研讨班上，习近平总书记指出："我在党的十九届五中全会上特别强调了五点，就是我国现代化是人口

---

① The World Bank. China. Socialist economic development: The economy, statistical system, and basic data (English). Retrieved from Washington D. C. [EB/OL] https://documents1.worldbank.org/curated/en/192611468769173749/pdf/multi-page.pdf,1983.

② Dunford. M, Gao B., Li W.. Who, where and why? Characterizing China's rural population and residual rural poverty [J]. Area Development and Policy,2020,5(1):89–118.

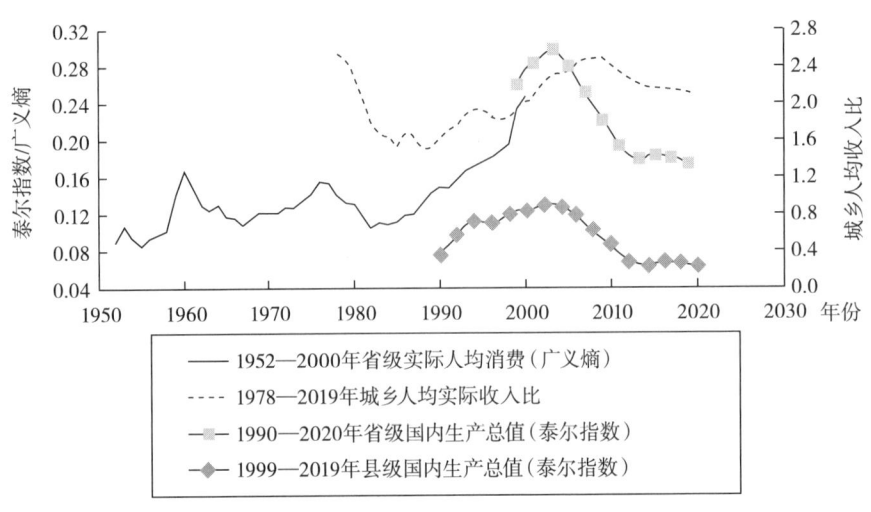

图 1 省、县和城乡不平等情况（1952—2020 年）

资料来源：The State Council Information Office of the People's Republic of China. Opinion of the State Council of the People's Republic of China on supporting high quality development and construction of a common prosperity demonstration zone in Zhejiang. Retrieved from Beijing, 2021.

规模巨大的现代化，是全体人民共同富裕的现代化，是物质文明和精神文明相协调的现代化，是人与自然和谐共生的现代化，是走和平发展道路的现代化。实现共同富裕不仅是经济问题，而且是关系党的执政基础的重大政治问题。我们决不能允许贫富差距越来越大、穷者愈穷富者愈富，决不能在富的人和穷的人之间出现一道不可逾越的鸿沟。当然，实现共同富裕，要统筹考虑需要和可能，按照经济社会发展规律循序渐进。同时，这项工作也不能等，要自觉主动解决地区差距、城乡差距、收入差距等问题，推动社会全面进步和人的全面发展，促进社会公平正义，让发展成果更多更公平惠及全体人民。"

三、不平等的增长

2019 年中国人均国民总收入（按照阿特拉斯法）达到 10390 美元，成为中上收入国家。在日本和美国，这一数字分别是 41580 美元和 65910 美元（世界发展指标，DataBank）。中国的经济增长速度很快，但增长率和起点各不相同，造成了财富和收入的过度差距，这些差距从 1979 年改革开放开始到新千年一直在扩大。

20 世纪 80 年代初，省际和城乡之间的不平等有所减少，但随后特别是从 20 世纪 90 年代初开始加剧，直到西方金融危机爆发后再度减少，尽管这种不平等目前仍然很严重。当前，中国的中等收入群体约占总人口的 30%。低收入群体的比例仍然很大。2020 年 5 月，李克强总理宣布 6 亿人的月收入低于 1000 元（153 美元），尽管中国的人均可支配收入是 3 万元。基尼系数从 20 世纪 80 年代初的不到 0.3 增加到 2008 年的 0.49，之后缓慢下降。2019 年，这一数字为 0.465（见图 2）。世界银行估计的这一数字更低，2016 年的估计值为 0.385（根据中国国家统计局的统计，2016 年为 0.462），而美国 2018 年为 0.414，日本 2013 年为 0.329。就财富而言，中国的基尼系数从 1995 年的 0.450 强劲增长到 2013 年的 0.720（根据北京大学中国家庭研究小组的研究）。2020年，这一数字为0.704，而美国为0.850，日本为0.644。最近的证据表明，自从新冠疫情暴发以来，贫富差距大幅扩大。虽然自1979年以来，中国几乎所有人的实际收入总体上都有所增加（但并非所有子时期），但共同富裕似乎遥不可及，由此提出了一项艰巨而复杂的任务并将以渐进的方式加以推动。

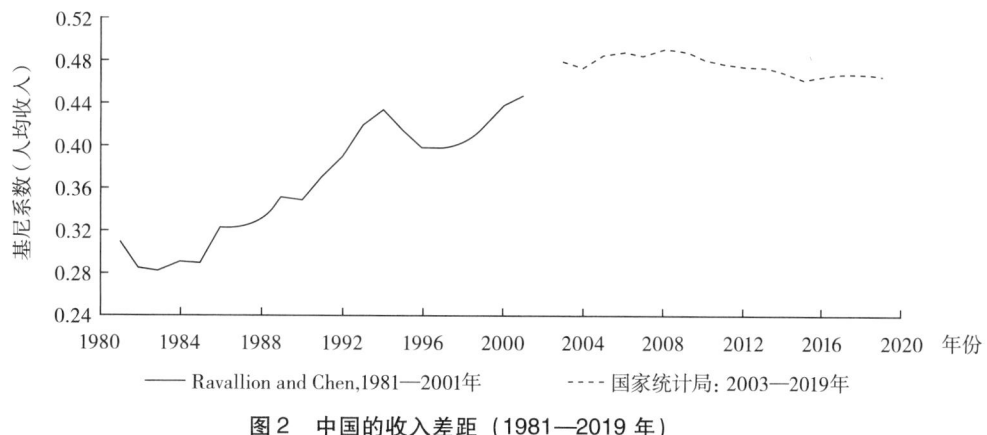

图2　中国的收入差距（1981—2019年）

富人以私营企业家为主，他们的财富来自私有化和私人企业、房地产开发和金融的发展。其余的主要是媒体和娱乐领域的超级明星，越是富有，就越有可能赚到更多的钱。

如前所述，低收入群体的收入总体上有所增加，规模有所缩小。然而，低收入群体和富人之间的收入和财富的差距非常大，而且还在继续扩大。因此，这些差距是相对的。但是，相对差异之所以极为重要，有以下几个原因：一方面，由社会财富存量的增加而带来的实际工资的增加，可能导致工资在社会总财富中所占份额的相对下降。另一方面，正如马克思在《雇佣劳动与资本》中指出的：工资的可观增长预示着生产资本的快速增长。生产性资本的快速增长正如财富、奢侈品、社会需求和社会乐趣的快速增长一样。因此，虽然劳动者的乐趣增加了，但是他们所能得到的社会满足却比不上资本家乐趣的增加，……比不上整个社会的发展阶段。我们的欲望和快乐来源于社会，因此我们根据社会来衡量它们，而不是根据满足它们的对象来衡量它们。由于它们具有社会性质，它们也因此具有相对性质。①

为解决这一问题，朝着共同富裕的方向迈进，中国计划大力提高家庭收入占国民总收入的比重，增加劳动报酬在收入初次分配中的比重，增加低收入群体的收入，扩大中等收入者的比重，解决收入过高的问题，尽快扭转收入和财富差距过大的局面。还将更多地关注二级和三级再分配以及与税收、医疗保险、社会保障、社会福利住房、户口改革、扶贫、乡村振兴和慈善等相关措施的分解。其他措施将涉及处理垄断和外部因素，解决经济结构的问题，将投资引向真正的生产部门，扩大消费需求和改善人民的生计。

---

① Marx K. Wage labour and capital [J] F. Engels, trans. London, 1891.

四、成因与措施

缩小财富和收入差距并促进共同富裕需要确定差距的成因以及有效措施。两极分化的主要驱动因素是私营部门的发展,私营部门的一极积累了大量私人财富,而另一极的许多工人就业和工资没有保障,获得公共服务的机会不足。

生产和交换(生产方式)的物质和财政条件的分配以及所有权是收入初次分配的主要决定因素。有的人认为最初的分配应反映效率而不是公平,公平问题应由随后的再分配解决。这是把生产与分配相分离,并允许大量不平等存在的观点。因为不平等从根本上是由不平等、不公平和不公正的资产分配决定的。因此,解决资产所有权和限制资产市场化是至关重要的。

这方面,程恩富教授提出了一项重要建议,即中国试行从国有资产的经营收入盈余中留出国家红利来分配给所有公民。澳门已经从2008年开始实行这一措施,2014年,每个永久性居民获得9000元红包,每个非永久性居民则获得5400元红包。这一红利提供了一种新的收入流,反映所有人对集体和国家资产的所有权,并且与其他经济主体受到同样的市场属性和治理规则的约束。

除了所有权关系,腐败、垄断、超级明星现象和市场也被认为是造成不平等的原因。然而,这些因素并不是社会两极分化的根本原因。就名人现象而言,的确存在收入过高的问题,但这并不是大量低收入人群存在的原因。

尽管国有部门在改革时期出现了萎缩,但中国仍然拥有大型国有企业部门,并已排除了进一步私有化的可能性。2017年,中国有超过15万家国有企业。2015年,国有企业的贡献占国家税收收入的30.9%,在工业部门,国有企业的收入占38.8%[1]。在过去几年中,国有企业和集体企业占固定资产投资总额的35%以上,私营部门占相似的份额。国有企业创造了整个经济的外部性,投资于基本的资本密集型产业,采取积极稳妥的就业方式,吸收劳动力以维持社会稳定,进行反周期的投资并限制外国资本的控制。与此同时,它的存在限制了私人资产的积累,提供了减少两极分化和促进共同富裕的机会。

五、新时代的共同富裕

2021年8月29日,李光满的《冰点评论》中一篇题为《每个人都能感受到,一场深刻的变革正在进行》的文章被各大国家级媒体转发。他在文章中宣称:"资本市场将不再是资本家一夜暴富的天堂,文化市场将不再是娘娘腔明星的天堂,新闻和公众舆论将不再崇拜西方文化。"

在过去的几年中,中国政府推行了一系列引人注目的改革,以实现共同富裕。这些改革措施从某种程度上讲对于科技、平台经济和其他垄断企业(网上送餐、打车、招聘)、房地产(控制债务

---

[1] Qi H., Kotz D. M.. The Impact of State-Owned Enterprises on China's Economic Growth[J]. Review of Radical Political Economics, 2020, 52(1): 96–114.

和相关风险的红线）和金融资本（影子银行）、在海外股市上市寻求致富的所有者以及富有的精英阶层算是一个打击。住房和教育也是改革的目标，人们认为后者已经被资本"劫持"。作为自由化、私人行为和严重的监管缺陷或忽视的后果，住房、教育和医疗的费用急剧增加，形成了"三座大山"。这些费用的上涨和人们负担能力的下降挤压了其他家庭开支，限制了双循环中的国内循环。生活费用大幅上涨的一个后果是养育子女的费用也增加了。这些改革措施针对房地产开发和管理、私人融资和投机，不仅是为了降低成本，而且也是为了减少房地产和金融市场危机的风险，还有其他措施限制市场租金的上涨。2021年5月，中国互联网金融、银行和支付清算协会禁止使用自2013年以来一直令其担忧的加密货币（并非官方数字人民币）。2021年6月，能源丰富省份的加密"采矿"作业被关闭。

2020年12月，在中央经济工作会议上，习近平总书记要求政府机构遏制资本无序扩张，同时完成其他重要的经济任务，包括加强技术创新、扩大内需、朝着碳中和与生态文明的方向发展。用他的话来说，"绿水青山就是金山银山"。

中国开始通过一系列监管措施来防止资本无序扩张。阿里巴巴、腾讯和百度都因为反竞争行为（如排他性安排）而被罚款。监管大型科技公司的新规定草案已经出台，包括有关反垄断和个人数据保护的《中华人民共和国个人信息保护法》和涉及国家数据安全的《中华人民共和国数据安全法》的规定。国家新闻出版署《关于进一步严格管理切实防止未成年人沉迷网络游戏的通知》将18岁以下的人每周玩游戏的时间限制在3小时，这也使电子游戏产业产生巨大的变革。这些措施是对西方社会输入的个人主义文化价值观和癖好的否定，其目的是鼓励科学、技术、创新和教育，以赢得下一轮科技竞赛，改善经济机构，支持具有战略重要性和对社会有益的产业。

2021年7月24日，中共中央办公厅和国务院办公厅联合发布了《关于进一步减轻义务教育阶段学生作业负担和校外培训负担的意见》，被称为"双减政策"。该意见包括约30项措施，旨在停止课后、周末、法定节假日和学校假期补课。而该政策未出台前，预计到2023年，这些课程原本可为私营公司每年带来1830亿美元的收入。

2021年9月1日，政府公布了修订后的《民办教育促进法实施条例》。其目的是控制自2003年以来迅速发展的私营教育，防止私营企业家利用公共资源为富裕群体谋利，同时加强中国的公共教育系统，确保教育为中国的公平和共同利益的理想服务。

2021年7月26日，中国国家市场监督管理局宣布，食品配送公司将被要求保证它们的平台用工的最低收入高于法定最低工资、放宽配送期限、加强交通安全教育，并确保快递员参加社会保险计划。这一消息公布后，食品配送巨头美团集团的股价下跌了26%。随后，中国市场监管机构对美团公司处以34.4亿元的罚款（占2020年该公司国内销售额的3%，《中华人民共和国反垄断法》规定的罚款上限为10%）。美团还被要求归还12.9亿元的商业存款，这些存款源自非法的排他性协议。

中国人民银行在《2021年中国金融稳定报告》中指出，目前已经全面整顿了金融秩序，并处理了一系列其他问题，包括高风险机构、影子银行的风险、信贷风险，以及建立防范和控制风险、抑制过度宏观杠杆率的制度的需求（中国人民银行，2021）。

2021年7月和8月，住房和城乡建设部承诺稳定房价，并开始对城市住房租金设置上限，表示每年的涨幅不应超过5%。2017年，习近平总书记在党的十九大上宣布，房子是用来住的，不是用来投机的，随后几年，政府采取措施控制住房价格，增加公租房数量。信贷供应以及有限的新住宅用地供应一直支撑着城市土地的价格。最初出售土地租赁权是地方政府收入的一个主要来源，但土地价值随后的增长未被计算在内，而低成本建设用地则被提供给公司，以推动地方经济发展。政府还要求地方政府严格审查开发商从融资到所有权转让的所有行为。

共同富裕的核心是收入的持续稳定增长和高质量发展，其目的在于分三个阶段建立收入分配和税收体系，扩大中等收入群体的规模，提高低收入群体的收入，减少过高收入。

第一阶段是增加初次分配收入。这些目标包括提高工资份额（被视为收入的主要组成部分），增加农村宅基地、承包土地、用于建设的农村资产和集体土地等带来的财产收入（股权转让和股息），通过资本市场增加居民财产性收入，改善收入较低、工作状况不稳定的城市个体经营者的环境，甚至使职工拥有股权。

第二阶段是健全税收和社会保障制度。财产、遗产和资本收益以及高收入群体将被征收新税。过高的收入将会减少，非法收入将被禁止，垄断租金将会减少。对国有企业高管薪酬的上限将进一步细化。至于社会保障，目的在于平等地获得完善的公共服务，如利用信息技术大幅度提高养老、医疗、学前教育和学校教育的数量、质量和可获得性。全民社会保障（有赖于高就业率）将缩小初次分配的差距，使人们分享发展的成果，而储蓄率的下降将增加支出，促进内循环。

第三阶段是完善机制和优惠政策，鼓励高收入群体和企业以自愿捐赠和慈善捐赠的形式，将他们从社会获得的一部分财富回馈社会。从20世纪90年代以来，政府文件就提到了第三级分配，但随着对政府承认的慈善和社会援助组织以及政府项目（帮助老年人、孤独者、病人、残疾人和贫困人口）的强调，第三级分配的重要性也有所增加。

六、结论

中国的发展道路正在演变。在一个几乎占世界人口1/5的国家，要做的是推进共同富裕，在物质方面（自主创新、产业升级和双循环，扩大国内市场与国际市场）取得进展的同时，也在文化、道德和精神方面取得进展。同时，目标是促进人与自然的和谐（生态文明）。

令人惊讶的是，某些西方经济学家声称，就经济增长而言，中国对金融、房地产和私人技术的监管无异于"自杀"。他们认为，一个包含市场驱动的国家和集体所有制、计划，以及各种企业投资类型共存的体系的运作，比不上以利润驱动的私人资本和各种资源和资产的自由市场为中心的体系。这反映了一种错误的观点，即中国的增长是由私营部门推动的，以及一种奇怪的观点，即不受监管的科技、金融和房地产部门为人类繁荣做出了主要贡献。

以国有经济为核心的社会主义公有制经济是必要的制度安排。社会主义公有制经济是消除两极分化、实现共同富裕的必要条件和基础，也是生产力发展的制度保障。为了实现公平正义和共同富裕，中国将坚持和完善以公有制为主体、国有经济为主导，外资、私人资本等多种资本并存的经济体制，大力鼓励创新型微观创业。在无序的资本积累、垄断和投机行为得到控制的前提下，富人将能够保持富裕，而穷人不会继续贫穷。

（刘子旭　译）

参考文献：

[1] 程恩富. 程恩富谈共同富裕：实施国资全民分红，提高个税起征点 [EB/OL]. https：//k. sina. cn/article_ 2099880822_ 7d29a3760190107vd. html.

[2] Blanchette J. China's new red guards．the return of radicalism and the rebirth of Mao Zedong [M]. Oxford：Oxford University Press，2019.

论陈云对延安精神形成的革命实践和理论阐释

苗体君[*]

【内容提要】 以毛泽东为代表的老一辈无产阶级革命家,以坚定不移的崇高信念和勇于开拓的创业实践,在拯救中华民族危亡的斗争中取得了辉煌的成就,并培育、构建了伟大的延安精神。延安精神包含四个要素:坚定正确的政治方向,解放思想、实事求是的思想路线,全心全意为人民服务的根本宗旨,自力更生、艰苦奋斗的创业精神。陈云作为党中央的重要领导人,在延安的8年里,通过积极的革命实践,用行动培育了延安精神;同时,还撰写发表了大量的文章,从理论上阐释了延安精神;他还是延安精神的践行者,为延安精神的形成做出了巨大的历史贡献。

【关键词】 陈云 延安精神 革命实践 理论阐释

从1935年10月19日,中共中央和中央红军长征胜利到达陕北吴起镇起,至1948年3月23日,中共中央撤离陕北,东渡黄河转向华北,中共中央在以延安为中心的陕北领导中国革命,前后历经12年5个多月。中共中央在陕北的近13年里,以毛泽东为代表的老一辈无产阶级革命家,以坚定不移的崇高信念和勇于开拓的创业实践,在拯救中华民族危亡的斗争中取得了辉煌的成就,并培育、构建了延安精神。2009年11月,习近平指出:"弘扬延安精神,要把坚定正确的政治方向放在第一位,牢记全心全意为人民服务宗旨,坚持解放思想、实事求是、与时俱进,始终牢记'两个务必',保持延安时期那么一种忘我精神、那么一股昂扬斗志、那么一种科学精神,为建设和发展中国特色社会主义不懈奋斗。"[①] 随后,延安精神的内涵被历史性地定格为:"坚定正确的政治方向,解放思想、实事求是的思想路线,全心全意为人民服务的根本宗旨,自力更生、艰苦奋斗的创业精神。"[②]

陈云从"1937年11月底"[③]到达延安开始,到1945年9月离开延安赴中共中央东北局工作,在延安工作了近8年的时间。这一时期作为党的重要领导人的陈云对党的建设及陕甘宁边区的经济

---

[*] 苗体君,男,广东海洋大学马克思主义学院教授,主要从事中共党史人物研究。
① 王炳林.初心:重读革命精神[M].北京:人民出版社,2018:153.
② 王炳林.初心:重读革命精神[M].北京:人民出版社,2018:154.
③ 刘家栋.陈云在延安[M].北京:中央文献出版社,1995:18.

建设做出了巨大的贡献。1995年4月10日,陈云逝世,新华社发文《陈云同志伟大光辉的一生》,纪念他在延安时期的贡献。文章指出,陈云在任中共中央组织部部长期间,积极从事党的建设。延安整风期间,"提出领导者指导工作应该采取'不唯上、不唯书、只唯实'的科学态度"。① 更为重要的是,陈云还撰写发表了大量的文章,如《论干部政策》《怎样做一个共产党员》《关于党与群众运动》《学习是共产党员的责任》《关于干部工作的若干问题》《要讲真理,不要讲面子》《党员对党要忠实》《关于干部工作的若干问题》《论干部政策》《陕甘宁边区的群众工作》等,通过这些文章,陈云又从理论上阐释了延安精神。可以说,陈云不仅为延安时期党的建设、青年工作和陕甘宁边区经济建设做出了巨大的贡献,同时也培育、阐释了伟大的延安精神,为延安精神的形成做出了卓越的贡献。

一、培育、阐释了延安精神中的"坚定正确的政治方向"

中国共产党在延安时期,始终坚持共产主义理想的信念,并在坚定的理想信念的指引下,形成了以毛泽东为核心的成熟的党的第一代领导集体,并领导中国人民全力投入民族救亡之中,也因此成为抗日战争的中流砥柱。对此,毛泽东曾说过:"严肃地坚决地保持共产党员的共产主义的纯洁性,和保护社会经济中的有益的资本主义成分,并使其有一个适当的发展,是我们在抗日和建设民主共和国时期不可缺一的任务。"② 1940年3月19日,陈云在其《党员对党要忠实》一文中强调指出:"我们所说的纯洁,主要的不是年幼龄轻、没有社会关系、单纯的纯洁,而是指在复杂动荡的环境中忠心为共产主义坚持奋斗的纯洁。"③ 所以一个马克思主义的政党必须有坚定的共产主义理想信念,坚定正确的政治方向就是延安精神的灵魂。

1937年11月29日,陈云完成援接西路军任务后来到延安,在这之后的7年时间里担任中央组织部部长。其间,陈云经常给中央党校、马列学院、抗大、女大的干部上党课。后来被收入《陈云文选》中的《怎样做一个共产党员》《党的支部》《论干部政策》等文章,都是陈云当年上党课时的讲稿。因为陈云从小读过书,参加革命后又爱学习,经过长期积累,有着很高的理论素养。陈云讲课时,通过理论联系实际,用生动的事例来说明观点,教学效果很好,吸引了众多的党员去听课。当时延安的党员对陈云的评价是:"他的生活是低水平的,但他讲的党课是高水平的。"④

1939年春,陈云到马列学院讲解"怎样做一个共产党员",他说,一个共产党员必须有正确的世界观和人生观,有为共产主义奋斗到底的决心。同年5月30日,陈云的讲稿《怎样做一个共产党员》在延安出版发行。书中陈云提出共产党员必须具备6个条件,他把"终身为共产主义奋斗"放在首位,并就此认为"一个愿意献身共产主义事业的共产党员,不仅应该为党在各个时期的具体任务而奋斗,而且应该确定自己为共产主义的实现而奋斗到底的革命的人生观"⑤。就共产党员如

---

① 新华社.陈云同志伟大光辉的一生[J].党建研究,1995(5):3.
② 毛泽东.毛泽东选集:第3卷[M].北京:人民出版社,1991:793.
③ 中共中央文献编辑委员会.陈云文选(一九二六——一九四九年)[M].北京:人民出版社,1984:114.
④ 中共上海市委党史研究室,陈云故居纪念馆.陈云的故事[M].上海:世纪出版集团,上海人民出版社,2005:39.
⑤ 中共中央文献编辑委员会.陈云文选(一九二六——一九四九年)[M].北京:人民出版社,1984:72.

何建立、坚定人生观的问题，陈云也进行了阐释，提出一个共产党员应该在革命的实践中，了解到无产阶级的历史地位及作用，认识到无产阶级的根本利益与解放全人类之间的密切关系，这样才能确立自己的人生观，并终身为自己的信仰而奋斗。同时，每一个党员还要知道，中国革命是一个曲折而又漫长的过程，要为长期的革命历程作准备。特别是在对敌斗争中，要做好牺牲的准备。因此，"每个共产党员不仅要坚信共产主义的必然实现，而且必须对于工人阶级和中国人民、中华民族的解放事业，有不怕牺牲、不怕困难和奋斗到底的决心"①。

中央组织部是中国共产党主管干部、党建方面的一个部门，作为部长的陈云，就干部如何管理和使用的问题，于1940年11月29日撰写了《关于干部工作的若干问题》一文，提出挑选干部必须具备四个条件，其中第一条就是要"忠实于无产阶级事业，忠实于党"②。"忠实"指的是干部要做到革命的利益高于一切，要做到"富贵不能淫，贫贱不能移，威武不能屈"。

总之，陈云在延安时期的一系列文章，包括《党员对党要忠实》《怎样做一个共产党员》《关于干部工作的若干问题》《论干部政策》等，从理论上培育、阐释了"坚定正确的政治方向"这一延安精神的灵魂。

二、培育、阐释了延安精神中的"解放思想、实事求是的思想路线"

中国共产党在历经大革命和土地革命战争后，在延安时期旗帜鲜明地提出了"马克思主义中国化"。此后，中国共产党从教条化的马克思主义的束缚中解放出来，并把马克思主义理论与中国革命实践结合起来，秉承"没有调查就没有发言权"，"为人民的利益坚持好的，为人民的利益改正错的"，"说老实话、办老实事、做老实人"。所以解放思想、实事求是的思想路线是延安精神的精髓。

早在第二次国内革命战争时期，陈云就强调在开展党的各项工作时，要因地制宜、实事求是，并指出："讲实事求是，先要把'实事'搞清楚。这个问题不搞清楚，什么事情也搞不好。"③ 到延安后，担任中央组织部部长的7年里，陈云多次强调坚持实事求是的重要性。1938年9月，陈云在抗日军政大学作报告时指出："对干部不要抬轿子，要实事求是。做到这些才算是真正爱护人。"④ 随后，陈云在1940年11月领导中组部审查干部时，指出："审查干部必须实事求是。"⑤ 陈云不但是这样说的，在实际工作中也是这样做的。

1936年11月，著名女作家丁玲怀揣着美好的憧憬与向往来到陕北。让她没有想到的是，刚到延安，在党校的一次晚会上，有人要求她唱首歌。时任中央社会部部长兼党校副校长的康生当众说："丁玲自首过，她没有资格到党校来。"⑥ 原来1933年5月，丁玲在上海遭到国民党特务逮捕，但在狱中丁玲并没有自首。康生当众说这样的话，让丁玲感到很委屈。随后，丁玲向陈云汇报了这

---

① 中共中央文献编辑委员会. 陈云文选（一九二六—一九四九年）[M]. 北京：人民出版社，1984：73.
② 中共中央文献编辑委员会. 陈云文选（一九二六—一九四九年）[M]. 北京：人民出版社，1984：145.
③ 陈云. 陈云文选：第三卷[M]. 北京：人民出版社，1995：250.
④ 陈云. 陈云文选：第一卷[M]. 北京：人民出版社，1995：122.
⑤ 陈云. 陈云文选：第一卷[M]. 北京：人民出版社，1995：213.
⑥ 中共上海市委党史研究室，陈云故居纪念馆. 陈云的故事[M]. 上海：世纪出版集团、上海人民出版社，2005：6.

一情况，陈云听了丁玲的汇报后说："不要着急，组织会出面调查，相信组织会遵循实事求是的精神，把你的事情搞清楚的。"① 作为中央组织部部长的陈云认为："组织部的重要使命之一，就是必须对同志的政治生命高度负责。"② 随后，按照党的组织程序，陈云让时任中央书记处书记的任弼时代表组织与丁玲又作了一次谈话，弄清楚具体情况后，中组部开始派人对丁玲被捕事件开展详细调查。并于1940年10月，做出丁玲"自首说"没有证据、"自首说"不成立的最终结论。

陈云实事求是地处理丁玲是否自首过的问题，得到了许多人的称赞。后来，陈云还亲自起草了中央组织部关于审查干部的总结，提出实事求是的审查才是真正的严格。陈云的这篇总结，还被编入毛泽东主持编辑的整风文献资料中。多年后，陈云延安时期的秘书刘家栋在翻阅这些文献资料时认为："就我今天所能看到的中央领导同志抗战时期的全部文稿，陈云同志是第一个提出'实事求是'的。"③ 也就是说："在中央领导同志中，陈云是第一个提出'实事求是'的。"④

坚持真理、修正错误不仅是共产党员必须具备的思想品格，也是实事求是的基本要求，更体现出了共产党人的担当精神。1945年4月23日—6月11日，中共七大在延安召开，陈云在发言时指出："如果他敢于正视自己的缺点、错误，敢于研究并改正自己的缺点、错误，那他就是一个好的共产党员。"⑤ 他还提出："我们要讲真理，不要讲面子。是什么就是什么，应该怎样就怎样。""共产党员参加革命，丢了一切，准备牺牲性命于革命，还计较什么面子?"⑥ 在工作中出现了缺点与错误，也不能讳言自己的过失，要通过严格的批评与自我批评来吸取经验教训，以实事求是的态度去改正错误。对此，陈云也曾指出："自我批评是否会失掉自己的信心呢？比如贺老总，在这次高干会上的报告中，就充满了自我批评精神。他的这种自我批评是不是会使我们对工作丧失信心呢？我想不会，相反，我们的信心更大了……自我批评是不是会丧失我们的威信呢？威信在军队里头是很重要的。如果军队领导干部没有威信，下级就不听命令，那就不能指挥作战。但是要知道，靠上面发给你一个威信，靠招牌来建立威信，都是靠不住的。"⑦

说老实话、办老实事、做老实人是中国共产党人坚持解放思想、实事求是的具体表现。陈云主张要说老实话，有就有，没有就没有。为此，陈云曾指出："共产党员必须言行一致，这是党规定的。违反了这一条，就是违犯党的纪律。"⑧ "办老实事"就是老老实实地去改造世界。只有老老实实地认识世界，才能获得真理；只有老老实实地改造世界，才能收到实效。总之，办老实事就是脚踏实地为革命为人民贡献全部力量。而延安时期的陈云真正践行了自己提出的"不唯上、不唯书、只唯实"⑨。他在延安主持陕甘宁边区的财政经济工作时，就反对从《资本论》或者经济学的原理出发，去机械地模仿英国伦敦或上海的一些做法，主张应该从边区的实际情况出发。并指出："我们不要那些洋的，要那些土的，要向土的学习，向自己的历史学习，向自己的经验学习。我们要从

---

① 中共上海市委党史研究室,陈云故居纪念馆. 陈云的故事[M]. 上海:世纪出版集团、上海人民出版社,2005:6.
② 中共上海市委党史研究室,陈云故居纪念馆. 陈云的故事[M]. 上海:世纪出版集团、上海人民出版社,2005:6-7.
③ 刘家栋. 陈云在延安[M]. 北京:中央文献出版社,1995:172.
④ 中共中央文献研究室陈云研究组. 陈云研究述评:上册[M]. 北京:中央文献出版社,2004:205.
⑤ 陈云. 陈云文选:第一卷[M]. 北京:人民出版社,1995:269.
⑥ 陈云. 陈云文选:第一卷[M]. 北京:人民出版社,1995:262-263.
⑦ 陈云. 陈云文选:第一卷[M]. 北京:人民出版社,1995:270.
⑧ 陈云. 陈云文选:第一卷[M]. 北京:人民出版社,1995:201.
⑨ 新华社. 陈云同志伟大光辉的一生[J]. 党建研究,1995(5):3.

土的出发,从延安出发,不从伦敦出发,不从上海出发。"① 陈云反对空头政治、空头革命家,并就此指出:"我们的同志喜欢书本子,讲的和实际不对头,我们一定要实际第一。书本的东西是人家的经验、是过去的经验、外国的经验、上海的经验,我们要总结自己的经验。"② 总之,陈云在延安近 8 年的时间里,通过理论与实践两个方面,培育并阐释了解放思想、实事求是的思想路线,从而铸造出了延安精神的精髓。

三、培育、阐释了延安精神中的"全心全意为人民服务的根本宗旨"

中国共产党的根本宗旨就是全心全意为人民服务。全心全意为人民服务也是中国共产党在马克思主义人民观的指导下,在批判继承中国传统文化群己观的基础上,结合历史主题及时代要求所形成的关于中国共产党人一切工作出发点和归宿点的价值判断。延安时期,中国共产党始终站在最大多数劳动人民的根本立场上,并把全党思想和实践统一到"全心全意为人民服务"的根本宗旨上来,在经济建设上坚持必须给人民以看得见的物质福利,在政治社会建设上走团结和民主的路线,创造了风清气正、只见公仆不见官的社会风尚。所以全心全意为人民服务是延安精神的本质体现。

全心全意为人民服务的根本宗旨,可以说贯穿于延安时期陈云工作的全过程。陈云刚到延安时,为了更好地开展工作,先进行广泛的调查研究,在掌握大量的第一手材料的基础上,1939 年 9—12 月,连续撰写了 3 篇关于群众工作的高水平理论文章。这 3 篇文章分别是:9 月 18 日发表在党中央主办的党刊《共产党人》创刊号上的《巩固党和加强群众工作》;11 月 3 日发表在《共产党人》第 2 期的《开展群众工作是目前地方工作的中心》;12 月 10 日在中共陕甘宁边区第二次代表大会上的讲话《陕甘宁边区的群众工作》。陈云在这 3 篇文章中,结合当时的情况,从党、政、军、群几个方面,详细论述了开展群众工作对坚持敌后长期抗战、巩固党组织的重大意义。

《巩固党和加强群众工作》是依据抗战进入相持阶段后出现的新情况、新问题,中央对党的组织进行调整和巩固而写。需要特别注意的是,该文把巩固党组织的工作同加强群众工作相结合,提出巩固党首先要巩固党的内部,但同时也应加强群众工作。"群众工作的好坏,是测量党组织的巩固程度的标准之一。"③ 关于如何把开展基层群众工作与巩固党的工作联系起来,陈云提出:第一,采取把党组织划小的办法,使党接近民众。即使行政区不划小,党的组织也可以划小,这样才可能去接近党支部和民众。第二,解决群众迫切需要解决的问题,了解群众的情绪和呼声。第三,活跃群众工作,不在于有多少个团体、召开多少次会议。有些地方的老百姓参加了七八个团体,每天都在忙于参加各个团体的会议,几乎都没有时间种地了。最好的办法是各团体领导机关的人员要多到民众夜校及类似的民众组织中去,与民众谈谈国家大事,拉拉家常,也可以讲讲《三国演义》《山海经》等。会议的内容一定要让群众感兴趣,这样群众就"不请自来"了。第四,开展民众运动的关键是把广大妇女组织起来。妇女占人口的一半,是群众运动的巨大力量,哪个地方妇女发动了,

---

① 陈云. 陈云文集:第一卷[M]. 北京:中央文献出版社,2005:399.
② 陈云. 陈云文集:第一卷[M]. 北京:中央文献出版社,2005:398.
③ 中共中央文献编辑委员会. 陈云文选(一九二六——一九四九年)[M]. 北京:人民出版社,1984:90.

哪个地方群众运动就深入了。

在《开展群众工作是目前地方工作的中心》一文中，陈云论述了为什么充分发动群众工作是开展一切工作的关键、怎样发动群众等问题。可以说，这篇文章是中国共产党指导各根据地工作的纲领性文件。在文章开头，陈云就指出："要使抗战前进一步，要使我们党的工作前进一步，问题的根本，在于开展群众工作。"[①] 当时，八路军去往华北敌后，开展游击战争，并建立敌后根据地。针对这种情况，陈云指出："在华北各个根据地，要发动民众更广泛地在人力、财力、物力上援助军队，非依靠党在群众中进行大量的组织工作不可。"[②] 而在尚未建立政权的游击区，要坚持残酷的斗争，并使之变成根据地，就在于群众工作的好坏，因此，他要求华北各地方的党组织大力开展群众工作。文章的第二部分内容，以"改善群众生活才能发动群众"[③] 为标题，提出要把群众发动起来，必须先改善群众的政治、经济、文化地位。经验已经证明，群众生活得到改善的地方，群众的积极性就高，群众团体组织得就好。相反，群众生活没有得到改善的地区，群众运动就起不来。"地方党部如果不关心群众的生活，不为群众的切身利益而斗争，置群众的痛痒于不顾，而要开展群众运动，要群众热烈起来与党与政府与军队一道艰苦奋斗，这是不可能的事。"[④] 文章的第三部分，陈云以"把解决群众的切身问题列入地方党部的经常议事日程"[⑤] 为题，认为群众的切身问题，除了减租减息外，还包括废除苛捐杂税以及日常生活中的诸多问题。所以陈云要求各级党组织都要认真研究各自所属区域群众的切身问题，而且要把它作为一项经常性的工作来做。包括群众有什么困难、有什么要求、情绪怎么样，这些都是地方党组织应该重点注意的。

在《陕甘宁边区的群众工作》一文中，陈云再次就"继续改善人民的生活"[⑥] 展开论述，提出："我们要注意群众的切身问题，帮助他们解决困难，这是发动群众的关键。"[⑦] 在陕甘宁边区经过了土地革命的地方，群众不仅有了属于自己的土地，而且生活也得到了很大的改善。但还有不少问题需要解决，譬如，缺少农具、商业资本剥削严重、抗战家属缺少劳动力，以及卫生条件太差等，这些都需要党、政、军部门帮助进行解决。针对商业资本对群众的剥削，陈云提出通过办合作社的方法来解决。针对抗战家属缺少劳动力的问题，陈云提出应该组织代耕队来解决。陈云甚至认为，抗战家属缺少劳动力的问题解决不好，就会影响到以后的兵源问题，甚至会动摇现有军队士兵的军心。总之，群众问题解决得好，共产党在群众中的威信就会越来越高。

此外，在1940年12月30日召开的中共党建与群众工作研究会上，陈云作了《关于党与群众运动》的发言，再次明确指出改善民生要照顾和保护农民利益，要节省民众的人力、物力，为老百姓作长期打算，号召用保护群众利益来达到组织群众的目的。陈云关于全心全意为人民服务思想的一系列论述，不仅是中国共产党延安时期发动群众、组织群众的正确方针政策的重要组成部分，也是延安精神中"全心全意为人民服务的根本宗旨"的理论体现。

---

① 中共中央文献编辑委员会．陈云文选（一九二六—一九四九年）[M]．北京：人民出版社，1984：96．
② 中共中央文献编辑委员会．陈云文选（一九二六—一九四九年）[M]．北京：人民出版社，1984：97．
③ 中共中央文献编辑委员会．陈云文选（一九二六—一九四九年）[M]．北京：人民出版社，1984：100．
④ 中共中央文献编辑委员会．陈云文选（一九二六—一九四九年）[M]．北京：人民出版社，1984：101．
⑤ 中共中央文献编辑委员会．陈云文选（一九二六—一九四九年）[M]．北京：人民出版社，1984：101．
⑥ 中共中央文献编辑委员会．陈云文选（一九二六—一九四九年）[M]．北京：人民出版社，1984：106．
⑦ 中共中央文献编辑委员会．陈云文选（一九二六—一九四九年）[M]．北京：人民出版社，1984：106．

四、培育、阐释了延安精神中的"自力更生、艰苦奋斗的创业精神"

抗战进入相持阶段后,在陕北的中国共产党及其所领导的人民军队遭遇了极大的困难。造成巨大困难的原因有四点:一是陕甘宁边区土地贫瘠、地广人稀、粮食不足。1939—1941年,陕甘宁边区农业生产遭遇到了旱、病、水、雹、风等自然灾害,农作物歉收,使边区的粮食供应出现严重短缺。二是从1939年开始,日军停止在中国战场上的全面进攻,开始集中兵力将中国共产党领导的人民武装和抗日民主根据地作为主要进攻目标,对中国共产党领导的抗日敌后根据地,实行惨绝人寰的"三光政策",给抗日根据地造成严重的困难。三是国民党顽固派除对边区进行军事包围外,还进行严密的经济封锁,并公开叫嚣"一斤棉花、一尺布,也不准进入边区"①,并且不断制造反共摩擦。四是抗战爆发后,陕北成了中国革命的中心,奔赴陕北的人员骤然增加,一时间陕北粮食供应严重短缺。

上述四种原因,导致1940—1941年陕甘宁边区发生空前的经济危机,在面对"要么饿死,要么解散,要么自己动手丰衣足食"②的艰难抉择中,毛泽东指出:"我们中华民族有同自己的敌人血战到底的气概,有在自力更生的基础上光复旧物的决心,有自立于世界民族之林的能力。"③ 结合当时德国进攻苏联的国际大背景,毛泽东指出:"中国人的事要自己干,相信自己。"④ 毛泽东的这句话,不仅彰显了中国共产党的民族自信心,更展示了中国人民要走独立自主、自力更生的道路。

为了解决陕甘宁边区出现的严重经济困难,党中央决定开展大生产运动。为了实现自供自给,陕甘宁边区的各级党政机关都要开荒种地。陈云所在的中央组织部的荒地分在了山坡上,为了开荒种地,陈云特制定了"三项劳动纪律:一、不无故不到;二、不迟到早退;三、有事不到需有人代替"。这三项劳动纪律成为延安大生产运动中自觉遵守的劳动纪律。⑤ 还提出了"从自己做起,从现在做起"的口号。⑥ 陈云制定的纪律、提出的口号,既是对广大党员干部的要求,自己更是严格遵守。陈云当时身体不好,但他不能搞特殊,就在中央组织部驻地坡下种菜。对此,作为亲历者的陈耕夫曾回忆说:"陈云同志身体虚弱,分配给他看菜园、浇水、除草等劳动任务,他除中央开会外,坚持同干部一起劳动,按时出工,以身作则。"⑦

在生产中,要提高作物的亩产,首先要解决的一个突出问题就是肥料严重不足。为此,作为部长的陈云就带头四处收集肥料,得到了同志们的赞赏。但也有不少人嫌大粪太臭、太脏,不愿意去挑大粪,对此,陈云曾说过:"大粪是香的,能培养出新鲜的蔬菜瓜果,不是会变成香的吗?"⑧ 正

---

① 王思林. 自力更生:延安时期从困难走向胜利[N]. 中国组织人事报,2019-06-10(007).
② 张金锁. 延安精神[M]. 北京:中共党史出版社,2017:153.
③ 毛泽东. 毛泽东选集:第1卷[M]. 北京:人民出版社,1991:161.
④ 中共中央文献研究室. 毛泽东年谱(1893—1949):中卷[M]. 北京:中央文献出版社,2013:524.
⑤ 王林育. 陈云:从自己做起,从现在做起[J]. 人民日报,2019-06-18(019).
⑥ 王林育. 陈云:从自己做起,从现在做起[J]. 人民日报,2019-06-18(019).
⑦ 陈耕夫. 我眼中的中组部部长[J]. 缅怀陈云编辑组编. 缅怀陈云,北京:中央文献出版社,2000:221-222.
⑧ 杨凯. 率先垂范:大生产运动中的领导人[N]. 联合日报,2020-01-04(001).

是在陈云的带领与教育下，中央组织部成了收集肥料"最早也最多"[1]的部门。此外，为了积极开展大生产运动，陈云还在中央组织部组织过多次纺线比赛，陈云纺的线又快又好，常常在比赛中获得第一名。"1942年2月，陕甘宁边区政府同中央机关及边区党委召开生产总结和表彰会，陈云等被评为特等劳动英雄。"[2]

身为中央领导人的陈云，在生活上一贯很简朴，同样也体现出自力更生、艰苦奋斗的创业精神。1938年3月，陈云和于若木在延安结婚。因为陈云不爱铺张，婚礼非常简单，仅买了一块多钱的花生、糖果招待中央组织部到场的同志。"当时，陈云手里有点钱，论请客也请得起。可是，他没有请客，因为他以为没有必要摆场面。"[3] 陈云居住的延安的土窑洞位于杨家岭半山坡上，尚不足30平方米，却成为陈云的办公室和宿舍，后来还成为他的新房，新房里的"布置'一目了然'：一张床，一张办公桌，一把木椅，一个旧帆布躺椅，当然少不了用木头做成的简陋书架以及一个在冬天必备的烤火用的火盆"[4]。

抗战时期的延安，身为中央组织部部长的陈云主张杜绝粮食浪费现象。当时中央组织部驻地在一处山坡上，而山脚下开了一家叫西北菜社的饭馆，专门招待来延安的归国华侨和国统区官员家的子女，饭馆里浪费粮食现象十分严重。陈云在一次群众大会上，对西北菜社浪费粮食的现象进行了严厉的批评，陈云提出："吃饭要照镜子。就是不仅把饭菜吃完，还要端起盘子来，用馒头擦干净盘底的油渍，用干净明亮的盘子当镜子照。"[5] 告诫大家一定要坚决杜绝浪费现象。

此外，身为中共高级干部的陈云，在穿衣上也很朴素，从不在衣着上乱花钱。陈云担任西北财经办事处主任期间，由于需要经常接待来访的代表团和外宾，负责后勤的陈清泉就让下面管被服的工作人员给陈云送了一套新的军装。为此，陈云非常生气地说："现在还不到发军装的时候，任何人都不能发，而且你只给我发，这是搞特殊化，搞'近水楼台先得月'，我们管钱管物的不以身作则，怎么管好全区的财政？"[6] 后来，陈清泉只得把给陈云的那套新衣服退了回去。总之，在延安的8年里，陈云通过以身作则，培育、阐释了自力更生、艰苦奋斗的创业精神，并铸造了伟大的延安精神。

综上所述，陈云在延安的8年里，通过自身的革命实践，用行动培育了延安精神。他撰写发表了大量的文章，通过这些文章，又从理论上阐释了延安精神。陈云不仅从理论上阐释了延安精神，也从实践上培育了延安精神，同时还是延安精神的践行者，总之，他为延安精神的形成做出了巨大的历史贡献。

参考文献：

[1] 王炳林. 初心：重读革命精神[M]. 北京：人民出版社，2018.

[2] 刘家栋. 陈云在延安[M]. 北京：中央文献出版社，1995.

[3] 新华社. 陈云同志伟大光辉的一生[J]. 党建研究，1995（5）.

---

① 杨凯. 率先垂范：大生产运动中的领导人[N]. 联合日报，2020-01-04(001).
② 王林育. 陈云：从自己做起，从现在做起[N]. 人民日报，2019-06-18(019).
③ 叶永烈. 陈云和他的夫人于若木[J]. 新湘评论，2015(14):49.
④ 中共上海市委党史研究室,陈云故居纪念馆. 陈云的故事[M]. 上海:世纪出版集团,上海人民出版社,2005:146.
⑤ 中共上海市委党史研究室,陈云故居纪念馆. 陈云的故事[M]. 上海:世纪出版集团,上海人民出版社,2005:141.
⑥ 中共上海市委党史研究室,陈云故居纪念馆. 陈云的故事[M]. 上海:世纪出版集团,上海人民出版社,2005:137.

［4］中共中央文献编辑委员会. 陈云文选（一九二六——一九四九年）［M］. 北京：人民出版社，1984.

［5］中共上海市委党史研究室，陈云故居纪念馆. 陈云的故事［M］. 上海：世纪出版集团，上海人民出版社，2005.

［6］陈云. 陈云文选：第一卷［M］. 北京：人民出版社，1995.

生成性视域下中国共产党初心和使命的逻辑进路、本质意蕴及根本要求

薛金慧*

> **【内容提要】** 中国共产党的初心和使命,是基于实践探索不断创新和动态发展而生成的。它的理论原点在于马克思主义为全人类求解放的远大目标,与马克思主义建党学说高度一致,既回应了20世纪前半期的世界形势,又根植于近代以来中国人民探索救国救民的革命实践。究其本质,它是以马克思主义为指导,以为人民谋幸福和为民族谋复兴为价值追求,以尊重历史规律为基本准则的动态发展过程。筑牢马克思主义的信仰和共产主义的理想,是坚守初心和使命的思想基础;用习近平新时代中国特色社会主义思想武装全党,是坚守初心和使命的根本遵循;始终保持和发扬斗争精神,是坚守初心和使命的内在要求;坚持和完善不忘初心、牢记使命制度,是坚守初心和使命的关键所在。
>
> **【关键词】** 生成 中国共产党 初心 使命

中国共产党的初心和使命,明确了党建立的初衷和目标,是置身20世纪民族危机和21世纪百年未有之大变局中的中国共产党向中国人民和世界人民展现出的责任担当。认识和把握党的初心和使命,包含多种视角,其中生成性视角是一个重要方面。"生成"强调事物是发展的、变化的、动态的、创新的过程。习近平总书记指出,"党的初心和使命是党的性质宗旨、理想信念、奋斗目标的集中体现"①,强调的是初心和使命的创新性;"初心易得,始终难守"②,过去坚守初心不代表现在坚守,现在坚守也不代表未来坚守,强调的是初心的动态性;"一场社会革命要取得最终胜利,往往需要一个漫长的历史过程"③,强调的是坚守初心和使命的过程性。既然实现中华民族伟大复兴和建成社会主义现代化强国是一个艰难的过程,就必须把"不忘初心、牢记使命"作为"加强党

---

* 薛金慧,女,西北工业大学马克思主义学院副教授,主要从事马克思主义中国化研究。基金项目:本文系陕西省教育科学"十四五"规划2021年度课题"习近平关于高校思想政治教育重要论述的理论贡献研究"(项目编号:SGH21Y0008)的阶段性研究成果。

① 习近平. 在"不忘初心、牢记使命"主题教育总结大会上的讲话[N]. 人民日报,2020-01-09(002).
② 习近平. 在"不忘初心、牢记使命"主题教育总结大会上的讲话[N]. 人民日报,2020-01-09(002).
③ 习近平.《习近平关于"不忘初心、牢记使命"重要论述选编》(内部资料)[M]. 北京:党建读物出版社,中央文献出版社,2019:295.

的建设的永恒课题和全体党员、干部的终身课题"①。通过生成性视角考察初心和使命,可以看到中国共产党初心和使命是历史的、逻辑的合理性和合法性使然。

一、生成：一种强调过程、动态和创新的思维方式

哲学作为一门学问,在对世界本源的探究过程中形成了两种思维方式:以追问"是什么"为基本特征的预成性思维;以追问"应如何"为基本特征的生成性思维。② 从马克思开始,西方哲学实现了从预成性向生成性思维方式的变革,生成性思维方式成为现代西方哲学基本的思维方式,马克思也由此成为古典哲学的终结者和现代哲学的奠基人。

在古希腊时期,哲学家们把注意力集中在对世界本源即宇宙万物合理性的探讨上,并力图解释和说明这种合理性。宇宙既然是合理的,那么它就有规律和秩序,在对这个问题的回答上,预成性思维就开始占据主导地位。它认为世界万物都有预先设定好的本质和规律,如泰勒斯认为水是万物之始,阿那克西曼德主张世界本源是气,赫拉克利特认为万物的本源是火。而巴门尼德则提出了存在论,认为感官是骗人的,世界本源不是具体形态的东西,世间唯一真实的存在就是"一";"一"是无限的,不可分的,它没有对立面,无限不可分,并且无所不在。③ 亚里士多德提出世界本源是独立不变的实体,黑格尔强调是绝对精神……虽然这些哲学家对世界本质的认识逐渐从物质到精神、从外在到内在不断地深化,但是依然认为事物的存在和发展就是预定的本质和规律的外在表现,世界是先在的、不变的、预成的,事物也是一成不变的,永远如此。后来,在人的主体性凸显的过程中,生成性思维逐渐取代预成性思维占据主导地位。

在西方哲学中,生成性思想可以追溯到赫拉克特拉,他虽然认为宇宙是一团永恒的活火,但也主张火与万物可以相互转化。柏拉图在晚年提出了"通种论",认为存在和非存在是相通的,非存在不是不存在或者无,而是另一种存在,这就为生成性思想的诞生奠定了基础。亚里士多德的思想虽然总体上属于预成性思维方式,但他对生成性思想也做出了新发展。他指出:"从此物到彼物——譬如从潜能的实体到现实的实体——的变化是生成,大小范围的变化是增长,属性范围的变化是质变,增长和质变这二者也是从潜能向现实的变化。"④ 这里,亚里士多德把生成看作一种运动,提出了从潜能性到突现性的生成原理。

马克思在把预成性思维转向生成性思维的过程中做出了重大贡献。他把生成的概念推广到了自然界和整个人类社会中,为现代哲学的诞生开辟了道路。在《1844年经济学哲学手稿》中,马克思最早直接使用了"生成"的概念:"历史的全部运动,即是这种共产主义的现实的产生活动",同时对于思维着的意识来说,"又是它的被理解和被认识的生成运动"⑤。接着,马克思进一步强

---

① 习近平.在"不忘初心、牢记使命"主题教育总结大会上的讲话[N].人民日报,2020-01-09(002).
② 中共中央党校专家工作室.中国奇迹是如何发生的?[M].南宁:广西人民出版社,2020:74-76.
③ [英]罗素.西方哲学史:上卷[M].马元德,译.北京:商务印书馆,2015:82-83.
④ [古希腊]亚里士多德.亚里士多德全集:第2卷[M].苗力田,等,译.北京:中国人民大学出版社,1991:410.
⑤ 中共中央马恩列斯著作编译局,编译.马克思恩格斯文集:第1卷[M].北京:人民出版社,2009:186.

调:整个世界历史都是人通过劳动而诞生的过程,"是自然界对人来说的生成过程"①。显然,马克思认为历史的全部运动在本质上就是现实的生成过程,整个世界从本质上看都是逐渐生成的过程。

恩格斯对预成性思维进行了严厉的批判,指出该思维方式是"在绝对不相容的对立中思维"②,只是看到了事物是固定不变的存在,却忽视了事物的生成和消亡。与预成性思维相对的生成性思维方式,在考察事物及其在观念上的反映时,本质上是从它们的联系、联结、运动、产生和消逝方面去考察的③,并且"不断地注意生成和消逝之间、前进的变化和后退的变化之间的普遍相互作用"④。在《路德维希·费尔巴哈和德国古典哲学的终结》中,恩格斯提出了著名论断:"世界不是既成事物的集合体,而是过程的集合体。"⑤ 可见,他认为一切事物是变化的,都处在生成和灭亡的不断变化中,这些变化尽管十分曲折,但终会前进和发展。马克思和恩格斯的观点说明:既然一切都是过程,那么世间就没有绝对和永恒的事物。只有不断创新和改革,才能使事物免于停滞和僵化,才能保持活力。

胡塞尔对生成的理解更为直接,在他看来:一方面,生成就是诞生、创造;另一方面,生成不是凭空产生的,而是综合已存在的各种因素的产物,是在过去的基础上形成的。⑥ 海德格尔的生成思想贯穿其思想始终,是其哲学思想的主要灵魂。他认为此在是一种在世界之中的存在,这里的"在……之中"应该是一种生存论的行踪,它不是指一个现成的东西以空间的方式在一个现成存在者"之中"现成存在,而是指此在"依寓"而存在,"在……之中"不是此在可以时有时无的属性,并非在此在存在之外还有一种对世界的关系。⑦ "过程哲学"的创始人怀特海认为,自然界由许多事件综合构成,并处在不断的产生和灭亡的过程中,各种事件构成的有机体,其根本特征就是活动,整个世界就是一个活动的过程。

根据上述哲学家的思想可以得出:"生成",就是形成、生长、转化,是事物从无到有、从弱到强、从一种状态到另一种状态的过程性的存在。它与"预成""既成"相对,意为事物是在实践中形成的,是主客体相互作用的结果。有了生成的能力,才有了无数新事物的产生。其中,"生"意为开始,"生"的过程不是将现存要素组合转变而成,而是整合全部潜能才会实现。"成"是从无到有的过程,表现为突现性。"生"和"成"两方面结合起来就是生成。"生成"原本是用来阐释事物运动变化的过程,现今也把它当作一种认识论,看作一种哲学精神和思维方式,主要是用动态的、变化的、发展的观点看待事物,注重过程、不确定性和创新,强调实践性、历史性和辩证性。

---

① 中共中央马恩列斯著作编译局,编译. 马克思恩格斯文集:第1卷[M]. 北京:人民出版社,2009:196.
② 中共中央马恩列斯著作编译局,编译. 马克思恩格斯选集:第3卷[M]. 北京:人民出版社,2012:791.
③ 中共中央马恩列斯著作编译局,编译. 马克思恩格斯选集:第3卷[M]. 北京:人民出版社,2012:397.
④ 中共中央马恩列斯著作编译局,编译. 马克思恩格斯选集:第3卷[M]. 北京:人民出版社,2012:398.
⑤ 中共中央马恩列斯著作编译局,编译. 马克思恩格斯选集:第4卷[M]. 北京:人民出版社,2012:250.
⑥ 方向红. 生成与解构——德里达早期现象学批判疏论[M]. 南京:南京大学出版社,2006:35.
⑦ 陈嘉映. 存在与时间读本[M]. 桂林:广西师范大学出版社,2019:52-56.

二、生成性视域下中国共产党初心和使命的逻辑进路

初心和使命,作为政党的根本标志,实质上是政党的信仰、宗旨、立场等最核心的价值理念。习近平总书记指出:"中国共产党一经成立,就把实现共产主义作为党的最高理想和最终目标,义无反顾肩负起实现中华民族伟大复兴的历史使命。"① 这个"原生态"的初心和使命的产生,不是先定和预设的,而是生成的过程,是理论逻辑、时代逻辑、历史逻辑等综合作用的结果。

(一)理论逻辑:传承和发展马克思主义经典作家的建党学说

根据马克思和恩格斯的建党学说,一切政治现象和政治活动都是建立在一定的物质关系和经济利益的基础之上的。随着经济社会的不断发展,利益逐渐出现分化,具有不同利益的人群形成不同的阶级,为了维护本阶级的利益、实现阶级利益最大化,必然产生阶级斗争,政党就是顺应阶级斗争的产物。没有阶级和阶级斗争就没有政党,阶级性是政党的根本属性。

马克思和恩格斯在建立无产阶级政党之日起,就宣称共产党代表着无产阶级和整个无产阶级革命运动的利益。他们在19世纪40年代创建世界上第一个无产阶级政党——共产主义者同盟时,把同盟的奋斗目标确定为推翻资产阶级政权,建立没有阶级、没有私有制的新社会。这个"新社会",就是"自由人的联合体",表明无产阶级政党的初心就是要实现全人类的解放。在《共产党宣言》中,马克思和恩格斯第一次站在人民的立场上为人类寻求解放道路,把"为绝大多数人谋利益"作为共产党人的本质要求和奋斗目标,鲜明指出与过去都是为少数人谋利益的一切运动不同,无产阶级领导的革命运动是为绝大多数人谋利益的运动,最终目的是建立一个"每个人的自由发展的联合体"②。无产阶级政党始终代表着无产阶级和人民群众的利益,它没有和人民群众根本利益不同的任何特殊利益。可见,无产阶级政党自诞生之日起,就以实现和维护"绝大多数人"的利益为历史使命,为实现全人类的解放而奋斗,从而在根本上有别于追求"极少数人"利益的资产阶级政党。

中国共产党是按照马克思主义建党学说建立的无产阶级政党。自成立之日起,他就把为人民谋幸福、为中华民族谋复兴作为自己的初心和使命。在中共一大通过的《中国共产党第一个纲领》中公开宣称:共产党人的使命就是要推翻资本家阶级的政权,消灭资本家私有制。中共二大进一步指出,共产党代表着工人和贫农的利益,使命是建设国内和平,实现中华民族完全独立。在此,为民族和人民的利益而奋斗的党的初心和使命就已经明确提出来了。此后,无论是新民主主义革命时期、社会主义革命和建设时期,还是改革开放和社会主义现代化建设新时期,抑或中国特色社会主义进入新时代,中国共产党都始终代表着中国人民和中华民族的根本利益,筚路蓝缕,砥砺前行,完成了救国大业、兴国大业和富国大业,正在推进强国大业,中华民族伟大复兴进入了不可逆转的历史进程。

170多年来,世界历史的发展一再证明了马克思主义理论的真理性。100多年来,中国革命建

---

① 习近平. 习近平谈治国理政:第3卷[M]. 北京:外文出版社,2020:11.
② 中共中央马恩列斯著作编译局,编译. 马克思恩格斯选集:第1卷[M]. 北京:人民出版社,2012:422.

设改革的实践充分彰显了马克思主义理论强大的生命力。马克思主义建党学说明确了无产阶级政党的性质、宗旨、使命等基本内容，为无产阶级政党的建立提供了理论基础和根本遵循。中国共产党的初心和使命体现了无产阶级政党的性质和宗旨，是中国共产党作为无产阶级政党属性的根本要求，是马克思主义建党学说的应有之义。

（二）时代逻辑：回应20世纪前半期世界形势发展的迫切需要

黑格尔说过，任何理论都是时代的产儿[①]。每个时代都会有代表其本质特征和发展规律的基本问题，问题即时代声音和时代需要，它既孕育着理论产生的可能性，也包含着把这种可能变为现实的各种条件和因素。所以每一种理论都是应时代需要而产生的，都是对时代问题的理性思考。任何哲学都是"自己时代精神的精华"[②]，也是"思想上反映出来的时代内容"[③]。

时代问题是理论诞生的逻辑起点和创新的动力之源。解释时代问题的能力是衡量一种理论是否具有价值和合理性的根本标准。中国共产党初心和使命的理论，并非自然的理论逻辑演绎，而是根植于中国物质基础和时代条件上的认识和判断，是基于对近代社会的根本性认识，彻底看清了所处时代的所有问题，以此为基础而形成的理论成果。

19世纪中叶，当中国还处在封建专制主义腐朽的统治之时，西方国家早已进入了资本主义时代，西方列强野蛮入侵和掠夺落后国家，成为这个时代的重要特征。而远远落后于人类文明发展进程的清王朝仍然执行着闭关锁国、盲目排外的政策。正如马克思所评论的，中国当时作为一个占全球人口1/3的大帝国，却安于现状、闭目塞听、不顾时势，隔绝了与世界的联系，其命运注定是要在殊死斗争中被打败。"这真是任何诗人想都不敢想的一种奇异的对联式悲歌。"[④] 这段话精辟地概括了马克思对近代中国问题的认识，切中要害。"不顾时势"是19世纪中叶中国最大的弊端。"前史所未载，亘古所未通"的西方国家，不仅拥有洋枪大炮等先进武器，而且有着先进的文化思想和各项制度。在与强大劲敌的对抗中，中国很快败得一塌糊涂。斗争的失败决定了国家的命运，造成了千年未有之变局、秦汉以来未有之世变。

马克思和恩格斯逝世后的20世纪初，世界形势再次发生重大变化。一方面是资本主义进入帝国主义阶段，各帝国主义之间为了各自利益进行着激烈的斗争，同时它们又向亚非拉国家进行大量的资本输出和殖民掠夺；另一方面殖民和反殖民的斗争促进了亚非拉人民的觉醒，从而在那里到处都激起了民族运动。1914年爆发的第一次世界大战，就是帝国主义各国斗争的结果。俄国十月革命爆发，世界上建立了第一个社会主义国家。它改变了整个世界历史的方向，建立了一条新的反帝斗争的联合战线，为世界被压迫民族和人类解放事业提供了可能的和现实的道路，开辟了世界无产阶级社会主义革命的新时代。

"一个时代有一个时代的问题，一代人有一代人的使命。"[⑤] 如何以无产阶级为领导，进行反帝反封建的民族民主革命成为无产阶级社会主义革命时代的重大课题。这样的世界形势和时代主题迫

[①] [德]黑格尔.法哲学原理[M].范扬,张企泰,译.北京:商务印书馆,1961:12.
[②] 中共中央马恩列斯著作编译局,编译.马克思恩格斯全集:第1卷[M].北京:人民出版社,1956:121.
[③] 中共中央马恩列斯著作编译局,编译.马克思恩格斯全集:第41卷[M].北京:人民出版社,1956:211.
[④] 中共中央马恩列斯著作编译局,编译.马克思恩格斯选集:第1卷[M].北京:人民出版社,2012:804.
[⑤] 习近平.习近平谈治国理政:第3卷[M].北京:外文出版社,2020:193.

切要求无产阶级作为中国民族民主革命的领导者,与各殖民地半殖民地国家人民一起反对帝国主义侵略、反对封建主义。中国共产党是在激荡的时代中成立的,一经成立就把实现民族的独立和解放、实现人民的幸福这样的时代主题确定为自己的初心和使命,从而回应了时代诉求。

(三)历史逻辑:根植于近代以来中国人民探索救国救民的革命实践

近代中国,外有帝国主义的侵略,内有封建主义的压迫。民族矛盾、阶级矛盾、社会矛盾交织,战争、起义、革命频发,政治动荡导致经济几乎处在了崩溃状态,人民贫困程度之深世所罕见。由社会性质决定了近代中国存在两大主要矛盾,即帝国主义和中华民族的矛盾、封建主义和人民大众的矛盾。这两大矛盾,既包含侵略与反侵略的斗争,又包含先进文明与落后文明的斗争。两种矛盾交织,给中华民族带来了双重历史任务:救亡和进步。救亡,就是要推翻帝国主义和封建主义在中国的统治,解决民族和国家的生存问题,取得民族独立和人民解放;进步,就是要使中国人民摆脱贫穷落后的境遇,让落后于人类文明发展进程的中国赶上世界潮流,融入世界文明,实现国家富强和人民共同富裕。为此,中国人民进行了艰难探索。

辛亥革命爆发,虽然推翻了清政府,但并未改变中国的社会性质,广大人民群众的生活也没有得到改善。北洋军阀统治时期,中国经济走向全面衰败和崩溃,广大农村一片破败景象,占全国人口80%的农民纷纷破产,生活饥寒交迫,到了卖妻鬻子的悲惨境地。面对这样的社会现实,在内忧外患的历史条件下诞生和成长起来的中国共产党,对民众的疾苦有着深入的了解和体会,所以自成立之日起就把为中国人民谋幸福和实现中华民族伟大复兴作为自己的历史使命。

三、生成性视域下中国共产党初心和使命的本质意蕴

"初心"即本心,意为做某件事最初的初衷和原因,或一开始所坚持的信念。一个政党的初心体现的是它建立的初衷和目的,决定着政党的使命。中国共产党的初心和使命充分彰显了党的宗旨意识、问题意识、责任意识、使命意识,表明了其与近代以来中国社会其他各党派的根本区别,凸显了中国共产党的本质属性。

(一)中国共产党的初心和使命是马克思主义与中国实际相结合的理论成果

生成最大的特点是结果在以前组织系统中没有,结果既不是可以预测的,也不可能从较低层次组成中推演出来。生成的事物本身存在于丰富多彩的世界,是不能被预见的。[①] 它是对发展过程中相关因素进行整合之后形成的具有个体性的新事物。中国共产党初心和使命的最大特点就是创新性,它是把马克思主义与中国实际相结合的创新性的理论成果。

近代中国,民族危难之际,农民阶级、地主阶级、资产阶级都在寻求救亡图存之法,先后提出了救国之策。它们主张通过或起义或改革或革命的方式挽救民族危亡,因此爆发了太平天国运动、洋务运动、戊戌变法、辛亥革命……这些运动和革命因领导阶级不同导致政治主张不同:有主张中

---

① 金吾伦. 生成哲学[M]. 保定:河北大学出版社,2000:177.

国继续走改朝换代的封建主义老路的，有主张中国走工业化道路的，有主张君主立宪制的，也有主张资本主义共和制的。虽然它们都是为了救亡和进步两大历史任务，最终也推翻了清王朝的封建统治，但都是站在自我的角度为维护自身的阶级利益解决问题，结果中国半殖民地半封建的国情没有改变，救亡进步的历史任务也没有完成。这时的中华民族迫切需要一种新的思想、一条新的道路、一支新的力量、一场新的变革。

俄国十月革命的胜利宣告了马克思主义的科学性，马克思主义很快传入中国。先进的中国人把马克思主义作为解决中国问题的科学理论运用于中国实际，从此中国革命有了新的指导思想和方向。五四运动后中国工人阶级登上历史舞台，中国革命有了新的阶级基础。1921年，用马克思主义理论武装的新政党——中国共产党诞生了。有了马克思主义的指导，中国共产党就掌握了认识世界和改造世界的锐利武器。在马克思主义的指引下，根据中国社会的主要矛盾和历史任务，中国共产党从人类社会发展的一般规律的视角，第一次站在人民的立场上为国家和民族寻求解放道路，第一次把马克思主义理论与中国的具体实际需求相结合，提出要为中国人民谋幸福、为中华民族谋复兴，这是近代以来中国社会的各阶级各党派从未有过的目标和使命，与近代中国社会各阶级的政治主张有本质区别，体现了一个马克思主义政党的强烈使命感。

（二）中国共产党的初心和使命是把为人民谋幸福和为民族谋复兴作为一以贯之的价值追求

"一切人自由而全面的发展"是马克思主义的最高命题。坚持马克思主义，首先应该坚持的就是这个最高命题和价值追求。中国共产党从50多名党员的革命党，发展到今天9600多万名党员的执政党，一切努力都是最大限度地保障"人的自由而全面的发展"。人民性是中国共产党初心和使命的根本特性。每个人的前途和命运与国家和民族的前途息息相关，只有实现好、维护好国家和民族的利益，才能保证人的利益的实现。"民族利益"是实现"人的利益"的题中应有之义。中国共产党自成立之日起，就始终坚守一切为人民和民族利益的价值追求。

在党的一大通过的《中国共产党第一次全国代表大会文件》中明确规定：中国共产党的纲领是推翻资本家政权，消灭资本家私有制，承认无产阶级专政，消除阶级区分。随后，在共产国际的帮助和对半殖民半封建国情不断认识的基础上，中国共产党一方面为民族独立的共同利益奋斗，一方面为无产阶级的特殊利益奋斗。[①] 这里的特殊利益，不是无产阶级自己特殊的利益，而是工人阶级和最广大人民的利益。为此，党的二大进一步指出为工人和贫农的利益考虑制定中国共产党的任务和当前的奋斗目标，提出要建设国内和平，实现中华民族完全独立。在此，为民族和人民的利益而奋斗的党的初心和使命已经明确提出来了，这是初心和使命在新民主主义革命阶段的具体体现。从此，实现民族独立、维护人民利益的奋斗目标付诸中国革命实践了。

党的七大通过的党章第一次加入了《总纲》部分，明确提出党是中国"工人阶级的先进的有组织的部队"，代表着"中国民族和中国人民的利益"[②]。党的十一届三中全会的召开，是党的历史上具有深远意义的伟大转折，开启了改革开放新时期。在新的起点上召开的党的十二大，对党章进行了修订，规定党的性质为"中国工人阶级的先锋队""中国各族人民利益的忠实代表"和"中国社

---

① 蔡和森.蔡和森文集：下卷[M].北京：人民出版社，2013：744.
② 中共中央文献研究室，编.建党以来重要文献选编（1921—1949）：第22册[M].北京：中央文献出版社，2011：533.

会主义事业的领导核心"。进入新世纪新阶段，党的十六大对党章进行了重大修改，对党的性质有了"两个先锋队"和"三个代表"的新提法。直到党的二十大，关于党性的规定，都遵循了十六大党章的提法。可以说，建党近百年来，历次党章对党性的规定表述虽然不尽相同，但为人民利益和民族利益而奋斗的价值追求是一以贯之的。

当前正处于全面推进中国特色社会主义各项事业的新时代，以习近平同志为核心的党中央明确提出人民立场是党的根本政治立场，强调"人民对美好生活的向往，就是我们的奋斗目标"①。以人民为中心是贯穿习近平新时代中国特色社会主义思想的基本逻辑主线。"十个坚持"和"十四个明确"，其最鲜明的特点就是以人民为中心。这个特点不仅体现在政治、经济、文化、社会、生态文明建设等领域，而且体现在党和国家工作的各个方面。

（三）中国共产党的初心和使命是尊重历史规律的必然选择

人类历史是一个漫长的生成的过程，推动人类实践，必须以认识历史为前提。不忘初心、牢记使命，就是要回顾历史，明确历史方位，比较历史坐标，看清历史发展方向，即"回看走过的路、比较别人的路、远眺前行的路"，从而把历史、现实和未来贯穿起来，"弄清楚我们从哪儿来、往哪儿去"②。中国共产党初心和使命的形成确立，就是中国共产党认识和研究历史前进的逻辑、遵循历史发展规律做出的必然选择。这种认识、研究和遵循，是以马克思主义政党所特有的高度的政治自觉和理论自觉做出的目标选择，是合逻辑合规律的辩证统一。

中国共产党成立后，发出"打倒列强、除军阀"的口号，走出了一条农村包围城市、武装夺取政权的新民主主义革命道路，这正是认识到世界潮流变化而得出的历史结论。新中国成立后，中国共产党提出恢复国民经济、进行社会主义改造、建设社会主义国家，走出了一条符合中国国情的、具有中国特色的社会主义改造和建设道路，也是认清历史要求、满足人民建立和发展社会主义国家愿望的必然选择。党的十一届三中全会后，中国共产党做出改革开放的抉择，走出了一条中国特色社会主义改革开放之路，同样是在和平与发展的世界大势下顺势而为的结果。今天，中国特色社会主义进入新时代，这是党所处的新的历史方位。中国共产党提出要坚守为中国人民谋幸福、为中华民族谋复兴的初心和使命，高举中国特色社会主义伟大旗帜继续前进，这既是中国共产党在对新时代历史方位准确判断的基础上对党的历史使命认识的再升华，也是对和平发展、合作共赢的历史趋势的正确把握。

认识历史，最为关键的是科学认识和准确把握历史发展规律中最根本的因素。历史唯物主义认为，人类社会发展的历史就是不断解放和发展生产力、不断推动文明进步、推进人的自由而全面发展的历史，就是人民群众创造物质和精神财富、推动社会变革的历史。历史活动是群众的活动，人民群众是历史的主体，人类历史是人类活动的历史。"为中国人民谋幸福"，是中国共产党把自己的初心与人民群众的根本利益联系起来，并将此作为政党的奋斗目标，从而把握了历史唯物主义的真谛。"坚持全心全意为人民服务的根本宗旨，贯彻群众路线，尊重人民主体地位和首创精神，始终

---

① 习近平. 习近平谈治国理政：第1卷[M]. 北京：外文出版社，2014：4.
② 习近平. 习近平关于"不忘初心、牢记使命"重要论述选编（内部资料）[M]. 北京：党建读物出版社，中央文献出版社．2019：295.

保持同人民群众的血肉联系"①，团结带领人民共创历史伟业，这是中国共产党从社会历史发展的本质上对历史规律作出的科学认识，是中国共产党尊重历史发展规律的必然结果，也是共产党人不忘初心、牢记使命的自觉担当。

（四）中国共产党的初心和使命是一个动态发展的过程

恩格斯说过，世界是过程的集合体，一切事物及其概念都一直处于生成和灭亡的不断变化中。②中国共产党要实现为中国人民谋幸福、为中华民族谋复兴的历史使命，也是一个漫长的、艰难的过程。

中国共产党成立100余年来，因时代主题的差异使得初心和使命在不同的历史阶段呈现动态的发展，具有不同的表现形式。新民主主义革命时期，人民的幸福和国家的复兴体现在为人民求解放、为国家谋独立上。中国共产党诞生后，以马克思主义为指导，发动工农革命，开展国民大革命，在不断失败中砥砺前行，开辟新民主主义革命道路，团结和带领人民群众取得了抗日战争和解放战争的胜利，建立了新中国。社会主义革命和建设时期，人民的幸福和国家的复兴体现在确立社会主义制度、建设人民国家、保障人民各项权益、让人民真正当家作主上。中国共产党在恢复国民经济的基础上完成了社会主义改造，确立了社会主义制度，扭转了民族衰落的命运，使中华民族走上了繁荣富强的道路；领导人民进行了各项民主改革，确立了社会主义基本制度，用制度保障了全国各族人民的各项权益，实现了人民当家作主。改革开放和社会主义现代化建设新时期，人民的幸福和国家的复兴体现在国家综合国力显著提升、人民生活显著改善上。随着时代主题和国内形势的变化，中国共产党顺应民意，转移工作重心，实行改革开放，最终用改革创造了人民的幸福生活：解决了温饱问题，总体上实现了小康，推动了社会全面进步。党的十八大以来，中国特色社会主义进入新时代，人民的幸福体现在对教育、工作、收入、社会保障、医疗、居住条件、环境等更高质量的追求上，民族复兴体现在让中国跻身世界先进国家行列，为全球发展做出更多更大的贡献。以习近平同志为核心的党中央把人民对美好生活的向往作为奋斗目标，不断解放和发展社会生产力，统筹推进"五位一体"的总体布局和协调推进"四个全面"的战略布局，全面建设现代化强国；同时，高举和平与发展旗帜，着力推动构建人类命运共同体，同各国一道实现合作共赢。

四、生成性视域下中国共产党始终坚守初心和使命的根本要求

中国共产党成立100余年来，无论处于什么样的历史时期、遇到什么样的时代问题、面临什么样的敌人和挑战，始终坚守初心使命，让中华民族迎来了从站起来、富起来到强起来的伟大飞跃，迎来了实现伟大复兴的光明前景。然而，过去坚守不意味着未来能够继续坚守。生成性视域下我们

---

① 习近平. 习近平关于"不忘初心、牢记使命"重要论述选编（内部资料）[M]. 北京：党建读物出版社，中央文献出版社，2019：345.
② 中共中央马恩列斯著作编译局，编译. 马克思恩格斯选集：第4卷[M]. 北京：人民出版社，2012：250.

看到，事物发展过程中有多种变化的可能性，坚守初心使命随时会遇到重大挑战、重大风险、重大阻力和重大矛盾。正如习近平总书记所说："初心不会自然保质保鲜，稍不注意就可能蒙尘褪色，久不滋养就会干涸枯萎，很容易走着走着就忘记了为什么要出发、要到哪里去，很容易走散了、走丢了。"① 在全面推进社会主义现代化国家建设及实现中华民族伟大复兴的征程中，中国共产党要保证自己马克思主义政党的本质属性，必须始终坚守自己的初心和使命。

（一）不断筑牢马克思主义信仰和共产主义理想

一个没有信仰的民族，是一个没有未来的民族。同样，一个没有信仰的政党，是一个没有灵魂的政党。中国共产党的立党之魂、建党之基，就是马克思主义的信仰、共产主义和社会主义的理想信念。马克思主义是关于人类社会发展普遍规律的学说，科学揭示了人类社会走向共产主义社会的必然趋势，是无产阶级和人类解放的行动指南。中国共产党自成立时就将马克思主义作为指导思想，把共产主义和社会主义奋斗作为行动纲领，树立了共产主义远大理想和中国特色社会主义共同理想。无论在革命、建设和改革事业中遇到多大的困难，中国共产党人用革命年代的"砍头不要紧，只要主义真"、社会主义建设时期的"死在戈壁滩、埋在青山头"、改革开放和社会主义现代化建设新时期的"淡泊名利、甘于奉献"、新时代"追逐梦想、勇于探索"等精神深刻诠释了共产党人对马克思主义信仰和共产主义理想的坚定与执着。正因为这份坚定和执着，中国共产党才经受住了各种考验，攻坚克难，完成了近代各种政治力量想完成却未果的民族独立和人民解放的任务，走出了一条中国特色社会主义发展道路，实现了从站起来到富起来再到强起来的伟大飞跃。

马克思主义信仰和共产主义理想是共产党人不忘初心牢记使命、坚守精神家园的理论基础。中国共产党人要始终做到坚守初心和使命，必须继续筑牢这个理论基础。为中国人民谋幸福、为中华民族谋复兴是一个漫长的、复杂的和艰巨的历史过程，会受到各种不确定因素如重大挑战、重大风险、重大阻力和重大矛盾的影响，如果初心和信仰不坚定，理想信念动摇，党和人民的事业将难以完成。只有做到共产党人的初心，共产主义的信仰坚如磐石，才能更好地应对未来的各种障碍与阻力。筑牢马克思主义信仰和共产主义理想，才能不为任何风险所惧，不为任何干扰所惑，才能"历经挫折而不断奋起，历尽苦难而淬火成钢"②。

（二）用习近平新时代中国特色社会主义思想武装全党

习近平新时代中国特色社会主义思想是进入新时代以来，中国共产党立足中国社会主要矛盾的变化，面对复杂的国际形势和时代发展需求，以马克思主义为指导，不断推动理论与实践相结合，就"新时代坚持和发展什么样的中国特色社会主义、怎样坚持和发展中国特色社会主义，建设什么样的社会主义现代化强国、怎样建设社会主义现代化强国，建设什么样的长期执政的马克思主义政党、怎样建设长期执政的马克思主义政党"等重大时代课题做出的系统回答，是当代中国马克思主义、21世纪马克思主义，是中华文化和中国精神的时代精华，实现了马克思主义中国化新的飞跃，

---

① 习近平. 在"不忘初心、牢记使命"主题教育总结大会上的讲话[N]. 人民日报，2020-01-09（002）.
② 习近平. 习近平关于"不忘初心、牢记使命"重要论述选编（内部资料）[M]. 北京：党建读物出版社，中央文献出版社，2019：177.

也是中国共产党守初心、担使命必须遵循的科学纲领。

习近平新时代中国特色社会主义思想是理解初心和使命的思想武器。在庆祝中国共产党成立95周年大会上，习近平总书记向全党发出了"不忘初心"的号召，并且从八个方面对此进行了阐述。党的十九大把"不忘初心、牢记使命"作为大会的主题，习近平总书记在党的十九大报告中对初心和使命的具体内容、时代价值等做了深刻论述。2019年在全党开展的"不忘初心、牢记使命"主题教育活动，把学习贯彻习近平新时代中国特色社会主义思想作为主线，以求深学细悟、检视问题、整改落实。党的十九届四中全会上，习近平总书记在报告中提出要建立不忘初心、牢记使命的制度，并且把此项制度作为健全和完善党的领导制度体系的首要任务。接着，习近平总书记又在"不忘初心、牢记使命"主体教育总结大会上强调必须把不忘初心、牢记使命作为加强党的建设的永恒课题。党的十九届五中、六中全会，党的二十大都号召全党牢记初心使命为党和人民事业不懈奋斗。这一系列的重要论述和实践活动，表明习近平新时代中国特色社会主义思想是全党始终坚守初心和使命的科学指引和行动指南。

理论的作用是巨大的。"理论一经掌握群众，也会变成物质力量。"① 但是，理论无法直接作用于实践，需要掌握理论的主体作为二者的中介。习近平新时代中国特色社会主义思想来源于实践，必然也要回到实践中去，才能达到改造实践的目的。只有用习近平新时代中国特色社会主义思想武装全党，才能继续指引全体党员把党的初心和使命内化为自己的价值规范和目标追求，才能在实践中统一思想，凝聚共识，汇集力量，完成使命，才能最终实现合规律性与合目的性的辩证统一，使精神理论转变为强大的物质力量。

（三）始终保持和发扬斗争精神

斗争精神，是顽强拼搏的精神气质，是不向恶劣环境与势力屈服的坚韧风骨，是积极向上、不断进取的优秀品质，是面临重大风险时所表现的临危不惧、不畏艰险的英勇精神。它是共产党人特有的优良传统和宝贵的政治品格，是马克思主义者的生命要素。恩格斯在1883年《共产党宣言》德文版序言中明确指出："被剥削被压迫的阶级（无产阶级），如果不同时使整个社会永远摆脱剥削、压迫和阶级斗争，就不再能使自己从剥削它、压迫它的那个阶级（资产阶级）下解放出来。"② 而无产阶级要获得解放，唯一的出路就是斗争，斗争的最终目的是实现自身解放和全人类的解放。马克思和恩格斯的一生，都在满腔热情、坚忍不拔地为全人类的解放而进行着卓有成效的斗争。中国共产党自成立之日起，就确立了中国共产党最根本的初心，即为中华民族伟大复兴和为中国人民谋幸福而斗争。中国共产党正是凭借着这样的斗争精神，才有了对国家、对民族、对人民的使命担当和责任意识。在不畏强暴、敢于斗争的精神指引下，中国共产党敢于啃硬骨头、涉险滩，取得了一个又一个的胜利。科学社会主义诞生170多年来、中国共产党成立100余年来，腥风血雨中磨炼了马克思主义者的斗志，千难万险更加坚定了他们为人民谋幸福的初心。斗争精神不仅是马克思主义经典作家的生命要素，它也早已成为每一个合格的马克思主义者和共产党人的生命要素。

---

① 中共中央马恩列斯著作编译局,编译.马克思恩格斯选集:第1卷[M].北京:人民出版社,2012:9.
② 中共中央马恩列斯著作编译局,编译.马克思恩格斯选集:第1卷[M].北京:人民出版社,2012:380.

习近平总书记指出："不忘初心、牢记使命，就不要忘记我们是共产党人，我们是革命者，不要丧失了革命精神。"① 这里的革命精神，就是斗争精神。当前，随着我国逐渐走进世界舞台的中心和日益接近实现中华民族伟大复兴的目标，我们所处的国际形势变化多端、周边环境复杂敏感、改革发展稳定任务艰巨繁重，坚持和发展中国特色社会主义面临重大挑战。前进的道路决不能因为困难而退缩，关键问题不容回避，主要矛盾不能绕开。唯有斗争，方能保持初心、实现使命。在新的时代条件下，我们只有抓住主要矛盾，找准关键问题，立足党和国家发展全局和中华民族根本利益，坚决进行具有新的历史特点的伟大斗争，敢于担当作为，才能在化解重大风险迎接挑战中建设伟大工程、推进伟大事业、实现伟大梦想。

（四）坚持和完善"不忘初心、牢记使命"制度

中国共产党是一个高度重视制度建设的先进性政党，以制度治党是党的鲜明特征。中国共产党成立100多年来，团结带领人民，不断把马克思主义与中国具体实际相结合，形成和发展了一系列完善的党和国家制度，这些制度充分显示了中国共产党以制度建设推进自身建设的政治自觉，展现了社会主义的优越性，有力保障了党和国家各项事业的繁荣稳定和健康发展，引导着中国早日实现中华民族伟大复兴的梦想。

一个具有高度政治自觉的党，关键是能够回答以下五个方面的问题：第一，要弄清楚自己的本质，即回答"从哪里出发"的问题；第二，要弄清楚自己所代表的阶级利益，即回答"为什么出发"的问题；第三，要弄清楚自己的指导思想，即回答"以什么样的精神状态和信仰出发"的问题；第四，要弄清楚自己的历史使命，即回答"要到哪里去"的问题；第五，要弄清楚自己的制度建设，即"实现使命路径"的问题。这五个方面相互依存，共同构成了政党最根本的标志，根本回答了无产阶级"为什么要建立党、建设什么样的党和怎样建设党"的问题。其中，初心是逻辑起点，指导思想和制度建设是逻辑中介，历史使命是逻辑终点。在这个完整的问题链中，制度建设是关键一环。制度是社会科学有效运行的重要基础，也是维护党的高度团结统一的必要条件。只有建立了完善且有效的制度，才能保证党不忘初心、牢记宗旨、夯实思想基础、完成历史使命。

基于此，党的十九届四中全会通过的《中共中央关于坚持和完善中国特色社会主义制度 推进国家治理体系和治理能力现代化若干重大问题的决定》，把"建立不忘初心、牢记使命制度"摆在了"坚持和完善党的领导体系"的首位，而"坚持和完善党的领导体系"又列13个需要"坚持和完善"的制度首位，充分显示了这项制度的非凡意义和极端重要性。不忘初心、牢记使命是新时代中国共产党的又一个重大的制度创新，它以党的建设为核心内容、以实现中华民族伟大复兴为实践指向、以人民群众的根本利益为价值取向，凝结着以习近平为核心的党中央对新时代党的建设的理性思考和战略安排，确保了全党遵守党章，恪守党的性质和宗旨，筑牢党执政的思想基础，使党的领导制度体系更加成熟完善。因此，中国共产党要在新时代始终走在时代前列、继续谱写更多辉煌，必须长期坚持和不断完善不忘初心、牢记使命制度，在长期坚持中增强中国特色社会主义制度自信，在不断完善中彰显中国特色社会主义制度优势。

---

① 习近平．习近平谈治国理政：第3卷[M]．北京：外文出版社，2020：70．

参考文献：

[1] [英] 罗素. 西方哲学史：上、下卷 [M]. 马元德，译. 北京：商务印书馆，2015.

[2] 李忠杰. 从百年征程看初心和使命 [M]. 北京：人民出版社，2018.

[3] 叶永烈. 红色的起点：中国共产党建党始末 [M]. 成都：四川人民出版社，2016.

[4] 刘晓玲，刘晓川. 不忘"赶考"初心，推进新时代治国理政新实践 [J]. 马克思主义研究，2018（2）.

[5] 秦宣. 论中国共产党的特质和优势 [J]. 马克思主义研究，2021（2）.

世界变局下社会主义意识形态建设的时代方位、问题审视与战略思路

刘 伟 周锦丽[*]

【内容提要】 百年变局加速演进下我国社会主义意识形态建设面对着深刻的"变"与"不变",二者交织加深了意识形态建设的艰巨性和复杂性。深刻之"变"在于意识形态工作的环境、对象、范围和方式都发生了全局性变化;"不变"在于"我们仍然处在马克思主义所指明的历史时代",两种社会制度在斗争中并存的基本格局没有改变,社会主义与资本主义的较量从幕后转向台前、假借"文明冲突"之名的意识形态冲突频现、国际意识形态话语权竞争越发激烈、价值撕裂的危机在世界范围沉渣泛起,表明社会主义意识形态面临严峻的国际斗争形势。准确把握社会主义意识形态建设"当前所处的位置"以及"未来的发展方向",从战略高度审视和谋划新时代意识形态建设的战略思路,从全局和根本上推进举旗帜、聚民心、育新人、兴文化、展形象,是我国意识形态建设立足百年变局开新局的应然之道。

【关键词】 世界变局 社会主义意识形态 时代方位 问题审视 战略思路

意识形态是关乎一个国家发展的根本性战略。习近平总书记在全国宣传思想工作会议上指出,"建设具有强大凝聚力和引领力的社会主义意识形态,是全党特别是宣传思想战线必须担负起的一个战略任务。"① 实现中华民族伟大复兴,需要充分发挥社会主义意识形态的思想引领功能和力量凝聚功能。然而,在世界百年未有之大变局的时代背景下,国内外形势的深刻变化造成了我国意识形态领域的复杂生态,我国意识形态建设面对着深刻的"变"与"不变"。深刻之"变"在于意识形态工作的环境、对象、范围和方式都发生了全局性变化;"不变"在于"我们仍然处在马克思主义所指明的历史时代",两种社会制度在斗争中并存的基本格局没有改变。"变"与"不变"的交织加深了新时代意识形态建设的艰巨性和复杂性,表征着社会主义意识形态要在不断处理各种矛盾与冲突中实现自身发展的必要性。当前,我们要"准确把握世界范围内思想文化相互激荡、我国社

---

[*] 刘伟,男,上海交通大学马克思主义学院副教授、硕士生导师,上海交通大学网络教育名师工作室主持人,主要从事马克思主义意识形态理论与党的意识形态建设研究;周锦丽,女,上海交通大学网络教育名师工作室特约研究员,主要从事马克思主义意识形态理论与思想政治教育研究。

① 习近平. 习近平在全国宣传思想工作会议上强调举旗帜聚民心育新人兴文化展形象 更好完成新形势下宣传思想工作使命任务[J]. 党建,2018(9):5.

会思想观念深刻变化的趋势"①,明确新时代意识形态建设的时代方位和问题图景,从战略高度审视和谋划新时代意识形态建设的战略思路,从全局和根本上推进举旗帜、聚民心、育新人、兴文化、展形象,以期在百年变局中开拓意识形态建设新格局。

一、世界变局下我国社会主义意识形态建设的时代方位

习近平总书记以民族国家发展态势为考察视角,做出了"放眼世界,我们面对的是百年未有之大变局"②的战略判断,并指明了百年变局下"意识形态工作是为国立心、为民族立魂的工作"③。百年变局加速演进,推动了世界发展新样态、新特征的形成和发展,我国意识形态在变局中开新局,展现出强盛的生命力和深刻的世界影响力。在权力多极化发展中崛起,在经济全球化背景下开辟人类文明新形态,在政治民主化助推下成为国际秩序维护的坚定力量,在社会网络化中推动广泛国际传播,在风险世界化背景下贡献文明合作新方案,反映了中国特色社会主义意识形态建设"当前所处的位置",也表征了"未来的发展方向",构成了社会主义意识形态建设的时代方位,凸显了新时代社会主义意识形态建设的趋向和着力点。

(一) 权力多极化发展中社会主义意识形态的崛起

当前,世界权力多极化向纵深发展,世界权力格局呈现出"东升西落"的趋势,东西方实力差距正在不断缩减。社会主义意识形态曾因曲折发展而长期暗淡,但因中国道路的文明崛起正走向复兴。随着中国日益走近世界舞台的中央,社会主义意识形态建设在强大的国家实力支撑下,在中国特色社会主义事业的成功实践中,以人类文明新形态走进开放世界的视野,认可度和影响力在世界范围内不断提升,表明当前我国意识形态正处于权力上升方位。首先,社会主义崛起的前历史是资本主义意识形态对现代化道路的话语宰制。自冷战结束后,社会主义意识形态在与资本主义意识形态的较量中便处于弱势地位,以美国为代表的西方现代化模式成为所谓的"唯一现代化道路",并借助各种所谓的"帮扶"政策向全球宣扬西方普世价值,通过经济、政治和文化等多路线的"围剿"试图不断巩固其全球霸主地位。然而,建立在文化霸权主义基础上的西方普世价值,日益引发西方文明与其他文明的冲突和对抗,中国的成功崛起也使得"历史终结论"终结,"中国崩溃论"崩溃。其次,中国特色社会主义发展突破了霸权格局的限制。随着中国特色社会主义进入新时代,中国特色社会主义现代化建设的成功实践,使得科学社会主义焕发出强大的生机与活力,世界社会主义与资本主义力量对比失衡的局面因此得到极大的改变。"马克思主义中国化时代化不断取得成果,使马克思主义以崭新的形象展现在世界上,使世界范围内社会主义和资本主义两种意识形态、两种社会制度的历史演进及其较量发生了有利于社会主义的重大转变。"④中国特色社会主义顺应

---

① 习近平. 中共中央关于党的百年奋斗重大成就和历史经验的决议[M]. 北京:人民出版社,2021:44.
② 本书编写组. 改革开放简史[M]. 北京:人民出版社,社会科学出版社,2021:337.
③ 习近平. 中共中央关于党的百年奋斗重大成就和历史经验的决议[M]. 北京:人民出版社,2021:44.
④ 习近平. 中共中央关于党的百年奋斗重大成就和历史经验的决议[M]. 北京:人民出版社,2021:63-64.

世界历史发展大势，站在历史正确的一边，走出一条"'文明型国家'的崛起"①之路，为世界各国现代化发展提供了全新的选择，使得社会主义意识形态备受世界各国瞩目。在世界范围内，内蕴于中国方案、中国智慧与中国故事中的社会主义意识形态的影响力正在不断提升，社会主义意识形态建设前景光明。

（二）经济全球化背景下中国道路开辟人类文明新形态

经济全球化本质上是由西方发达资本主义国家主导的资本全球化、以资本逻辑为核心和动力的资本主义文明，总是意图控制人类文明的限度，不断推行"文化殖民"，将现代化等同于"西方化"，将西方文明直接等同于人类文明，以此来巩固和促进资本扩张的时空范围。资本逻辑在促成经济全球化、实现全球扩张的过程中，"也产生出自我否定的因素"②。由于地理、历史与社会条件的差异，各国之间的文化呈现出多元特征，并表现出不同的内容与价值。在经济全球化的背景下，各国之间文化的交融交流交锋日益激烈，人类文明发展的多元现实与多元发展路径证明了以"西方文明等同于人类文明"为逻辑的"文明中心主义"的不合理性。其中，中国在中国共产党的领导下，通过实施改革开放实现了和平发展并取得了许多辉煌成就，并在现代化建设的伟大实践中独创性地开辟了中国特色社会主义道路。中国道路的开辟对于中国而言意义重大，对于世界历史发展而言影响深远。它"破除了对社会主义教条式的理解和乌托邦式的幻想，克服了苏联社会主义模式僵化的弊端，把社会主义的发展纳入当代开放世界的视野"③，人类文明的发展路径在中国道路上体现出更为丰富多彩的可能。在世界政治文明发展领域，在中国共产党的坚强领导下，中国坚持并不断推进中国特色社会主义道路，成功实现从"站起来"到"富起来"再到"强起来"的伟大飞跃。与其他国家翻版西方现代化模式不同，中国道路的成功开辟表明了国家现代化发展的不同路径，以中华文明为根基的"中国道路的开辟解构了'西方中心主义'的话语体系"④，这不仅在文明理念上实现了质的突破，而且在实践范式上打破了西方范式所谓的"典范性"和唯一性，彰显了人类文明发展的多样性。

（三）政治民主化助推社会主义成为国际秩序维护中的坚定力量

近代以来的国际关系主要体现为"支配与被支配这样一种极不平等的权力关系"⑤，这是因为西方中心主义价值观长期主导着国际秩序，国际社会盛行弱肉强食、适者生存的达尔文法则。冷战结束后，随着世界政治多极化的发展，中小国家日趋成为国际社会的活跃力量，国际政治中的民主因素开始增多。其中，中国的崛起极大增强了国际社会中社会主义国家的声音，并致力于拓展发展中国家的国际话语权，积极带动具有独立自主与平等互利特征的国际关系建构，有力排斥了国际强权政治对国际关系的深化宰制，也推动了国际关系民主化发展。面对云谲波诡的国际形势，中国勇于抓住机遇，迎接挑战，始终作新型国际秩序的坚定维护者，为推动构建平等互信、普惠安全、共

---

① 张维为. 中国崛起的规模效应和世界意义[J]. 政工学刊, 2014(10): 70.
② 蒯正明, 吴宗伟. 人类文明视域下中国道路的开辟及其现实意义[J]. 东南学术, 2019(2): 4.
③ 陈锡喜. 把握中国式现代化新道路对人类文明新形态贡献的方法论研究[J]. 思想理论教育导刊, 2022(3): 125.
④ 陈玉斌, 刘友田. 中国道路的理论基础、文化基因及世界意义[J]. 前沿, 2019(2): 9.
⑤ 沈德昌. 全球化背景下国际政治的双重发展趋势[J]. 人民论坛, 2011(20): 71.

同发展、包容互鉴的国际社会贡献中国方案和中国智慧。在全球气候环境治理领域中，中国积极承担大国责任，倡导多边主义。从将生态文明建设纳入"五位一体"总体布局，到创新、协调、绿色、开放、共享的新发展理念的践行，再到"碳达峰""碳中和"目标的提出，中国始终坚定采取切实行动参与全球气候环境治理，并积极倡导气候环境治理国际合作。在全球公共卫生治理中，中国更是积极应对，倡导携手合作，主动分享中国抗疫的成功经验，积极提供全球战疫的物资和产品，在坚定履行国际义务中展现大国担当。

（四）社会网络化推动社会主义意识形态国际传播

互联网技术的发展使得"万物互联"成为可能，世界发展在社会网络化中深度联结，世界人民在社会网络化中加深交融与理解，这为社会主义意识形态国际传播提供了重要契机和技术支撑。首先，社会网络化发展突破了社会主义意识形态国际传播的时空限制。从传播可能性看，借助互联网科技的数据编辑、存储与发布等技术，世界各国人民同处于一个网络空间中，社会主义意识形态得以借助互联网科技、新兴媒体等途径传播到世界各地。从传播时效看，信息在网络平台的传播是历时性与共时性的统一，中国声音与中国故事能借助网络媒体信息传播的即时性优势迅速传播至世界各国，有效解决传统媒体达成信息广泛传播的滞后性。其次，社会网络化发展突破了社会主义意识形态国际传播的受众限制。网络媒体的算法技术有助于帮助我们筛选社会主义意识形态传播的受众，提高国际传播的针对性和实效性。再次，社会网络化发展使得中国得以深入国际社会的舆论场，在直面国际热点和关键议题中发出中国声音，在舆论争锋与观点交流中促成社会主义意识形态的国际传播。最后，社会网络化发展推进了我国传统媒体与新兴媒体的融合发展与创新发展，助推了我国主流媒体的国际传播力和影响力提升，增强了社会主义意识形态的国际传播的媒体力量，进一步拓宽了中国媒体的海外传播布局。

（五）风险世界化背景下社会主义意识形态贡献新方案

世界历史的加速联结使地区性、局部性问题更易演化为全球性问题。当前，人类面临的全球性安全问题日益突出，唯有依靠全球性力量的团结合作得以解决。然而作为"超级大国"的美国，罔顾国际社会整体利益与大国应有的责任担当，频繁采取"退群""退约"行为，使得全球治理愈加乏力，这不利于共同谋划人类社会的和平与发展。面对风险世界化的问题，中国站在人类社会和平发展的战略高度上，积极倡导人类命运共同体理念，推动完善全球治理体系。从总体思想上，坚持公正合理、互商互量、同舟同济，以应对治理、和平与发展等方面的赤字问题。在全球经济治理上，中国主张平等、开放、合作和共享的理念，积极推进"一带一路"建设。在全球安全治理上，中国秉持共同、综合、合作、可持续的新安全观，坚持走和平发展道路。在应对全球新冠疫情中，中国秉持人类命运共同体理念，始终把抗疫行动与增进国际社会的团结和信任、开展更紧密的全球合作的框架紧密联系在一起，为打造人类卫生健康共同体做出了重要贡献。中国逐渐融入全球治理体系，积极贡献着应对全球风险的中国智慧、中国力量和中国方案。

二、世界变局下国际社会意识形态领域斗争的严峻形势

当前,世界正处于大发展大变革大调整时期,国际社会的各个领域、各个方面正经历着深刻的变化与调整。"从世界社会主义500年的大视野来看,我们依然处在马克思主义所指明的历史时代"①,两大制度形态的对抗性状态仍然存在,而且对抗要素越发升级,社会主义与资本主义的较量再次从幕后转向台前。文明冲突中的意识形态要素进一步增强,大国关系的深刻变化致使国际意识形态话语权竞争更加激烈,新时代社会主义意识形态建设处于国际社会严峻的意识形态斗争形势之中。

(一)社会主义与资本主义的较量从幕后转向台前

自科学社会主义诞生起,社会主义与资本主义在各方面就不断进行着或明或暗的较量。在世界上第一个社会主义国家诞生之后,社会主义国家与资本主义国家之间的较量已客观存在于世界历史的进程中。二战后,以苏联为首的社会主义国家和以美国为首的资本主义国家在军事、政治、经济、文化等方面展开充分且激烈的较量,"两极"格局的形成表明了社会主义与资本主义之间不加掩饰的较量。20世纪90年代苏联解体瓦解了"两极"格局,经济全球化的发展促使人们逐渐抛弃"冷战"思维,谋求全球合作与发展,和平与发展成为时代的主题,直接对抗的军事较量、经济较量或者政治博弈不再是社会主义与资本主义之间较量的最佳选择,温和且隐蔽的文化领域的意识形态较量成为社会主义与资本主义较量的重点领域,和平演变成为西方发达资本主义国家对峙社会主义国家的重要策略,社会主义与资本主义之间的较量从台前转向幕后。

当前,在世界百年未有之大变局的背景下,国际主要行为体之间的力量对比发生重大变化,社会主义与资本主义之间的较量也呈现出新的变化特点。中国特色社会主义进入新时代,"意味着科学社会主义在二十一世纪的中国焕发出强大的生机活力,在世界上高高举起了社会主义伟大旗帜"②。随着中国日益走近世界舞台的中央,中国特色社会主义制度优势进一步显现,中国道路的开辟与中国奇迹的缔造在一定程度上动摇了人们"资强社弱"的思维定式,人们对社会主义制度有了重新思考与审视。和社会主义中国的崛起相比,西方资本主义国家却仍难以从金融危机的阴影中挣脱出来,社会中的动荡因素和不确定因素不断积聚,尤其在全球性疫情的催化下,资本主义"丑态"尽显。在此背景下,尽管和平与发展仍然是时代主题,但某些西方发达资本主义国家却弃理性于不顾,重拾"冷战"思维,渲染中国崛起的"威胁性",不仅以此为借口使出浑身解数大打贸易战,大力推行"霸凌主义",试图全面遏制中国的崛起,而且加紧对我国的意识形态渗透,借此挑拨人心,攻击社会主义制度,抹黑社会主义中国与中国共产党。他们通过各种方式试图挑起中国社会内乱,比如"香港修例风波"的产生与发展,离不开某些西方发达资本主义国家的推波助澜和

---

① 习近平.习近平在中共中央政治局第四十三次集体学习时强调深刻认识马克思主义时代意义和现实意义 继续推进马克思主义中国化时代化大众化[J].党建,2017(10):1.
② 习近平.决胜全面建成小康社会夺取新时代中国特色社会主义伟大胜利[N].人民日报,2017-10-28(001).

"暗箱操作"。社会主义与资本主义之间的较量在意识形态领域全面打响，并引申至社会各个领域，范围进一步扩大、方式进一步多样、表现进一步明显、程度进一步加深、影响进一步深远，二者的较量从幕后转向台前，表明国际社会意识形态斗争形势加剧。

（二）假借"文明冲突"之名的意识形态冲突频现

全球化时代背景下，多元文明交流交融交锋已成为既定事实。不同文明由于其产生的历史、语言、地理、传统和宗教等方面的原因会存在差异性，差异性为文明多样性发展提供了坚实基础，而差异性也预留了文明冲突的空间。不可否认的是文明之间存在着差异性，但差异性不能直接等同于冲突性，也不必然导致冲突。国家利益是国际关系的决定性因素，利益冲突是国际冲突的根源，国际冲突取决于文明冲突的看法不仅是一种思想认识上的错误，而且会引起政治实践错误，造成国际社会的混乱局面。正如2019年亚洲文明大会上希腊前总统帕夫洛普洛斯所谈到的，"文明冲突论"是个巨大错误。然而，"文明冲突论"却仍然大有市场，尤其在西方社会中。这是因为"文明冲突论"的提出有着特定的历史文化背景，其本质上是为美国称霸世界目的服务的意识形态策略，是美国输出"西方民主"的"正义的理由"。"文明冲突论"实际上就是带着先入为主的"文明范式"的文化霸权主义心理在理论上的呈现，是在文明多样性发展进程中西方文明意图压制其他文明发展的意识形态话语逻辑。在"文明冲突论"的话语背景下，西方资本主义国家所炮制的"中国崩溃论""中国失败论""意识形态终结论"等论调在国际社会上得以"一时畅销"。尽管世界历史的发展趋势表明了构建人类命运共同体的必要性和重大深远价值，但在资本主义意识形态的笼罩下，西方社会难以摆脱西方文明的"优越情结"，并将此引申至国际交往和对外政策中，使得纯粹的文明交流互鉴难逃意识形态阵营的"站队"，极不利于文明多样性的发展和世界文明繁荣发展的需要。不仅如此，在多元文化交流过程中，需高度警惕资本主义意识形态假借文化交流之名行意识形态渗透之实。

（三）国际意识形态话语权竞争越发激烈

意识形态领域的国际话语权的竞争是国际竞争的重要思想武器和舆论武器，意识形态国际话语权较量关乎国家安全与国家的国际地位。一直以来，美国便是通过掌握着意识形态领域的国际话语权，维护美国全球霸权地位。近年来，随着中国的崛起与国际影响力的提升，美国对此深感强烈的"焦虑"和"不安"，并通过各种方式意图遏制中国发展，以此维护美国的国际地位和所谓的国家利益。其中，掌握意识形态领域国家话语权是其与中国竞争的重要手段。在中美贸易摩擦加剧的背景下，中美在意识形态领域对国际话语权的争夺也愈演愈烈。当前，意识形态领域的国际话语权的争夺主要体现在学术领域，通过创新核心概念，引导学术逻辑，为意识形态国家话语权争夺提供有力的学术资源。从以美国为首的西方大国来看，美国学者提出的"锐实力""巧实力"等概念看似学术概念的创新，但实际上都是在表达着对中国国际影响力的担忧，并在西方媒体的话语渲染下，"中国威胁论"的论调在西方话语体系中似乎就成了"显而易见"的事情。而西方政府智囊团不遗余力地整理和制造关于中国道路、"一带一路"倡议、中国抗疫等方面所谓的"负面清单"，并借助其在网络技术方面的优势地位，通过网络媒体的恶意剪辑和片面报道，甚至故意杜撰炒作不实信息攻击中国，抹黑中国的国际形象，构成了重大的国际舆论压力，这成为我国在国际地位提升和负责任的国际形象树立过程中重大障碍。因此，在国际意识形态话语权竞争日益激烈的背景下，我国学术界、传播界必须积极作为，加强哲学社会科学学科话语与学术话语体系创新，打造一流智库与一流国际媒体，讲好中国故事，传播好中国声音，以应对西方国家以学术话语包装的新的意识形态攻击和战略遏制。

（四）价值撕裂的危机在世界范围沉渣泛起

在全球性问题与危机面前，坚定不移地推行全球化治理与构建人类命运共同体是最佳选择，同时也体现了世界历史发展的必然。然而，受诸多因素影响，目前，全球性共识难以达成，全球性价值撕裂危机却进一步凸显。在经济方面，受全球金融危机的影响，逆全球化思潮兴起，单边主义和保护主义抬头。尤其在全球疫情肆虐下，全球经济复苏乏力甚至出现衰退，逆全球化和保护主义势力借势猖獗。西方一些国家政客从狭隘的政党和个人利益出发，操纵舆论和民意；一些国家出现种族、民族、国别等身份歧视，单边与多边拉锯，合作与对抗撕扯。在政治文化上，美国进一步推行霸权主义与强权政治，重拾"冷战"思维与零和博弈思维，通过经济、文化与意识形态等手段遏制中国的崛起与发展，对华策略也趋向强硬。在国际事务中，美国罔顾国际责任与大国担当，不断采取"退群""退约"等行为，这与和平与发展的时代主题相背离，与人类命运共同体的理念相违背。在某些大国不负责任的行为示范下，国际社会不确定、不稳定因素进一步增加，健康安全、和平发展、合作共赢、命运与共的全球价值共识面临撕裂危机。

（五）社会主义意识形态在世界范围内仍处于劣势

目前，世界范围内的社会主义发展态势良好，社会主义运动呈现出"回暖"状态，世界左翼力量开始重新走向联合，国际社会马克思主义政党的积极自我改革，以及中国的引领性发展推动世界社会主义态势走向复苏。① 然而，世界社会主义发展的良好态势并不意味着社会主义运动高潮的来临，"世界社会主义规模、体量和影响总体处于历史低潮的状况还没有根本改变"②，社会主义意识形态在世界范围内仍处于劣势。首先，从资本主义与社会主义较量看，"资强社弱"的总体局面一时难以改变。就数量而言，社会主义国家与资本主义国家相比不占优势；就发展质量而言，发展最快的社会主义中国，人均GDP离世界发达经济体还有很大差距，未达到世界平均水平，经济、科技和军事等领域与美国仍然存在较大差距。其次，从社会主义国家内部发展的形势看，仍面临诸多发展性挑战与问题有待解决。在大多数社会主义国家内部，摆脱贫困与剥削、丰富物质财富与精神财富仍是国家建设的重点，重塑对社会主义制度的信心和意愿仍存在关键思想障碍。尽管中国的崛起让世界看到了社会主义发展仍具生命力，但在复杂的国际形势中，社会主义如何挣脱发达资本主义国家的围堵与遏制而取得全面发展仍是一个重大历史命题，世界上大部分国家仍处于观望状态。最后，资本主义内部的社会主义因素虽有增长但仍不是主流。尽管在资本主义国家内部存在一定形式的社会主义思潮和社会主义运动，但它们并不以实现共产主义作为最终目标；虽然存在一定程度上的社会主义成分，但更多突出暴力性和宣泄性。西方国家共产党积弊太深，在理论研究中存在教

---

① 冯颜利，王诗成．当前世界社会主义发展格局、主要特征与兴盛路径研究[J]．西南大学学报（社会科学版），2021(1)：33－34．
② 于洪君．全球化时代的社会主义与资本主义[J]．红旗文稿，2014(1)：17．

条主义和理想主义，缺乏现实性和革命性，"加上一味服从选举的需要，致使其阶级属性日益模糊……政党边缘化问题突出，甚至有被左翼浪潮淹没的危险"①。可见，在"资强社弱"的历史阶段内，资本主义意识形态仍独占鳌头，世界范围内的社会主义意识形态发展仍处于劣势。

三、世界变局下我国社会主义意识形态建设的战略思路

新时代意识形态建设如何"在世界大变局中开创新局、在世界乱局中化危为机"②，为实现中华民族伟大复兴提供更为主动的精神力量，要求我们从百年变局和战略全局的交织大视野中加强顶层设计和战略谋划。习近平总书记基于民族复兴大业强调了"做好新形势下宣传思想工作，必须自觉承担起举旗帜、聚民心、育新人、兴文化、展形象的使命任务"③，在党的新百年起点通过《中共中央关于党的百年奋斗重大成就和历史经验的决议》再次强调了这一战略任务，指明了新时代"建设具有强大凝聚力和引领力的社会主义意识形态"④，更好构筑中国精神、中国价值和中国力量的战略方向。

（一）举旗帜：巩固马克思主义在意识形态领域的指导地位

举旗定向是社会主义意识形态在百年变局开新局的战略根本。能否守住政治定力，开启中国共产党新的百年征程和民族复兴新征程，需要从根本上守住意识形态旗帜。百年变局加速演进将会升格国际社会意识形态斗争形势，各种社会思潮纷涌是世界文明多样发展新常态，我国社会思想领域也将越发呈现多元与复杂交织新格局。在技术涌流和智能深化的变局中，西方敌对势力的意识形态渗透及其颜色革命手段愈加升级，信息传播和文明交往领域的意识形态之争将愈加广泛而激烈，而且更加隐蔽且深刻地嵌入社会成员生活领域与思想空间，严重威胁我国意识形态安全。特别是进入新时代以来，某些西方大国重拾冷战思维、零和博弈思维，加紧对我国实行"西化""分化"等政策，妄图改变中国道路的方向，压制中国发展的态势。在此态势下，能否超越异质性意识形态更新传播速度，加速马克思主义意识形态在理论阐释力和批判力的更新，强化马克思主义指导地位的制度化建构，关乎社会主义意识形态斗争成败的重要问题。从这个意义上说，指导地位之争是道路、前途与命运的斗争。在主导意识形态面临多方面挑战与威胁背景下，选择何种思想理论为指导思想，关系到政党的性质、国家的方向，关系到民族的命脉、人心的凝聚，关系到我国意识形态领域斗争的成败。马克思主义以科学的世界观和方法论揭示了人类社会发展规律，在历史和人民的选择中成为我们立党立国的根本指导思想，成为指引我们不断夺取革命、建设、改革胜利的强大思想武器。越是在复杂和尖锐的斗争面前，我们越是不能自乱阵脚，越是应当坚持马克思主义的指导地

---

① 冯颜利,王诗成.当前世界社会主义发展格局、主要特征与兴盛路径研究[J].西南大学学报(社会科学版),2021(1):35.
② 习近平.中共中央关于党的百年奋斗重大成就和历史经验的决议[M].北京:人民出版社,2021:61.
③ 习近平.习近平在全国宣传思想工作会议上强调举旗帜聚民心育新人兴文化展形象 更好完成新形势下宣传思想工作使命任务[J].党建,2018(9):4.
④ 习近平.中共中央关于党的百年奋斗重大成就和历史经验的决议[M].北京:人民出版社,2021:44.

位。面对意识形态领域的复杂形势，要研究和深化意识形态工作，"高举马克思主义、中国特色社会主义的旗帜，坚持不懈用新时代中国特色社会主义思想武装全党、教育人民、推动工作"①，以更加务实的制度化工作推动当代中国马克思主义深入人心、落地生根。

（二）聚民心：巩固全党全国人民团结奋斗的思想基础

凝聚民心是社会主义意识形态建设的战略基础工程。人心是社会主义意识形态最大的政治，能否吸纳民意、巩固民心、强化人民的政治认同，进而凝聚人民奋斗力量，是意识形态功能实现的基础所在。民族复兴在当代开启的新征程正逢百年变局带来的艰巨性和复杂性，正是需要凝聚最广泛的中国力量以奋楫争先的关键时刻，如何引领全国各族人民勠力同心、团结奋斗，关乎中国特色社会主义的当下开拓与前途未来。当然，聚民心是一项系统工作，满足人民的物质需要是必要条件，而满足人民精神需要则是更为关键的充要条件，社会主义意识形态承担了极为重要的聚民心汇民智的使命。从意识形态的本质看，意识形态作为价值观的思想体系，其内涵丰富多样的精神内容和先进的思想资源，使社会主义意识形态在吸引民心层面具备了客观条件和主观可能；从意识形态的功能看，意识形态要以内容的深刻性、针对性和形式的生动性、丰富性，增强了凝聚价值共识的功效，为实现社会主义意识形态认同奠定了根本基础；从意识形态的地位看，社会主义意识形态作为我国的主导且主流的意识形态，是党性和人民性的统一，要在自我发展中不断汲取党和人民的意志，扩大最大公约数，夯实聚民心的政治基础与社会基础。因此，新时代社会主义意识形态建设要服务于民族复兴大业，必须"牢牢把握正确舆论导向，唱响主旋律，壮大正能量，做大做强主流思想舆论"②，其根本功能就是鼓舞士气、激昂斗志、振奋精神，引领人民朝着党中央确定的宏伟目标团结一心向前进，为促进中国梦的实现增添意识形态的力量。为做好聚民心的工作，社会主义意识形态建设要在意识形态生产和宣传中下大力气。一方面，要注重社会主义意识形态内容生产，在生产环节中注重整合和吸纳社情民意，将反映人民心声、关切人民利益诉求的共同利益在社会主义意识形态生产中进行科学的理论表达，提高生产质量，提高社会主义意识形态的公共性，促使人民群众形成对社会主义意识形态的主动认同，进而凝聚人心；另一方面，要创新社会主义意识形态宣传工作。一是要创新宣传方式。注重利用融媒体宣传优势，将传统宣传模式与新兴媒体宣传模式相结合，优化网络宣传矩阵，站稳网络宣传阵地。二是要创新宣传话语。提高宣传的针对性，在面向不同受众和宣传内容时要灵活采用不同的宣传话语。在面向社会大众进行思想价值宣传时，避免采用专业的理论术语和政治话语，多进行耳熟能详的话语表达，适时采取一些"网言网语"，便于群众理解，扩大受众面。在面向学生进行思想理论教授时，要将理论话语、政治话语与大众话语相结合，促使理论知识能深入浅出地被学生所理解和内化。

（三）育新人：培养担当民族复兴大任的时代新人

培育新人是社会主义意识形态接续发展的战略使命。意识形态建设承载着"为谁培养人、培养

---

① 习近平. 习近平在全国宣传思想工作会议上强调举旗帜聚民心育新人兴文化展形象 更好完成新形势下宣传思想工作使命任务[J]. 党建，2018(9):4.
② 习近平. 习近平在全国宣传思想工作会议上强调举旗帜聚民心育新人兴文化展形象 更好完成新形势下宣传思想工作使命任务[J]. 党建，2018(9):5.

什么人、怎样培养人"这一根本问题,关乎百年变局下为党育才、为国育人的重大使命。在新的历史方位下,新使命需要新青年。中国共产党总是把自己的最大希望寄托在代表未来的青年身上,"培养一代又一代拥护中国共产党领导和我国社会主义制度、立志为中国特色社会主义事业奋斗终身的有用人才"①,是新时代实现民族复兴大业的政治任务。因此,习近平总书记强调,"宣传思想工作是做人的工作的,要把培养担当民族复兴大任的时代新人作为重要职责"②。第一,要以国家主导意识形态规范人才培养和教育的理念和目标,为实现中华民族伟大复兴输送信仰坚定的政治人才。要坚持社会主义办学方向为党育人、为国育才,始终擦亮马克思主义这一鲜亮底色,把政治品格和理想信念作为核心素养融入学校办学理念和育人目标。第二,要构建"立德树人"工作大格局,在落实好"立德树人根本任务"主渠道工作基础上,调动各个战线开展协同育人工作。要通过思政课和课程思政、大思政课和大思政工作、学校课堂与社会课堂的联动育人,推动大中小德育体系化建设,强化"新人"培养承继性和贯通性。第三,要夯实社会主义核心价值观建设的基础工程,发挥共青团等群团组织的力量,"把思想政治工作贯穿教育教学全过程,实现全程育人、全方位育人"③,引领时代新人的思想进步。总之,社会主义意识形态建设要强化"时代新人"的培育工作,注重做好青年的意识形态工作,牢牢掌握网络与高校的意识形态阵地。

(四)兴文化:坚持中国特色社会主义文化发展道路

兴盛文化是社会主义意识形态精神滋养的战略根基。"文化兴国运兴,文化强民族强。没有高度的文化自信,没有文化的繁荣兴盛,就没有中华民族伟大复兴。"④ 社会主义意识形态建设作为文化建设的重要内容,在推进文化强国战略中处于突出位置,在"兴文化"方面具有重要的战略意义。社会主义意识形态在促进社会主义先进文化的繁荣与发展、弘扬时代主旋律、促进社会主义先进文化生产传播方面具有重要推动力,可以有效激发广大人民参与文化强国建设的热情,引领人民的文化创作和力量凝聚;帮助人民廓清社会思想乱局,提升精神追求境界和思想文化高度,树立文化自觉和文化自信,涵养文化强国的定力。在民族复兴大业的推进过程中,尤其需要通过加强意识形态建设,弘扬先进的社会主义文化和中华优秀传统文化,帮助人民确立和巩固文化自信,同时抵制错误思潮的影响。一方面,要从文化强国的战略高度全面把握新时代意识形态建设,在内容建设中充分挖掘和吸纳优秀文化资源,增进主导意识形态原创性话语的表达能力,创新意识形态表现形式,在主导意识形态的内外传播中弘扬中国精神。另一方面,要做好意识形态入脑入耳入心的工作,防范异质性意识形态渗透。要将对民众的正面引导与反面警示结合起来,帮助他们澄清思想认识的误区,帮助他们抵制享乐主义、拜金主义等错误思想文化的侵蚀。

---

① 习近平. 习近平主持召开学校思想政治理论课教师座谈会强调用新时代中国特色社会主义思想铸魂育人 贯彻党的教育方针落实立德树人根本任务[J]. 党建,2019(4):4.
② 习近平. 习近平在全国宣传思想工作会议上强调举旗帜聚民心育新人兴文化展形象 更好完成新形势下宣传思想工作使命任务[J]. 党建,2018(9):5.
③ 习近平. 习近平在全国高校思想政治工作会议上强调:把思想政治工作贯穿教育教学全过程 开创我国高等教育事业发展新局面[J]. 中国高等教育,2016(24):5.
④ 习近平. 决胜全面建成小康社会夺取新时代中国特色社会主义伟大胜利[N]. 人民日报,2017-10-28(001).

(五) 展形象: 展现全面、真实、立体的新时代中国

展现"为人类谋进步,为世界谋大同"的大国形象是新时代社会主义意识形态建设的战略重点。在世界变局下,我们"面对来自外部的各种围堵、打压、捣乱、颠覆活动"①,面对前所未有的复杂国际形势,如何增强我国的国际影响力、感召力,赢得更多伙伴和支持力量,需要社会主义意识形态加强展形象的战略谋划,"加强国际传播能力建设,向世界讲好中国故事、中国共产党故事,传播好中国声音"②,展现全面、真实、立体的新时代中国。中国形象的塑造既要以务实的国家作为现实基础,又要掌握国际话语权和提高国际传播能力。加强社会主义意识形态建设在"展形象"上具有重要战略意义。一方面,增强社会主义意识形态国际传播力和话语创新,有利于世界各国通过中国主流宣传媒体认识全面、真实、立体的中国;另一方面,掌握社会主义意识形态话语权和主动权,有助于中国在国际社会中发出真实有力的中国声音,以更好地防范和应对某些敌对势力借助话语陷阱或话语霸权在国际社会中抹黑和丑化我国形象的伎俩。在新形势下思想宣传工作要做好"展形象"的使命任务,主导意识形态不仅要强化自身内容生产和国际话语生产,更要推进国际传播能力建设。在内容上,要注重提炼与展示中华优秀传统文化中的精神标识与文化精髓;在传播方法上,要加强国际传播体制机制改革,创新传播理念与传播手段;在领导主体上,要坚持和完善党对意识形态工作的全面领导,"努力打造一支政治过硬、本领高强、求实创新、能打胜仗的宣传思想工作队伍"③。通过各方面的综合协作形成合力,从而不断强化社会主义意识形态的国际传播力和影响力。

参考文献:

[1] 习近平. 中共中央关于党的百年奋斗重大成就和历史经验的决议 [M]. 北京: 人民出版社, 2021.

[2] 习近平. 习近平在全国宣传思想工作会议上强调举旗帜聚民心育新人兴文化展形象 更好完成新形势下宣传思想工作使命任务 [J]. 党建, 2018 (9).

[3] 习近平. 决胜全面建成小康社会夺取新时代中国特色社会主义伟大胜利 [N]. 人民日报, 2017-10-28 (001).

[4] 陈锡喜. 把握中国式现代化新道路对人类文明新形态贡献的方法论研究 [N]. 思想理论教育导刊, 2022 (3).

[5] 冯颜利, 王诗成. 当前世界社会主义发展格局、主要特征与兴盛路径研究 [J]. 西南大学学报 (社会科学版), 2021 (1).

[6] 于洪君. 全球化时代的社会主义与资本主义 [J]. 红旗文稿, 2014 (1).

---

① 习近平. 中共中央关于党的百年奋斗重大成就和历史经验的决议[M]. 北京:人民出版社,2021:56.
② 习近平. 中共中央关于党的百年奋斗重大成就和历史经验的决议[M]. 北京:人民出版社,2021:46.
③ 习近平. 习近平在全国宣传思想工作会议上强调举旗帜聚民心育新人兴文化展形象 更好完成新形势下宣传思想工作使命任务[J]. 党建,2018(9):6.

我国国有经济管理模式演进的基本逻辑：
从资产管理到资本管控

陶惠敏　孙绍勇*

【内容提要】 改革开放以来，我国国有经济管理模式经历了从企业管理到资产管理再到资本管控的演进过程，以资本管控为主加强国有经济管理成为当前全面深化国有企业改革的重中之重。当前加强国有资本管控对于深化国有企业改革具有重要战略意义，不仅有利于公有制与市场经济进一步融合，增强国有经济的活力、控制力、影响力和抗风险能力，还有利于促进劳资和谐，形成劳资利益共同体。在以资本管控为主的国有经济管理模式下，要进一步优化政府职能，在分类基础上准确界定国有企业功能，同时控制资本投资方向，防范系统性金融风险，防止国有资产流失。

【关键词】 国有经济　管理模式　资产管理　资本管控

国有企业深化改革的过程始终伴随着国有经济管理模式的转变，国有经济管理模式直接关系到国有经济功能的发挥以及国有企业改革的成败。改革开放以来，我国国有经济管理模式经历了一系列深刻变革和演进，每一次转变都有其特定的历史背景和内在的逻辑转换。党的十八届三中全会以后，我国国有经济管理模式逐渐向以资本管控为主的阶段转变，以资本管控为主加强国有经济管理成为当前全面深化国有企业改革的重中之重。2020年12月11日，中共中央政治局召开会议，分析研究2021年经济工作，第一次明确提出防止资本无序扩张，为加强国有资本管控明确了方向。① 因此，在全面深化国有企业改革的新时期，在国有经济管理模式转变的新阶段，探讨我国国有经济管理模式由资产管理到资本管控的演进过程、内在逻辑以及如何加强国有资本管控、放大国有经济功能等，都具有重要意义。

---

* 陶惠敏，男，西北工业大学马克思主义学院讲师，主要从事马克思主义理论与国有经济改革发展问题研究；孙绍勇，男，西北工业大学马克思主义学院教授、博士生导师，主要从事马克思主义中国化理论研究。基金项目：本文系国家社科基金青年项目"习近平国有经济发展思想研究"（项目编号：18CKS028）、陕西省哲学社会科学重大理论与实践研究课题项目"'毛泽东思想和中国特色社会主义理论体系概论'课专题式教学改革创新研究"（项目编号：2021HZ0754）、中央高校基本科研业务费项目"习近平关于国有经济发展的重要论述研究"（项目编号：G2019KY05401）的阶段性研究成果。

① 中央经济工作会议在北京举行[N]. 人民日报，2020-12-19(001).

一、我国国有经济管理模式演进及内在逻辑转换

改革开放 40 多年来，随着国有企业改革的不断推进和深入，我国国有经济管理模式大致经历了两个阶段的演进过程，即从管企业到管资产的演进和从管资产到管资本的演进。

（一）国有经济管理模式从管企业到管资产再到管资本的演进历程

我国国有企业作为计划经济时代的产物，国家既是国有企业的实际所有者，同时也是国有企业的经营者和管理者，改革开放初期，国家对国有企业的管理以管企业为主。国家以整个国有企业作为管理对象，集管人、管事和管资产于一体，呈现出"五龙治水"、多头管理的状态，同时还导致了"企业办社会"的局面，国有企业仍然作为政府的附属物存在，具有较强的行政性，政企不分，国家与国有企业之间的关系长期没有实质性突破。以管企业为主的国有经济管理模式是高度集中的计划经济体制的产物，在计划经济体制下，决策高度集中、国有国营、政府对企业承担无限责任、所有权与经营权不分、企业无经营自主权、行政手段管理，成了我国原有的国有资产管理体制的基本特点。[1]

为了改善国家与国有企业之间的关系，解决政企不分、多头管理、"企业办社会"等一系列问题，从 20 世纪 80 年代开始，中央和地方政府就开始探索国有企业管理模式从管企业向管资产的转变。早在 1987 年，深圳便成立了我国第一个专门从事国有资产管理的机构——深圳市投资管理公司，1988 年，又成立了国家国有资产管理局，简称"国资局"，按照"统一政策和分级管理"的原则，逐步建立起从中央到地方的国有资产管理体系。[2]"国资局"的成立拉开了我国国有企业管理模式深层次改革的序幕。

以管资产为主的国有企业管理模式在长期探索中不断发展和完善。经过十多年的探索和改革，我国国有企业管理体制改革取得了很大进展，到 20 世纪 90 年代末，以管资产为主的国有企业管理模式在制度上基本形成，但是由于缺乏在市场经济条件下国有资产管理的成熟经验，国有企业管理模式的转变不可能一步到位，仍然处于"允许和鼓励地方试点，探索建立国有资产管理的具体方式"阶段。总体来看，国有企业管理体制改革进展相对缓慢，过程也较为坎坷，离既定目标还有较大差距，这也反映出我国国有企业管理模式转变和国有企业改革过程的复杂性和任务的艰巨性。

长期以来，国有经济管理模式遵循资产管理的基本理念和思路，以资产保值增值为基本目标，不可避免地造成了管理者过分重视对物化形态国有资产的管理，轻视了对以价值形态存在的国有资本的运营，从而导致了国有企业技术落后、经营效益较差、国有资产闲置以及国有资产流失等一系列问题。

进入 21 世纪，国有企业改革继续深化，国有经济管理模式开始探索从管资产到管资本的转变。直到 2013 年，党的十八届三中全会通过的《中共中央关于全面深化改革若干重大问题的决定》第

---

[1] 吕政,黄速建.中国国有企业改革 30 年研究[M].北京:经济管理出版社,2008:280.
[2] 李俊江,等.外国国有企业改革研究[M].北京:经济科学出版社,2010:266.

一次明确提出"以管资本为主加强国有资产监管"①，标志着我国国有经济管理模式实现从管资产向管资本转变的不断深化。经过长期改革探索实践过程，以管资本为主的国有经济管理模式逐渐形成并在探索中不断完善，国资委将不再是国有企业、国有资产的管理委员会，而是成为加强国有资本监管的机构，肩负着国有资本放大功能、保值增值、提高竞争力、保障和改善民生的重大使命，这也是市场在资源配置中从基础性作用向决定性作用转变的体现和要求。

（二）国有经济管理模式从管企业到管资产再到管资本转换的内在逻辑

我国国有经济管理模式是一项复杂的系统工程，要真正实现从管企业到管资产再到管资本的转变，是规律、情景、价值等因素综合集成的结果，具体体现为社会主义市场经济建设规律、国有经济改革发展实践以及国有经济价值目标导向的综合集成和相互作用。国有经济管理模式的变化，实际上蕴含着社会主义市场经济发展理念、国有企业功能定位转换的内在逻辑。

一方面，从管企业到管资产再到管资本的演进过程蕴含着社会主义市场经济发展理念转换的内在逻辑。国有资产管理体制改革、国有经济管理模式转变本身既是社会主义市场经济发展完善的内在要求，也是社会主义市场经济不断深化的具体体现。以管企业为主的国有经济管理模式是计划经济体制的思维方式和行为逻辑的延续；以管资产为主的国有经济管理模式是社会主义市场经济发展初期、市场发育尚不成熟情况下国有经济管理模式的探索阶段；以管资本为主的国有经济管理模式是社会主义市场经济不断完善情况下国有经济管理模式的成熟阶段。国有经济管理模式从管企业到管资产再到管资本的演进过程，体现了我们对社会主义市场经济认识不断转变和深化的过程，体现了从计划经济逻辑和思维到市场经济逻辑和思维的转换，以及市场作用从基础性到决定性的转变。

另一方面，国有经济管理模式从管企业到管资产再到管资本的演进过程体现了国有经济功能定位的转变。我国国有经济功能定位在不同的国有经济管理模式下具有较大差异，带有明显的时代印痕。在以管企业为主的国有经济管理模式下，国有经济承担了过多的经济社会功能，政企严重不分，导致出现"企业办社会"现象，在很大程度上削弱了国有经济的整体竞争力，降低了国有经济的经济效率和整体活力。在以管资产为主的国有经济管理模式下，国有经济功能定位经历了一个战略调整的重大转变过程。国有经济的主导作用不再体现为数量和规模的绝对比重，而是通过战略调整国有经济总体布局，使国有经济在关系国民经济命脉的重要行业和关键领域发挥主导作用。经过"放开搞活""抓大放小""战略调整"等阶段的改革，国有经济过多的社会功能得到有效剥离，在经济社会发展中的功能定位进一步清晰明确。在以管资本为主的国有经济管理模式下，国有经济的功能定位集中体现为国有资本的功能定位，国家通过对国有资本投资方向的管控来调节国有经济的战略布局、实现国有经济的功能。在这种情况下，国有经济的主导作用更加明显地表现为国有资本对整个国民经济的控制力、影响力和带动力。

---

① 中共中央关于全面深化改革若干重大问题的决定[N]．人民日报,2013 - 11 - 16(001)．

二、加强国有资本管控的战略意义

国有经济管理模式从资产管理为主到资本管控为主的转变开启了国有经济发展的新思路，为新一轮深化国有企业改革提供了新路径。当前，加强国有资本管控，并把管资本与管企业有机结合起来，对于国有经济改革发展和做强做优做大国有企业，具有重大战略意义。

（一）有利于优化国有资本结构，完善社会主义市场经济体制

建立和完善社会主义市场经济体制的核心是实现社会主义公有制与市场经济的有机融合。如何正确理解并准确确立社会主义公有制的主体地位和国有经济的主导作用，并使之与市场经济更加融洽衔接，需要国有经济管理模式随着社会主义市场经济的发展而不断变革和完善。国有经济管理模式从资产管理到资本管控的转变是对于国有经济发展、对于中国特色社会主义市场经济体制的一次历史性跨越。以管资本为主的国有经济管理模式是在确立市场对资源配置的决定性作用后，国有经济载体的制度性重构，表明我国国有经济体制改革在宏观上已经从国有资产总量调控为主转为国有资本结构调整为主，在微观上已从国有企业管理、国有资产管理为主转为国有产权制度重建、国有资本管控为主。因此，加强国有资本管控，深化国有企业改革，是在明确市场经济改革的方向后，搭建起了公有制与市场经济相互衔接的桥梁，有利于公有制和市场经济的进一步融合。

（二）有利于放大国有资本功能，增强国有企业的活力、控制力和带动力

大力发展国有资本与其他资本交叉持股、相互融合的混合所有制经济，并组建若干国有资本投资运营公司，是当前加强资本管控深化国有企业改革的重要举措，既有利于国有资本放大功能、保值增值、提高竞争力，也有利于增强国有经济的活力、控制力和带动力。主要体现在两个方面：第一，盘活国有资产存量，激发国有经济活力。将闲置、无效国有资产通过转让重新配置，实现呆滞国有资产的价值转化和再现，把有限资本变成有效资本。第二，通过股份制、混合所有制增强国有资本控制力和带动力。国有、集体、个人共同参股，国家以普通股东的身份投资入股，通过持股相对比例优势而非绝对数量优势，确保在混合所有制经济状态下国有资本的控制力和带动力。在混合所有制经济中，国有企业的主导作用，主要表现为对其他经济成分的影响力和带动力。在实现由资产管理到资本管控的转变以后，着眼于资本管控加强国有资产管理，通过国有资本运营，充分吸收非国有经济成分及其经济要素，放大国有资本功能，带动其他经济成分和国有经济共同发展，影响其他经济成分的发展方向和运行方式，使其为社会主义经济服务。这就是发挥国有资本带动力和影响力的基本内涵。当然，各类企业是否决定实行混合所有制，应由企业自主决策，而非政府行政决策。

（三）有利于促进劳资和谐，形成劳资利益共同体，逐步实现共同富裕

当前我国国有企业劳资关系在根本利益统一的基础上仍然存在诸多矛盾和问题，如劳动过分依附于资本、企业内部薪酬差距较大、劳动者工资水平较低等。因此，改善劳资关系成为当前我国全

面深化国企改革的重要内容。"允许混合所有制经济实行企业员工持股,形成资本所有者和劳动者利益共同体",是党的十八届三中全会对深化国有企业改革提出的新要求。"十三五"规划提出共享的发展理念,指出共享是中国特色社会主义的本质要求,必须坚持发展为了人民、发展依靠人民、发展成果由人民共享,做出更有效的制度安排,使全体人民在共建共享发展中有更多获得感,增强发展动力,增进人民团结,朝着共同富裕方向稳步前进。习近平总书记在庆祝中国共产党成立100周年大会上深刻指出,新的征程上,我们必须着力解决发展不平衡不充分问题和人民群众急难愁盼问题,在推动人的全面发展、全体人民共同富裕上取得更为明显的实质性进展。通过发展混合所有制经济加强资本管控,试行企业员工持股,使得企业员工既是劳动者又是资本所有者,有利于促进企业发展与劳动者自身利益紧密联系在一起,形成劳资利益共同体。

三、加强国有资本管控的基本路径

国有经济管理模式由资产管理到资本管控的转变是社会主义市场经济不断深化的必然结果,也是当前全面深化国有企业改革的必然要求。习近平总书记在吉林考察时提出推进国有企业改革要做到"三个有利于",即有利于国有资本保值增值,有利于提高国有经济竞争力,有利于放大国有资本功能,这意味着当前深化国有企业改革要以国有资本管控为核心和重点。因此,如何加强国有资本管控成为全面深化改革形势下深化国有企业改革、发展壮大国有经济以及完善中国特色社会主义市场经济的重大课题。

(一) 通过坚持和加强党的领导深化国资国企改革

党政军民学,东西南北中,党是领导一切的。坚持党的领导,是中国特色社会主义最本质的特征,也是我国国有企业的独特优势。习近平总书记多次强调,坚定不移把国有企业做强做优做大,最根本的是加强党的领导。国有企业是党领导的国家治理体系的重要组成部分,理所当然要坚持党的领导。坚持党的领导、加强党的建设,是我国国有企业的光荣传统,是国有企业的"根"和"魂",是我国国有企业的独特优势。[1] 2015年,中共中央办公厅印发《关于在深化国有企业改革中坚持党的领导加强党的建设的若干意见》,对在深化国有企业改革中坚持党的领导、加强党的建设进行了战略部署并提出具体要求。在全面深化改革的新时期,国资国企改革也进入攻坚期和"深水区",坚持党对国有企业的领导、加强国有企业党的建设,对于深化国资国企改革尤为重要而紧迫。

为什么深化国资国企改革必须坚持和加强党的领导?

第一,中国共产党的根本宗旨与国有企业性质具有内在一致性,坚持和加强党的领导有利于更好地体现国有企业全民所有的根本性质。国有企业是具有全民所有根本性质的企业,国有企业的全民属性是由《中华人民共和国宪法》规定的,也是由我国国家性质决定的。只有始终坚持和加强党的领导深化国资国企改革,才能真正体现国有企业全民所有的本质属性,才能使国有企业真正成为保障人民共同利益的重要力量,在维护经济社会稳定和改善民生方面发挥其应有的作用。

---

[1] 坚持党对国有企业的领导[N]. 人民日报,2016-10-12(004).

第二,中国共产党是国有企业坚强的领导核心和政治核心,坚持党的领导为更好地发挥国有企业功能提供政治保障。国有企业作为中国特色社会主义的重要物质基础和政治基础,是我们党执政兴国的重要支柱和依靠力量。其独特功能不仅体现在社会主义公有制的主要经济载体,而且体现在促进我国经济社会发展的主导力量,同时还体现在实现人民民主的重要保障。国有企业这些独特功能的发挥有赖于中国共产党的坚强领导,有赖于中国共产党的政治保障。

第三,国有企业坚持党的领导与完善公司治理有机统一,是中国特色社会主义现代国有企业制度的重大创新和独特优势。建立中国特色社会主义现代国有企业制度,是国资国企改革的重要方向,其核心就在于将党组织作为公司法人治理结构的重要组成部分,将国有企业坚持党的领导与完善公司法人治理有机统一,充分发挥国有企业党组织和公司法人治理两个优势。这是中国特色社会主义现代国有企业制度的重大创新,也是我国国有企业的独特优势。

在深化国资国企改革过程中,如何坚持和加强党的领导?习近平总书记指出,党对国有企业的领导是政治领导、思想领导、组织领导的有机统一。通过加强和完善党对国有企业的领导、加强和改进国有企业党的建设,使国有企业成为党和国家最可信赖的依靠力量,成为坚决贯彻执行党中央决策部署的重要力量,成为贯彻新发展理念、全面深化改革的重要力量,成为实施"走出去"战略、"一带一路"建设等重大战略的重要力量,成为壮大综合国力、促进经济社会发展、保障和改善民生的重要力量,成为我们党赢得具有许多新的历史特点的伟大斗争胜利的重要力量。

首先,坚持党对国资国企改革的政治领导,保障国家方针政策、重大决策在国有企业贯彻执行。习近平总书记强调"国有企业党组织要发挥领导核心和政治核心作用,归结到一点,就是把方向、管大局、保落实"①。在新形势下,国有企业作为国家重大战略部署的"领头羊",承担着重大的社会责任,这就使国有企业面对的挑战更大、难度更高、"诱惑"更多,因此,深化国资国企改革首先就是要坚持党的政治领导。

其次,坚持党对国资国企改革的思想领导,增强国有企业领导人员的党性修养,从而更好地为国家经济大局服务。习近平总书记强调,"党和人民把国有资产交给企业领导人员经营管理,是莫大的信任"②。国有企业的领导人员关系到这个国有企业的发展方向和成败,而国有企业的改革发展又关系到整个国民经济和民生动向,如果这个企业领导人员在思想上没有拧紧"螺丝",势必会导致整个企业的方向"走偏"。因此,要坚持党对于国资国企改革的思想领导,不断提高思想认识水平,提高党性修养,将人民利益放在最高位置,只有如此,国有企业才能更好地服务于国家发展大局和人民生活福祉。

最后,坚持党对国资国企改革的组织领导,完善国有企业内部监督体系,将企业效益和政策执行进行深度有效融合。坚持党对国资国企改革的组织领导,就是要国有企业领导人员的组成和建设,完善相关监督管理体系,保障国有企业在长效、可持续发展的同时,能更好地为国家大政方针和重大战略服务,从而达到深度长效融合。

(二) 通过优化政府职能加强国有资本管控

优化政府职能是加强国有资本管控、深化国有企业改革的内在要求。国有经济管理模式背后体

---

① 坚持党对国有企业的领导[N]. 人民日报,2016 – 10 – 12(004).
② 坚持党对国有企业的领导[N]. 人民日报,2016 – 10 – 12(004).

现的是政府、国有企业以及市场的相互关系,国有经济管理模式的转变实质上是政府、国有企业以及市场相互关系的转变。习近平总书记在党的十八届二中全会第二次全体会议上明确指出:"转变政府职能是深化行政体制改革的核心,实质上要解决的是政府应该做什么、不应该做什么"①。因此,国有经济管理模式真正实现由资产管理到资本管控的转变首先要加快政府职能的转变,进一步优化政府职能,优化政府职能是加强国有资本管控、深化国有企业改革的内在要求。

政府职能是经济理论与实践中最基本也是最具争议的问题之一。西方经济理论对于政府职能的关注和研究由来已久,根据其对政府职能的不同理解主要分为两类,自由主义的政府职能理论和国家干预主义的政府职能理论。古典自由主义认为政府的主要职能是保障个人最大限度的自由权、生命权和财产权等,奉行"管得最少的政府就是最好的政府"。在古典自由主义的代表人物亚当·斯密看来,政府职能应该仅仅是扮演"守夜人"或者"警察"的角色。与古典自由主义有所不同,新自由主义对政府干预社会、经济领域的行为进行了反思,认为政府的职能应尽可能地缩小,"市场的缺陷并不是把问题转交给政府去处理的充分理由"②。新自由主义的典型代表诺齐克从政治哲学的视角出发,强调个人权利是神圣不可侵犯的,政府职能的不断扩大会损害公民个人的权利与自由,并由此提出了最好的国家是"最弱意义的国家",任何企图超越"最弱意义的国家"的政府职能都是不道德的。③ 国家干预主义政府职能理论用"市场失灵"来概括自由主义政府职能理论的缺陷和弊端,在批判自由主义的基础上认为,政府应该积极扩大其基本职能,尤其是扩大其经济职能,对经济进行强有力的实行政府干预。其典型代表萨缪尔森基于"市场失灵",将政府的基本职能定位为确立法律框架、改善经济效率、促进收入公平以及支持宏观经济稳定等。

无论是自由主义的政府职能理论还是国家干预的政府职能理论,它们都是基于政府与市场二元对立的视角来探讨政府的职能,将政府与市场的关系理解为此消彼长的关系。然而这不仅在理论逻辑上经不起推敲,在发展实践中也缺乏客观依据,尤其是对于我国而言,改革开放以来经济社会发展所取得的巨大成就充分证明,社会市场经济能够实现政府与市场的融合发展。

党的十八届三中全会总结国内外长期历史经验,立足于我国经济社会发展实际,对政府与市场关系问题进行了重新定位,提出了使市场在资源配置中起决定性作用和更好发挥政府作用的重要论断,为全面深化改革指明了方向。同时要求必须积极稳妥地从广度和深度上推进市场化改革,大幅度减少政府对资源的直接配置,推动资源配置依据市场规则、市场价格、市场竞争实现效益最大化和效率最优化。将政府的职能主要定位为保持宏观经济稳定,加强和优化公共服务,保障公平竞争,加强市场监管,维护市场秩序,推动可持续发展,促进共同富裕,弥补市场失灵。

因此,应该在党的十八届三中全会关于政府职能定位基本要求下进一步优化政府职能,加强国有资本管控,发展壮大国有经济。首先,明确政府与市场的关系不是此消彼长的对立关系,而是相互协调、互补共生的关系。市场在资源配置中起决定性作用,而不是起全部作用,更不是起否定政府的作用,在强调市场决定作用的同时也要重视更好地发挥政府的作用,科学的宏观调控和有效的政府治理,是发挥社会主义市场经济体制优势的内在要求。其次,"管""控"结合,加强国有资本运作。"管"是以企业管理、资产管理为主的国有经济管理模式下政府的行为逻辑和行为方式,

---

① 习近平关于全面深化改革论述摘编[M].北京:中央文献出版社,2014:52.
② [美]J.布坎南.自由、市场和国家[M].吴良健,等,译.北京:北京经济学院出版社,1988:3.
③ [美]诺齐克.无政府,国家和乌托邦[M].姚大志,译.北京:中国社会科学出版社,1991:155.

"控"是在以资本管控为主的国有经济管理模式下，政府应该将管控结合，加强国有资本的投资运作，放大国有资本功能。具体来说，包括管控国有资本投资方向、提高国有资本运作效率、控制国有资本运营风险等。最后，加强国有资本管控要转变国资委职能。国有资产管理模式下国资委是国有企业、国有资产的管理委员会，而在国有资本管控模式下，国资委要转变为国有资本的管控委员会，其职能主要是管控国有资本投资运营公司，把握国有资本投资方向，实现国有资本保值增值，而非直接管理国有企业。

（三）合理划分国有企业类型，准确界定国有企业功能

国有企业合理分类与准确界定不同国有企业功能是加强国有资本管控的关键，是全面深化国有企业改革的突破口。国有经济管理模式由资产管理转向资本管控的背景下，在分类基础上准确界定国有企业功能就成为加强国有资本管控、深化国有企业改革的关键环节。准确界定国有企业功能既需要从宏观层面进行整体性综合探讨，也需要从微观层面进行局部性具体分析。因此，准确界定国有企业功能应包含两个层面，即宏观层面和微观层面，宏观层面是指国有企业作为国有经济的主体在整个社会和国民经济系统中应该发挥的功能，而微观层面是指基于科学分类基础上不同类型国有企业以及每个国有企业应该具有的功能。

在宏观层面，国有企业的功能主要体现在两个方面。第一，国有企业是社会主义公有制的经济载体。公有制为主体应当是公有制经济为主体，公有制经济居主体地位，国有经济才起主导作用。控制力和影响力，取决于国有资本的主导作用。具体表现在：国有企业作为社会主义公有制的实现主体；国有企业是国有资本的运营主体，通过资本管理实现主导作用；国有企业通过发展混合所有制统率国民经济。第二，国有企业是我国经济社会发展的主导力量。具体表现在：国有企业是调控国民经济的主要手段；国有企业是参与经济竞争、拉动经济增长的主导力量；国有企业是社会责任的主要承担者。

在微观层面。当前国内关于国有企业分类主要有两种思路：第一种思路是在国家层面按照行业领域对国有企业进行分类，如中国央企新闻网将国有企业分为航天军工、石油化工、水利电力、建筑矿业、电信通信、建筑房产等类型。这种分类方式虽然标准明确，但只是简单的行业分类，没有明确体现出国有企业的不同功能，不利于以发挥国有经济功能为主导的战略调整和布局。第二种思路是各地区如北京、上海、浙江等大多将国有企业分为竞争类、功能类和公共服务类。这种分类思路虽然开始探索从国有企业功能角度进行分类，但分类标准仍然比较模糊，体现在具体分类上仍然显得交叉不清，如关于如何区分竞争类和其他类型国有企业的问题，实际上随着我国市场化程度的加深，从一定意义上说，所有的国有企业都要参与市场竞争，都是竞争性的企业。因此，当前这两种分类思路都存在缺陷，这也是长期以来国有企业分类改革争论不休，却难以取得突破性进展的一个重要原因。

国有企业分类与国有企业功能定位二者之间存在交互关系，即国有企业分类是功能定位的前提和基础，国有企业功能定位是分类的标准和依据。因此，应该依据这种思路对国有企业进行分类，在此基础上进行功能定位，即根据国有企业在政治、经济、社会等方面发挥功能的侧重点不同，将其分为政治功能导向型、经济功能导向型和社会功能导向型国有企业。虽然某一国有企业可能兼具不同功能，但总有一种主要功能或者主导功能，这样就将国有企业分类与其功能定位较好地结合起

来,在此基础上,分别界定不同类型国有企业的功能。如政治功能导向型国有企业主要发挥巩固社会主义公有制、为保证社会主义性质和党的执政地位提供制度保障的政治功能;经济功能导向型主要发挥促进社会生产力发展、为实现共同富裕奠定物质基础的经济功能;社会功能导向型国有企业主要发挥促进人自由全面发展、为实现社会和谐提供价值支撑的社会功能。

加强国有资本管控、深化国有企业改革的目的是增强国有资本控制力、带动力和影响力,发展壮大国有经济。国有企业通过战略重组,促进国有企业分类合理化、清晰化,进一步优化国有经济规模和结构,在此基础上准确界定不同类型国有企业的功能,有利于国有资本在不同产业和不同行业的合理配置,激发国有资本活力,提高国有企业经营效率,从而不断增强国有资本控制力、带动力和影响力,发展壮大国有经济。

(四)控制资本投资方向,防止国有资产流失

控制资本投资方向、防范系统性金融风险、防止国有资产流失,是加强国有资本管控深化国有企业改革的基本底线。2020年12月11日中共中央政治局召开会议,分析研究2021年经济工作,第一次明确提出防止资本无序扩张,这为加强资本管控明确了基本底线,同时,也为加强国有资本管控提供了新的方向和思路。为应对挑战、降低风险,必须坚守控制国有资本投资方向、防范系统性金融风险、防止国有资产流失的基本底线。

资本具有两重性,即本然属性和他然属性。资本的本然属性是资本自身所具有的属性。资本自身的属性是资本成为资本其自身所具有的属性,是资本作为自己运动的主体所具有的自己运动的规律性。这种属性表现在资本要不断扩张、变化形态、规避风险、实现价值增值。资本的他然属性是指资本运作的社会主体不同。资本的他然属性表现为资本归谁所有、资本收益分配权属的规定性,这是资本的运作主体在驾驭资本的运动时所表现出来的属性。这是一个双重属性的叠加,如果资本运作主体重视、肯定并利用资本的本然属性,顺应资本运动的规律性,引导资本良性运行,获得合理合法的增值,资本就能在经济社会发展中起到重要作用。因此,资本力量一方面是促进社会生产力发展、提升人类生活水平的强大动力;另一方面,由此建构的资本增殖机器的无限膨胀,又会使人沦入其中,成为失去自身价值而服从资本意志的工具。

以管资本为主的国有经济管理模式对国有资本的运作主体提出了更高的要求。资本运作的主体与资本运动的主体不同,它是运作资本的社会主体,社会主体的目的和利益,是通过对资本的运作,形成资本的运动去实现的。社会主义社会与资本主义社会的区别,不在于有没有资本,而在于资本体现和反映了什么样的社会经济本质。正如马克思指出:"资本不是物,而是一定的、社会的、属于一定历史社会形态的生产关系,它体现在一个物上,并赋予这个物以特有的社会性质。"[1] 社会主义企业的资本运动为社会主义服务,资本主义企业的资本运动为资本主义服务,这是由社会经济系统的性质规定着资本运动的目的所决定的[2]。社会主义市场经济条件下,国有资本运作的主体是国家或者社会通过自己的代表实现运作与经营。国家或者社会通过对国有资本的管理和调控,主导国有资本的运作方式,调控国有资本的运动方向,规避国有资本的运营风险,防止国有资产流

---

[1] 中共中央马恩列斯著作编译局,编译. 马克思恩格斯选集:第2卷[M]. 北京:人民出版社,1995:577.
[2] 王宏波. 资本的双重属性与经济全球化的两种走向[J]. 教学与研究,2002(8):35.

失，使国有资本运动过程及其结果真正为社会主义经济发展服务，这应该是当前加强国有资本管控、深化国有企业改革的基本底线。

具体来说，首先，控制国有资本投资方向。国有资本投资运营要服务于国家战略目标，更多投向关系国家安全、国民经济命脉的重要行业和关键领域，重点提供公共服务、发展重要前瞻性战略性产业、保护生态环境、支持科技进步、保障国家安全。其次，防范系统性金融风险。尽管我国金融市场发展迅猛，金融组织体系不断健全和完善，但是，我国金融市场仍然不稳定，存在发生区域性系统金融危机的可能性，因此，加强国有资本运作，必须注意防范系统性金融风险。为此，一方面，要准确界定中央和地方政府金融监管职责，落实金融监管改革措施和稳健标准，建立健全监管协调机制，同时加强金融基础设施建设，保障金融市场安全高效运行和整体稳定。另一方面，要充分发挥国有大型银行对稳定金融市场、防范金融风险的保障和调控作用。最后，防止国有资产流失。国有资产流失一直以来是国有企业改革过程中需要应对和解决的常态化问题，当前全面深化国有企业改革背景下，加强国有资本管控仍然要坚守防止国有资产流失的底线。为此，中央深改小组第十三次会议通过了《关于加强和改进企业国有资产监督防止国有资产流失的意见》，会议指出防止国有资产流失，要坚持问题导向，立足机制制度创新，强化国有企业内部监督、出资人监督和审计、纪检巡视监督以及社会监督，加快形成全面覆盖、分工明确、协同配合、制约有力的国有资产监督体系。

参考文献：

［1］鲁品越．资本与现代性的生成［J］．中国社会科学，2005（3）．

［2］程恩富．论资本主义和社会主义的混合所有制［J］．马克思主义研究，2015（1）．

［3］王宏波，陶惠敏．国企混改要有利于解放和发展国有企业生产力［J］．马克思主义研究，2017（3）．

［4］习近平．习近平谈治国理政：第1卷［M］．北京：外文出版社，2014．

［5］杨承训．公有制实现形式的实践和理论创新［J］．马克思主义研究，2021（2）．

［6］习近平．习近平谈治国理政：第3卷［M］．北京：外文出版社，2020．

世界资本主义研究

金融理性与金融化世界的生成逻辑

宁殿霞　王晋秀[*]

【内容提要】 金融理性是经济理性的最新表现,在全球化视野中,金融理性所预设的逻辑从根本上讲是推动国际资本流动,在流动中实现时间上、空间上的最大化收益。在国际资本流动中,金融理性竭力避开生产,又竭力参与价值分割,从而使作为死劳动的财富突破了缺乏流动性的束缚而全部流动起来,导致金融资本的引力和集中趋势比以往任何时候都更加强烈。金融化意味着资本分割价值的力度、广度和形式发生了变化,把所有的财富都通约到金融资产中去,而当 $r > g$（资本收益率大于经济增长率）时,财富会源源不断地从欠发达地区流向发达地区,从发展中国家流向发达国家。

【关键词】 金融理性　21世纪资本论　利润率下降规律　金融化世界

自成体系的金融领域一边努力避开生产,一边又把目标指向资源并加以索取,资本金融权力体系的全时空场域随之生成,同时也推动着生存世界的金融化进程。《21世纪资本论》的研究结论 $r > g$ 不仅证明了利润率下降的规律,而且是对金融化世界最现实、最感性的客观表达,其中金融理性的作用不容忽视。作为经济理性在21世纪最高形式的金融理性,其最核心的偏好就是不经过生产而直接分割剩余价值。在资本金融权力体系的全时空场域中,金融理性能够推动资本权力实现位移。

---

[*] 宁殿霞,女,西北工业大学马克思主义学院副教授、博士生导师,复旦大学中国研究院博士后,主要从事经济哲学、中国特色社会主义政治经济学研究;王晋秀,女,西北工业大学马克思主义学院博士研究生,主要从事马克思主义政治经济学研究。基金项目:本文系国家社科基金项目"资本金融化的深层原理与表层现象"（项目编号:22FZX008）的阶段性研究成果。

一、从经济理性到金融理性——从《国富论》谈起

(一)《国富论》的经济理性及其启示

经济理性伴随西方经济学的发育而发展。经济理性是西方经济学的理论原点,这一核心概念来自近代经济学鼻祖亚当·斯密于1776年著述的《国富论》(又作《国民财富的性质和原因的研究》)一书,他基于《道德情操论》的研究,凭借对人的经济行为及其本性的查审,得出每个在市场中从事经济活动事务的现代人都具有利己心,由此抽引出"理性经济人"的概念以及由理性经济人经济活动组成的市场体系。每个人的利己心与市场之"看不见的手"①互相反馈,形成自由竞争的市场机制,并以此推进社会财富的客观增长,使整个社会的财富增加。亚当·斯密这一"理性经济人"的论点作为西方经济学的理论假设,即使在200多年后的今天,依然在经济学尤其是西方经济学中占据重要地位,在逻辑上起支撑作用,在方法上起原则作用。

现代性思想的首创者马基雅维利指出"质料是可以改变的"。其实,现代文明就是质料的文明,是关于质料的生产与再生产的文明,亚当·斯密把质料反转为一系列范畴,如分工、生产、交换、分配等都是在质料的基础上存在并展开的。"理性经济人"的教条预设并实现了四个方面的转变:所有人转变为经济人——即为利益撕咬的"狼";整个社会转变为市场——物欲横行的原始丛林;所有存在转变为资源——资本垄断一切;所有社会关系转变为货币关系——金钱支配一切。这一教条奠定了以经济个人主义为基调的经济理性及其理论根基,而且通过"看不见的手"实现有机统一,这一理论对基于个人主义的经济理性概念及其内涵的揭示具有深刻意义。基于这一经济理性基础之上的现实的经济生活、政治生活、文化生活中生成的人与人之间的社会关系,构成了现代经济社会的真实图景。亚当·斯密正是从西方现代性代表人物马基雅维利所倡导的从"人事实上如何活着"出发,把目光降到现实的人的世俗生活之中,他的"理性经济人"概念正是现代市场经济条件下承担生成社会关系之自由交换的人们,他把市场经济中所有从事交换活动的个人都抽象为具有理性思维的"经济人",他们的所有经济行为,甚至包括伦理、爱情、亲情都遵守出于自身利益打算的"经济理性"原则。经济理性所内含的世俗性力量攻无不克,无坚不摧,它把"宗教的虔诚、骑士的热忱、小市民伤感等情感的神圣发作,淹没在利己主义打算的冰水之中"②。而且,在经济理性视域中,"经济是以严格的核算为基础而理性化的,以富有远见和小心谨慎来追求它所欲达的经济成功……资本主义精神的发展完全可以理解为理性主义整体发展的一部分,而且可以从理性主义对于生活基本问题的根本立场演绎出来"③。在经济理性的作用下,信仰支配世界逐渐演绎为欲望支配世界,原来依靠等级制度、伦理、宗族等维系的社会结构不知不觉地退出了神殿,被人们以理性化算计的经济生活、政治生活和文化生活所取代。在这种背景下,生产变为商品生产,生产的目的从过去为了自身的衣食住行反转为市场交换,卖出去成了生产的目的,这种生产目的的转换与经

---

① [英]亚当·斯密. 国民财富的性质和原因的研究:下卷[M]. 郭大力,王亚南,译. 北京:商务印书馆,2009:30.
② 中共中央马恩列斯著作编译局,编译. 马克思恩格斯文集:第2卷[M]. 北京:人民出版社,2009:34.
③ [德]马克斯·韦伯. 新教伦理与资本主义精神[M]. 于晓,等,译. 北京:三联书店,1987:55-56.

济理性的诞生属于同一过程的两个产物。"在经济理性的指导下,生产必然是被商品交换所支配,它必然被在一个自由的市场上进行交换这一原则所驱使。"① 在法国学者安德烈·高兹看来,经济理性支配具体经济活动随着时间的推移而不断加强,这是哈贝马斯"认识—工具理性"的特殊形式。人们热衷于精算,习惯于用金钱作为衡量一切价值的标准,沉迷于用"成本—利润"审视一切经济活动乃至生活的全部,这都是经济理性支配下的现代社会的独有特征。总之,经济理性是追求个人利益最大化的一种思维范式,它植根于现代经济制度的土壤之中,质料因层面的理性经济人是资本的人格化,经济理性以现代市场经济的主导性原则占据支配地位。

(二) 从经济理性到金融理性

目前,虽然金融理性高度盛行,但关于金融理性研究的文献并不是很多,且尚未形成体系。国内研究金融理性最早的是王西华,他用金融价值理性来构建金融理性人概念,认为"金融的价值理性是指金融理性人作为有限理性的投资人,要进行正确的金融投资,必须坚守价值投资的理念,把投资决策建立在对投资目标物合理价值的科学评估上,而不是建立在盲目的非理性的投机上"②。就 21 世纪的金融化世界而言,他们所描绘的金融理性有着更深层次、更广范围的意蕴:首先,确立投资对象,即确立投资金融产品的价值理念,甚至是确立空套空的投资理念;其次,金融理性无论从空间上还是从时间上,都力争实现利润最大化;再次,金融理性保持对金融产品投资对象价值失真的警惕和理性判断,即规避风险。金融理性最核心的偏好就是不经过生产而直接分割剩余价值,一旦可以避免"不得不进行的倒霉事"且能获取更大剩余,就会有巨大的力量向这一目标汇聚而来。当社会财富达到一定程度时,马克思时代的货币资本逐渐积累、壮大,形成庞大的"剩余价值池",不经过生产直接分割剩余不仅成为可能,而且成为现实,并为全球化、金融化提供物质基础和力量源泉。当经济的运行模式超出既有的生产界限并以资本金融为主导时,经济理性上升为更精妙的金融理性。生产之外的财富经过资本化,从存量转变为流量,进入流通领域,原来对财富进行管理的经济理性逐渐演化为金融理性。金融理性是经济理性在 21 世纪的金融化世界中的具体表现形式,是经济理性的最新形式也是最高形式。金融理性在更广阔的时间、空间与历史视野中具有更高的管控水平,成为亚当·斯密经济理性的升级版。

20 世纪 70 年代金融化以来,金融领域所运行的财富无论在量值上还是流速上都已远远超过工业资本所创造的财富之和。"产业资本是圣父,它生下商业资本和银行资本作为圣子,而货币资本则是圣灵。它们是三位,但在金融资本中却是一体的。"③ 作为资本高级形态的金融资本是形成金融化世界物化社会关系的基础,从服务生产到统治生产,造成金融资本自身的物化与异化。层出不穷的金融衍生品通过开启人的欲望,调动一切力量而创造流动性,并不断突破资本自身的界限,致使金融化程度不断加深,人与人的依赖性不断加强,却又越来越疏离。金融衍生品的开发不单单是一个技术层面的金融创新,而是社会制度层面的一个导向,更是社会关系再生产的绝对力量和总体方向。21 世纪的财富越来越通过债权—债务的形式表现自身。金融的原本目的意在促进实体经济发展、增加公共设施建设、提高人民生活水平等,其手段是负债,通过实体经济的负债兑取实体经济

---

① See Gorza. Critique of economic reason[M]. London and New York: Verso, 1989: 111.
② 王西华,等. 系统思维与金融理性的科学建构[J]. 系统科学学报, 2010(3): 43.
③ [德]希法亭. 金融资本[M]. 福民,等,译. 北京: 商务印书馆, 1994: 247.

领域创造的剩余价值，在金融的程序上表现为利息、红利、资本收入等形式。金融正是通过这种形式不断吮吸着实体经济领域创造的剩余价值。因此，"这种模式的金融化在资产负债表的负债项上采取的是反财富的形式"①。

金融一方面与实体经济保持着密切关系，一方面又形成一个"自循环"的系统，更为重要的是，这一系统正在更为广阔的层面上再生产着社会关系。各种各样的金融产品使得原本相对独立的行业和领域也逐步沦陷，成为资本金融体系的囊中之物。在金融化视域中，各行业、各领域的界限逐渐模糊，实体财富与金融财富的界限逐渐模糊，所有的财富在某种程度上都成为债务意义上的一个数据度量，而且劳动者的偏好也逐渐趋向于金融的逻辑。一切价值都可以通过各种各样的金融合约通约到一个可计算的货币概念上，在金融化进程中"一切等级的和固定的东西都烟消云散了"②。随着金融对社会关系的整合与再生产，人们相比之前不仅有了鲜明的财富观念，而且在不断加强对最大化利益的追逐。股票、期货、基金、期权等金融产品与金融工具逐渐成为现代人生活中普遍持有的财富形式和财富手段。互联网金融与人工智能使各种交易触手可及，人人都成为金融人已不再是一种幻想，似乎人人都可以成为金融合约的签订者、剩余价值的算计者、金融利润的分享者，高度理性化的金融交易与人的生命过程高度叠加，最终达到金融内化，形成了人们共同的行为准则和心理习惯。金融理性内化为无形的精神力量，成为人们无法抗拒的思维程式，它是经济理性在金融化世界的高度发展与真实显现。

（三）从金融理性到国际资本流动

在全球化视野中，金融理性所预设的逻辑从根本上讲是推动国际资本流动，在流动中实现时间上和空间上的最大化收益。在金融化世界中，资本金融体系的运作并没有改变资本的本质，却改变了资本的形态和占有剩余的能力，而且是巨大改变。

首先，资本在时空叠加条件下进行全球范围内的自由流动。正是这种资本流动实现了全球化，并使人类的生存时空相比过去出现了前所未有的叠加。大数据、互联网金融的迅猛发展使全世界的人们前所未有地紧密联系在一起。生活在当今社会，人们在不断地与国际接轨的过程中越来越感觉到各国人民在生活方式上的趋同以及在观念上的包容与接纳。事实上，全球化的现实是资本，尤其是金融资本攻城略地的结果，是资本与精神互动的结果，因为"无论如何也不能阻挠商业和金融全球化令人惊叹的进程"③，这样的国际环境为资本流动提供了畅通无阻的流通渠道。

其次，金融化只改变了资本的形态，从本质上并没有改变资本分割剩余价值的秉性，而且分割剩余价值的模式和程度得到了强化。在空间上，全球化作为资本扩张的结果为资本在全球范围内分割剩余价值创造了有利条件。在时间上，金融全球化不仅把现有的价值，而且把包括过去积累的和未来可能创造的价值（甚至包括没有可能出现的价值）全部融入国际资本金融体系，并在这一体系中进行财富再分配。就财富分配而言，资本金融化是资本在全球范围内分割剩余价值的最有效手段。总之，资本金融化不仅是最佳资源配置手段，更是最大化占有全球剩余的最佳手段。就资本的本性而言，21世纪资本追求最大化剩余价值的秉性没有改变，但是资本分割（占有）剩余价值的

---

① [美]赫德森. 从马克思到高盛：虚拟资本的幻想和产业的金融化：上[J]. 国外理论动态,2010(9):4-5.
② 中共中央马恩列斯著作编译局,编译. 马克思恩格斯文集：第2卷[M]. 北京：人民出版社,2009:34-35.
③ [法]皮凯蒂. 21世纪资本论[M]. 巴曙松,译. 北京：中信出版社,2014:518.

深度和广度均发生了深刻变化。也就是说,金融化无论在时间上还是空间上都放大了"最大化"占有剩余的权力。我国有环境学家在讨论生态危机时提出,"不要过分陶醉于我们人类对自然界的胜利。对于每一次这样的胜利,自然界都报复了我们"。"人类已成为一股可与火山爆发相提并论的自然破坏力",因为"敌人就是我们自己"。这一比喻极其形象和准确。在金融化世界中,环境学家眼中的现代工业文明社会所预示的"自然之死"似乎找到了缓解的办法,然而这种办法只是把资源高消耗型产业从发达国家转移到发展中国家,从发达地区转移到欠发达地区,这一转移过程与资本流动同步发生,抑或就是通过资本流动来加以实现,国际资本金融体系也正是在这种流动中逐渐生成,而这种资本流动就是金融理性最重要的结果之一。国际资本流动是金融理性显现自身的现象。国际资本流动会带来什么后果呢?国际资本在流动中实现最大化收益的途径又是什么呢?

二、从历史时间到金融空间——从《资本论》谈起

(一) 历史时间聚集与资本集中

我们所生存于其中的这一感性世界并不是盘古开天地以来就一直存在的、亘古不变的,而是机器工业和由此而生的社会关系的产物,是历史的产物,是一代人又一代人生产活动的结果,"其中每一代都立足于前一代所奠定的基础上,继续发展前一代的工业和交往,并随着需要的改变而改变他们的社会制度"[1]。历史时间就是指世世代代活动积累起来的结果,这个结果不仅包含代表生产力的物质条件,也包含代表生产关系的生活条件。就整个社会而言,这个条件是指特定社会的所有物质财富与精神财富,说到底,就是我们"周围的感性世界",这个感性世界从显微解剖学的层面讲就是历史时间的集聚。

资本流动与货币经营业务密不可分。"社会总资本这样分散为许多单个资本,或它的各部分间的互相排斥,又遇到各部分间的互相吸引的反作用。……资本所以能在这里,在一个人手中大量增长,是因为它在那里,在许多人手中丧失了。"[2] 这种货币资本的集中对金融化的意义重大。货币经营者的特殊职能及其特殊业务所发展起来的资本流动是今天金融化世界逐渐生成的重要因素,其结果在于使资本集中于资本金融体系之中,并由极少数金融巨头所左右。"资本吸引资本的规律"[3] 决定着金融的整体性趋向。一方面,自由竞争总是使许多较小的资本垮台,要么因资本内在否定性而消失,要么汇入大资本之中;另一方面,一种叫作信用的事业随着资本主义生产而逐步形成。起初,这种被称作信用的东西不声不响地帮助资本实现积累,它以无孔不入的能力竭尽全力吮吸所有可吮吸的货币资金至资本家手中,如今资本金融体系已经变成一个实现资本集中的具有压倒性权力的社会机构,它作为资本总体性的一个新生器官,在不声不响之中长出,而且,这个新器官的功能通过"看不见的腿"而无处不至。与此同时,竞争和信用作为资本集中的两个最强有力的杠杆,支撑着资本的行走方向。

---

[1] 中共中央马恩列斯著作编译局,编译. 马克思恩格斯文集:第1卷[M]. 北京:人民出版社,2009:528.
[2] 中共中央马恩列斯著作编译局,编译. 马克思恩格斯文集:第5卷[M]. 北京:人民出版社,2009:721-722.
[3] 中共中央马恩列斯著作编译局,编译. 马克思恩格斯文集:第5卷[M]. 北京:人民出版社,2009:722.

(二) 资本集中与金融的绝对制控权

国际资本流动导致金融资本的引力和集中趋势比以往任何时候都更加强烈。资本集中与资本积聚在金融化世界中有着明显差异。资本积聚是扩大再生产的另一种表现形式，而资本集中则可以只通过改变既有资本的所有权形式来实现。资本在单个人那里的大量集中意味着在很多人那里的失去。而且生产领域的资本集中是有界限的，如一个生产部门全部资本融合为一个单个资本时、一个社会中社会总资本集中在唯一的资本家手中或集中在唯一的资本家公司手中时，资本集中就达到了极限。但是，金融领域的资本集中似乎没有极限，这种集中在金融化世界中演绎得淋漓尽致，这种集中不仅补充了资本积累的作用，而且使金融资本占据压倒性优势，因为它可以攻破各种社会关系的内聚力，并重新把各种力量吸纳到自己的系统之中，从而成为强大的引力中心。不是金融资本自己要集中，而是金融资本在引力中心的作用下不得不集中，而且金融资本集中并不是简单的、机械的集合，与金融资本集中同在的是金融权力的聚变。随着金融资本集中的不断推进，原来的货币，作为零散的、碎片的权力被不断地集中起来，最终形成了独立于产业资本而存在的资本金融体系，而且这一体系对以产业资本为依赖的实体经济形成绝对制控权。

(三) 金融理性与金融空间生成

金融理性最需要的就是如何避开"不得不进行生产的倒霉事"，而让金融资本作为一种权力直接分割剩余价值，金融资本虽然可以避开"倒霉事"，但是避不开分割价值的相关程序，这一程序需要金融理性顺着引力作用方向进行精心构建。首先，今天的金融领域沉淀着巨量的货币资本，运作着指数式的交易额，而且它在某种程度上可以脱离实体经济而独立存在，表面上看甚至已完全自成体系。其次，金融空间生成的动力机制分析。为了避开生产创造金融程序。再次，金融理性背后资本权力的指向——资源。第一环节，索取权对现有财富的索取；第二环节，索取权对未来财富的索取；第三环节，索取权的最终指向——资源（自然资源、制度资源、人力资源三种自然力）

"整个所谓世界历史不外是人通过人的劳动而诞生的过程，是自然界对人来说的生成过程。"[1]历史时间在某种意义上就是历史上所有人的生命时间，即无差别人类劳动的凝结，也即抛去消耗的必要劳动而余下的剩余劳动的凝结。这种时间作为一种市场权力，是一种索取权，资本金融在服务大众的同时更是索取剩余的工具，金融空间是实现这种索取权的中介。如果说马克思《资本论》是研究实体经济实体价值生产过程及其运行规律的理论，那么，资本金融体系所架构的金融领域的时间生产与空间生产及其运行规律是我们绕不开的重要课题。21 世纪的世界经济已经不再单单是实体经济价值生产，而是实体经济价值生产与非实体经济价值生产共同构筑的经济世界。《信用价值论》的作者蔡定创提出，这是一个"'双轮经济'构架结构。……实体经济价值生产的基础上已经生长出了一个全新的信用价值生产体"[2]。虽然他的观点还值得进一步商榷，但是他对信用的高度重视值得我们借鉴，因为信用在金融化进程中的决定作用已不容忽视。毫无疑问，信用已成为空间生产不可或缺的构件，抑或信用本身就是空间生产的结果，因为在资本金融体系相对独立并且对实体经

---

[1] 中共中央马恩列斯著作编译局，编译. 马克思恩格斯文集：第1卷[M]. 北京：人民出版社，2009：196.
[2] 蔡定创. 当代信用价值理论概述[J]. 中国集体经济，2014(11)：70.

济构成重要影响的金融化时代,金融叙事能够转变为物化存在的根本条件就在于信用体系,抑或信用也是实体经济基础上的一种叙事,信用机制是金融理性的一个方面。至于蔡定创先生如何将作为空间生产条件的信用当作"虚拟经济信用价值生产系统"中的一个概念进行"双轮经济"的构架,则不是本文研究的重点。

三、资本收益率高企与利润率下降规律
——从《21世纪资本论》谈起

(一)"《21世纪资本论》之谜"与资本收益率高企:皮凯蒂的观点及其逻辑

自2013年以来,法国经济学家皮凯蒂的著作《21世纪资本论》在国内外引起强烈反响,他用庞大的历史数据进行统计分析,得出 $r>g$(资本收益率大于经济增长率)的研究结论,认为贫富差距是市场经济发展的必然结果,揭示了21世纪比19世纪更加不平等的特征,即承袭资本主义的到来。学界对这一著作及其结论褒贬不一,赞成之声与反对之声不相上下,但是无论如何他的三点贡献是毋庸置疑的:一是他"用自己的实证的方法证明了马克思利润率下降规律的科学性";二是他揭示了21世纪更加不平等的事实;三是他揭示了21世纪资本金融化的时代特征。本质与现象之间总是存在一定的差距。在《21世纪资本论》中,皮凯蒂从利润率下降规律的两个方面旗帜鲜明地批判了马克思:一是他认为马克思研究利润率下降规律时没有关注生产率的提高,从而陷入"无限积累原则"的误区。二是他以资本收益率持续4%~5%甚至高企等同于马克思的利润率趋向下降,从而认为马克思的利润率下降规律是一个被证明了的错误的历史预言。在著作导言中,皮凯蒂认为马克思的主要结论可以被称为"'无限积累原则',即资本将不可逆转地不断积累,并最终掌握在一小部分人手中,是一个没有天然界限的过程"①。他认为这就是马克思预言资本主义终将灭亡的分析依据:"资本收益率稳步降低(这样将遏制资本积累,并导致资本家之间的激烈冲突),或是资本收入在国民收入中的比重无限制地增长(这迟早将变成工人运动的导火索),无论发生何种情况,社会经济均衡或政治稳定都将变成奢望。……同李嘉图的预言一样,马克思的悲观预言也没有实现。"②"马克思完全忽视了持久技术进步的可能性以及稳定增长的生产率,这在一定程度上可以作为平衡私人资本积聚进程的重要因素。无疑他缺乏足够的统计数据去支撑他的预言。他决定于1848年发表这一论断时可能承受了极大的压力,也就是在为了证明其结论开始着手进行必要研究之前。显然,马克思在以极大的政治热情进行写作,这从他偶尔做出的轻率声明中可见一斑。"③"马克思主义者的研究尤其强调利润率会不断下降——一个被证明是错误的历史预言,尽管这其中确实包含了有趣的直觉判断。"④ 在"对马克思和利润率下降的反思"一节,皮凯蒂更是展开了集中批判:

---

① [法]皮凯蒂. 21世纪资本论[M]. 巴曙松,译. 北京:中信出版社,2014:10.
② [法]皮凯蒂. 21世纪资本论[M]. 巴曙松,译. 北京:中信出版社,2014:10.
③ [法]皮凯蒂. 21世纪资本论[M]. 巴曙松,译. 北京:中信出版社,2014:10.
④ [法]皮凯蒂. 21世纪资本论[M]. 巴曙松,译. 北京:中信出版社,2014:53.

"马克思没有使用数学模型，而且他的文章并非总是清晰明了，所以我们难以确定他内心真实的想法。"① "在此之前的 19 世纪和 20 世纪初的所有经济学家，包括马克思，都没有明确认同和表述过生产率持续增长②带动结构性增长的想法。在那个时代，这是一个隐性假说，即产量的增长，尤其是制造业产量的增长，可以主要解释为产业资本的积累。换言之，产量之所以增长，只是因为每个工人得到了更多机器和设备的支持，而不是因为（在特定劳动和资本条件下）生产率本身提高了。今天我们知道，只有生产率提高了，长期结构性增长才有可能。不过，由于缺乏历史视角和可靠的数据，这个道理在马克思时期并非显而易见。"③ 总之，皮凯蒂认为马克思的利润率下降规律是一个被证明了的错误的历史预言。他对马克思的尖锐批判甚至意欲全盘否定而后快的言辞激活了诸多马克思主义研究者的兴奋点，他们认为马克思的理论不可能轻易被驳倒，同时他们也感觉皮凯蒂有强大的数据库做支撑，从而有足够的说服力。于是他们在二者之间寻找一定的内在联系，试图使这一"矛盾"得到"和解"。但事实上，矛盾并不存在，而和解也没有可能。"因为皮凯蒂对利润率下降规律的否定纯属误判。这一误判事实上使他站到了自己研究结果的对立面，在否定马克思的同时也否定了自己。只要这一误判被揭晓，二者的矛盾就不存在了，学术界所做的和解的努力也就没有了前提。这一误判的根源在于'利润率（即资本收益率）'构成的《21 世纪资本论》之谜。"④

（二）利润率下降规律与皮凯蒂的疏漏

马克思《资本论》第 3 卷的利润率下降规律⑤是马克思唯物史观从天才设想走向科学的重要理论依据之一，如果否定了这一规律，也就相当于否定了唯物史观，也就相当于否定了马克思的所有理论。然而事实却如此微妙，从《资本论》第 3 卷出版至今，对利润率下降规律的质疑从未停止，尤其是近年来，随着马克思主义研究的进一步深入、信息技术的进一步发展、经济统计数据的进一步完善等，这一讨论既有了庞大的统计数据支撑，又有了 MEGA2 的文本支撑，还有了庞大的学术研究队伍的支撑，从而使新的论据更加咄咄逼人，新的结论看上去也更加逼真。学者们质疑这一规律的观点总体上分为三个方面：不确定论、下降论和上升论，其中皮凯蒂的《21 世纪资本论》成为上升论的最新典型代表，他以 20 世纪 80 年代以来大部分国家"利润率（即资本收益率）"⑥呈上升趋势的事实否定了利润率下降规律，但这只是他的主观判断。我们且不管他在否定马克思时用了什么样的具体论述，主要考察"利润率（即资本收益率）"。在这里皮凯蒂作了一个极其大胆的对接，把他的重要概念——资本收益率与马克思的重要概念——利润率直接画了等号，在中文版中一个"即"字泯去多少恩仇，又制造了多少恩仇。这可谓皮凯蒂误读，从而误判马克思利润率下降的原点；也是他误导诸多研究者，抑或是研究者误解他的关键点；也是他对与错的核心转折点。——《21 世纪资本论》之谜的谜面就在这里。正是这个谜造成国内最早一批研究者以为这两个概念是完全等同的，并在皮凯蒂与马克思的不同结论之间寻求和解的路径。这里必须强调的是，

---

① ［法］皮凯蒂.21 世纪资本论［M］.巴曙松,译.北京:中信出版社,2014:231 - 232.
② 本文"生产率持续增长"与"生产率提高"内涵完全一致，在皮凯蒂那里也是，字面表述不同只是翻译的原因。
③ ［法］皮凯蒂.21 世纪资本论［M］.巴曙松,译.北京:中信出版社,2014:232.
④ 宁殿霞.破解《21 世纪资本论》之谜——皮凯蒂对马克思的误解及其辨正［J］.当代经济研究,2015(9):56.
⑤ 一般利润率趋向下降规律在学术界简称为利润率下降规律。
⑥ ［法］皮凯蒂.21 世纪资本论［M］.巴曙松,译.北京:中信出版社,2014:231.

皮凯蒂的资本收益率并不是马克思的利润率。皮凯蒂资本收益率与利润量的关系。从前文分析明确得出，皮凯蒂的资本收益是一个具体的收入"总值"，是已经增殖的资本价值复归点上的确定结果，我们可以确切地说，这个资本收益其实是一个可计算的量。而资本收益率无非是具体的收入"总值"的百分比。让我们掀起资本收益率这个概念的"率"的盖头，看看它和谁更有家族相似性？不是别的，正是"利润的实体的量"①。资本收益率是"利润的实体的量"的百分比。除去皮凯蒂与马克思的研究对象——"资本"概念的内涵的一切不同，除去他们的研究方法的一切差异，皮凯蒂的资本收益率事实上与马克思的利润量相关，而绝不是利润率。也就是资本收益率与利润量朝着同一个方向运动，而趋向下降的利润率则与之相反。

（三）利润率和资本收益率的关系

资本收益率高企是利润率下降规律作用的必然结果。利润率下降规律与资本收益率高企同出而异名，$r>g$ 是对利润率下降规律的证明。虽然皮凯蒂与马克思的研究对象——"资本"概念的内涵有着重大差异，甚至皮凯蒂对这种"抽象的经济条件的假设、经济因素的取舍、经济范畴的鉴定和经济变量的使用，都没有做任何交代"，但是不管他们在内涵上有多大差距，就分割剩余价值的本质而言是一致的。与之相适应的，也就是资本收益率和利润量是同一方向运动的、有着共同本质特征的两个可计算的数值，是"历史性的事实"②；而利润率则是朝着与两者运动方向相反的一种"逻辑上的必然趋势"③，这一必然趋势带有一种势能，是一种看不到的冲动，但有一个概念像影子一样伴随着它，那就是社会生产力的发展，从而促进生产率的提高。

用历史的眼光来分析，皮凯蒂用数据实证地展示了当今世界发达国家的不平等，得出 $r>g$ 的研究结论，揭示了承袭资本主义时代的到来。r 就是持高不下的资本收益率，实质上就是庞大的资本收入总值的百分比。皮凯蒂最担忧的是什么呢？就是 $r>g$ 的持续与进一步分化，尤其是继承遗产所带来的不平等。而资本的收益、被继承的遗产又是什么呢？不是别的，正是历史上一次又一次积累的利润或剩余价值或剩余劳动的一部分。《资本论》问世100多年以来，社会生产力发展从而生产率的提高是不言而喻的。与此相适应的利润量从而剩余价值、剩余劳动的积累会是什么样的呢？皮凯蒂的资本收益率是相对于经济增长率的一个比值，是与经济增长率相比之后的一个"实质性的量"，也即他所谓的"资本收入总值"。这个历史性的事实，在资本主义生产方式条件下，当然包括庞大的、在现有的法律制度框架内可供继承的遗产，而这些遗产全部来自过去某一段时间的剩余价值的积累。所以皮凯蒂对马克思利润率下降规律的否定不仅没有真正否定这一规律，反而从另一方面证明了这一规律。

（四）《21世纪资本论》的研究结论（$r>g$）：金融化世界的深刻表达

皮凯蒂在《21世纪资本论》中指出，"金融资产与非金融资产的界限可能并不清晰。"④ 这是金融化世界最现实的、最感性的表达：首先，金融化最锋利的武器就是价值通约性，它能把所有的

---

① 中共中央马恩列斯著作编译局，编译. 马克思恩格斯文集：第7卷[M]. 北京：人民出版社，2009：166.
② [法]皮凯蒂. 21世纪资本论[M]. 巴曙松，译. 北京：中信出版社，2014：361.
③ [法]皮凯蒂. 21世纪资本论[M]. 巴曙松，译. 北京：中信出版社，2014：361.
④ [法]皮凯蒂. 21世纪资本论[M]. 巴曙松，译. 北京：中信出版社，2014：124.

资产都折合到一个可计算的数字概念，甚至包括还没有真正出现的资产也能通约在其中，也就是把所有的财富都通约到金融资产中去。其次，皮凯蒂用财富来定义资本是这一价值通约性的最深刻表达。他的研究对象——资本："为了简化文字，我这里使用的'资本'与'财富'含义完全一样，两个词可以相互替换。"① 有学者认为这是皮凯蒂在偷换概念，因为在经济学中资本属于流量，而财富属于历史某一时刻的存量，根本不可等同。然而，笔者以为这不仅不是偷换概念，反而是金融化世界中资本概念内涵的准确界定和真实体现。再次，金融化意味着资本分割价值的力度、广度和形式发生了变化，此时的资本可能并不参与生产而直接分割剩余，皮凯蒂的资本正是执行价值分割权力的财富。最后，资本在全球范围内的流动意味着在全球范围内分割剩余价值，而且当 $r > g$（资本收益率大于经济增长率）时，财富会源源不断地从欠发达地区流向发达地区，从发展中国家流向发达国家。如果说19世纪是以产业资本为主导的世纪，那么，21世纪将是以金融资本为主导的世纪。其实，财富这个存量是受法权保护的历史某一时刻的剩余价值从而剩余劳动，这个原本作为存量的财富在金融资本尤其是金融衍生品盛行的21世纪突破了缺乏流动性的束缚而全部流动起来，造成了皮凯蒂所谓的"资本收入的不平等：极端不平等"②。造成21世纪不平等加剧的根源在于：这些由存量转变而来的资本原本不创造价值，因为"剩余价值的唯一源泉是活劳动"，③ 然而它却能通过资本化进入市场，行使放大了的资本权力，分割比劳动收入的量大得多的剩余价值。所以皮凯蒂把资本等同于财富，真实反映了21世纪金融化的经济现实及其时代特征。

四、结语

归根结底，金融的作用不外乎以下两个层次：其根本目的是推动资本总体性的趋势性作用，把世界网络到资本的体系之中；其核心手段是以再分配为抓手，通过激活、调动人的欲望，使其为资本总体性服务，构建一个国际资本金融体系与人类命运共同体相对立的现代生存世界。具体分为三个方面：一是人的自由的历史趋向，激活、开发、推动人的欲望；二是资本通过支配人的劳动能力完成资本总体性，生成越来越庞大的资本有机体；三是构建一个全时空的资本金融运作场域，把整个人类生存世界变成一个金融化的世界。

参考文献：

[1] [英] 亚当·斯密. 国民财富的性质和原因的研究：下卷 [M]. 郭大力，王亚南，译. 北京：商务印书馆，2009.

[2] 宁殿霞，林晓宁. 金融化世界中的生产劳动 [J]. 当代经济研究，2020 (12).

[3] 宁殿霞. 金融化世界中的非生产劳动 [J]. 经济纵横，2020 (11).

[4] [德] 希法亭. 金融资本 [M]. 福民，等，译. 北京：商务印书馆，1994.

[5] [美] 赫德森. 从马克思到高盛：虚拟资本的幻想和产业的金融化：上 [J]. 国外理论动态，2010 (9).

---

① [法]皮凯蒂.21世纪资本论[M].巴曙松,译.北京:中信出版社,2014:47.
② [法]皮凯蒂.21世纪资本论[M].巴曙松,译.北京:中信出版社,2014:261.
③ 中共中央马恩列斯著作编译局,编译. 马克思恩格斯文集:第7卷[M].北京:人民出版社,2009:167.

［6］宁殿霞. 金融化世界中的金融理性与资本权力脱域［J］. 学术论坛，2020（4）.

［7］［法］皮凯蒂. 21世纪资本论［M］. 巴曙松，译. 北京：中信出版社，2014.

［8］宁殿霞. 方法论批判视域中的"利润率下降规律之谜"［J］. 西安财经大学学报，2021（5）.

政治正确、身份政治与美国社会的撕裂

尹帅军*

>【内容提要】政治正确、身份政治是美国最为敏感的话题,也是引发当前美国社会撕裂的重要因素之一,它们发端于民权运动,但却修正、篡改了民权运动的理念。政治正确、身份政治理论虽然比种族主义等理论更先进、进步,但其主要历史和现实意义却不在此。政治正确、身份政治与新自由主义的叠加,是对美国的马克思主义革命派,也是对资产阶级改良派的消解。在一定程度上,政治正确与反政治正确所造成的可控混乱、可控撕裂,是帝国统治所必须付出的代价。不过事物都是辩证的,而且事物的发展转化常常会走向其初衷的反面,政治正确、身份政治的发展导致了今天美国社会的严重撕裂,且这种撕裂并不会以拜登政府等企图加以弥合的意志为转移。
>
>【关键词】政治正确 身份政治 新自由主义 马克思主义 美国撕裂

政治正确、身份政治是当下美国最为敏感的话题,也是导致当下美国社会撕裂的重要因素之一。2016年、2020年美国大选中民主党与共和党在相关问题上的激烈交锋就是例证。民主党是政治正确、身份政治的领导者,共和党则是反政治正确的领导者。民主党拜登政府的部长级名单中有多人是同性恋,拜登上任伊始就签署法令恢复了被特朗普政府废除的"男女同厕案",心理上自认为是女性的男人可以进入女厕所。拜登政府要求学校必须允许跨性别人士参与女性体育比赛,否则断绝联邦政府给予的教育经费;谋求实现全美大麻合法化;等等。以上这些都是政治正确、身份政治的产物。虽然拜登赢得了大选,但是民主党众议员史蒂夫·科恩(Steve Cohen)指出,"国民警卫队大约90%是男性,且只有大约20%的白人男性投票给拜登。在国民警卫队中,大多数人是保守派……真正想保护拜登的人可能不到25%,另外75%都是想对拜登做点什么的人"[①]。

为何这种造成国家混乱和撕裂的主张能成为民主党的施政纲领?深层次原因何在?主张政治正确、身份政治的人群经常被称为左派、白左、进步派,站在推动历史进步的角度,这些主张算不算

---

* 尹帅军,男,中国社会科学院世界社会主义研究中心特约研究员,主要从事国际战略研究。
① Trump Supporters in National Guard Might 'Do Something' to Biden, Dem Congressman Says[EB/OL]. [2020-01-18]. https://www.foxnews.com/politics/dem-congressman-trump-supporters-national-guard-something-biden.

进步？它们已经导致西方尤其是美国社会的撕裂，未来会如何演变？

一、厘清关于西方政治正确、身份政治概念的认识误区

政治正确、身份政治是比较新的政治词汇，20世纪80年代才在美国学术界逐步成型。有人统计了"政治正确"这个词在公共话语中出现的频率，1990年以前在美国主流媒体基本见不到"政治正确"这个词，而从1991年开始，在《纽约时报》《华盛顿邮报》上，该词出现了700多次[①]。

在今天的西方，政治正确、身份政治这两个词汇大多数时候是通用的。政治正确，是指态度公正，避免使用冒犯及歧视弱势群体的用词，或避免施行歧视弱势群体的政治措施，如不能冒犯他人的民族、宗教、性别、性取向身份等。

按照国人通常的理解，政治正确应该是指正确的政治观，在不同的社会中，所指的可能有所相同，一般是指基于特定历史时期，在特定国家或特定多数国家形成并受到普遍接受与维护的政治观点或态度。比如在社会主义国家，我们所认为的坚定正确的政治方向，就是坚持公有制为基础的社会主义制度，坚持共产党领导，坚持为人民服务，等等。按照这样的逻辑，资本主义国家的政治正确理应是坚持资本主义制度、坚持私有制度为基础等。但是在西方政治正确词汇出现的历史过程中，却存在明显的名实不符现象。在资本主义国家，这样的名实不符其实是普遍现象。美国民主党、共和党自始至终都坚持私有制度为基础，保护极少数人和大资本的利益，但是在20世纪90年代之前，政治正确这个词汇并没有出现在主流舆论中，更不必说指代上述含义。民主党、共和党一直以来都信奉所谓的自由、民主、人权理论，但是这些在美国并不被称作"政治正确"的理论，而是被称作"自由世界""自由主义"的理论。当政治正确理论真正进入主流舆论时，它所表达的主要含义却不是两党最核心的共同主张。政治正确本应是民主党、共和党共同的主张，在现实中却成为两党争论的焦点之一。

那么，美国的政治正确词汇和理论是如何出现和演变的呢？20世纪60年代，"政治正确"这个词汇在美国的流行范围主要局限于美国共产党内部。在苏共二十大会议上，赫鲁晓夫对斯大林展开了批判，此举在国际共产主义运动中产生了很深的混乱。在美共内部也出现了一种观点，一部分人嘲讽另一部分人："你们跟斯大林路线跟得太紧了，只顾了政治正确，而罔顾了人道主义。"此时的政治正确有点小圈子内自嘲的意味[②]。而当时的美国统治阶层都以"自由世界"为旗帜，更不会接受"政治正确"这样的固定轨道。在他们的话语体系里，"政治正确"意味着钳制舆论，意味着极权。

20世纪60年代，美国内部掀起规模庞大的民权运动、反对越南战争运动等。同一时期，少数族裔和少数人群的权利问题开始得到重视。不过此时，身份政治和政治正确理论尚未发展成型。要等到参与1960年运动的大批青年人大规模进入高校和学术界，并在20世纪80年代成为学术界的骨干之后，身份政治和政治正确理论才逐步酝酿成型。同一时期，一批文化马克思主义者、自由主义

[①] 林垚. "政治正确"与言论自由[EB/OL]. [2018-08-09]. https://cul.sohu.com/20180809/n545892770.shtml.
[②] 林垚. "政治正确"与言论自由[EB/OL]. [2018-08-09]. https://cul.sohu.com/20180809/n545892770.shtml.

者、左翼知识分子都投入身份政治学术体系和理论体系的创建过程中。而一批保守主义者则将这些人的主张称为政治正确，在保守主义者眼中政治正确是贬义词。

在身份政治和政治正确的理论体系逐步完善之后，20世纪80—90年代，民主党逐步将该理论纳入自己的政治纲领，进而在21世纪推动一系列法案的通过和实施。此后，政治正确和身份政治开始风靡美国和欧洲国家，进而掀起了更大的纷争。

二、政治正确、身份政治的具体现象和内涵

政治正确、身份政治的观点主要是根据社会身份来划分人群，这一点与马克思主义根据政治经济地位来划分剥削阶级和被剥削阶级的理论截然不同。政治正确、身份政治根据认为，在美国受压迫最深的群体依次为黑人、妇女、印第安人、墨西哥裔美国人、穆斯林、性少数群体（LGBT，是对同性恋、变性人、跨性别恋者的统称）和残疾人[1]。政治正确、身份政治构建了一整套反歧视、要求平等和自由的理论。不过它们的平等观、自由观和我们通常理解的有所不同。

比如在性别问题上，2016年奥巴马政府推出"同厕案"，允许跨性别者使用其性别认同的厕所和更衣室，不需要医生证明。类似政策在英国等国也已经实行。2019年法国国会通过了教育改革法案的一项修正案：未来文件、教材上不再有"爸爸、妈妈"的称谓，而由"家长1、家长2"代替。修正案的初衷是宣扬同性恋平权。加拿大公务机构也做出规定，不再使用父亲、母亲、先生、女士等称谓，而以中性词取代。美国一些高校也开始用伴侣一词替代丈夫、妻子。社交网站"脸书"（Facebook）为人们提供的性别选项竟然有58种。在一些国家和地区，同性恋、变性人、跨性别恋爱都已经进入小学教材，一些孩子"受启发"甚至服用药物改变性别，有些学校还不允许家长对其进行干预。

2019年，英国"全球发展中心"的高级研究员，一位女权人士在社交媒体"推特"（Twitter）上发表了一些对跨性别者的看法，如"性别差异是客观存在的""难以想象跨性别者进入女厕所、浴室的场景"。然后她被开除工作，原因是"歧视跨性别者"。她提起劳动仲裁，结果仲裁庭判决她上诉失败[2]。此前英国已经出现多起案例，如一个罪犯，其自称女性，被关进女子监狱，在监狱中又强奸了数名妇女[3]。

为推动政治正确，美国实行了一系列"肯定性行动"，在就业、升学、升职、培训中为少数人群保留一定名额。男性白人与同性恋、变性人、跨性别恋者、女性、黑人一起竞争职位时，在同等能力下，甚至在男性白人更为优秀时，往往也是后者更容易被录取。如果公司把职位给了一个男性白人，而不是特殊群体，很可能会被起诉歧视。不过虽然有这样的优待，黑人的整体经济地位并没

---

[1] 王建勋. 身份政治、多元文化主义及其对美国秩序的冲击[J]. 当代美国评论，2019（2）：50；张军."政治正确"与美国文化马克思主义[J]. 江南学刊，2014（5）：193.

[2] 郭肖. J. K. 罗琳声援反跨性别言论引争议　网友：不会再看她的书了[EB/OL]. [2019-12-23]. https://www.guancha.cn/internation/2019_12_23_529249.shtml.

[3] 海闻. 英国变性男被关女监和多名女囚发生性关系遭转移[EB/OL]. [2017-02-07]. http://world.haiwainet.cn/n/2017/0207/c232591-30708946.html.

有提高。

在今天的西方，不能批评性少数群体，不能批评妇女、黑人、穆斯林、残疾人、少数人群，即使是善意的批评改进意见也会被划为政治不正确。中国人有句老话，"要谦虚，要虚心接受别人的批评"。而对于主张身份政治的人来说，"批评与自我批评""思想改造"很可能是侵犯"我"的人权，是歧视。

这种平等观、反歧视观不仅适用于上述人群，而且是所有"少数人群"。由于不能批评瘾君子，"大麻自由"在很多地方甚至已经成为政治正确。马克思曾说过，宗教是人民的鸦片，不过马克思没有料到在今天的美国和西方，鸦片已经成为人民的宗教。美国许多州已经将大麻合法化，俄勒冈和华盛顿州更是将海洛因、可卡因合法化。大麻合法化是民主党力推的政策。2020年12月4日，美国众议院通过法案《大麻机会再投资和删除法》，将大麻从联邦《管制药品法案》中剔除，废除非暴力大麻犯罪的定罪，并对大麻销售征收5%的销售税。此前加拿大、澳大利亚等国也已经将大麻合法化，欧洲一些国家也逐渐放松管制。既然大麻都合法化了，怎么能批评瘾君子呢？

同理，老师不能说学生学习差，私下和学生说、背后和其他人说都不可以，这是歧视。这导致老师根本无法客观评价学生的成绩。如果连客观评价学生成绩都不可以，如何提高他们的学业？这样的平等观、反歧视观，隐含的是没有是非标准、道德标准、价值标准，是相对主义、虚无主义，妨碍了人们认识自我、认识世界。

因为政治正确的禁忌，人们在日常用词方面已经达到如履薄冰的地步。不能称赞女人漂亮、美丽，那有可能意味着性骚扰，也有可能意味着向男权社会谄媚、驯服；不能说小男孩帅气，那可能是性骚扰；不能随便问一个男人是否有女友，凭什么认为人家不是同性恋、变性人、跨性别恋？另外，在不涉及人种的话题时，也轻易不敢使用"黑""白"这两个词，那可能让人联想到对有色人种的歧视；不能公开说"圣诞快乐"，要用"节日快乐"，否则就是不尊重穆斯林等宗教群体；病人不能叫"病人"（patient），要用"人"（people）或者个体（individual）。含有"男人"（man）的单词要用"人们"（person）或者其他词替换，如"主席"（chairman）要改为"席位人"（chairperson）；还有更极端的，提到"男人"时不能用（man），应该使用"政治正确"的词汇"压迫者"（oppressor）；不能使用"男孩"（boy），应该使用"未来的压迫者"（oppressor-to-be）。在政治正确、身份政治话语体系中，性取向正常的人数众多的男性白人异性恋者，反而成为逆向歧视的对象。作为对抗，我们看到了支持特朗普的白人至上组织"骄傲男孩"（the Proud Boys）的出现。

如何理解上述现象？与美国长期的种族歧视、种族隔离相比，身份政治无疑是有进步意义的。但是今天该理论的发展和实践显然已经走上极端化道路，不仅没有改变黑人等少数群体的整体政治经济地位，没有实现不同人群之间的和解、平等，反而进一步激化了族群分裂、男女性别战争。为何会这样？为什么民主党会选择造成国家混乱和撕裂的主张作为其党纲？

三、历史和当下：20世纪60年代民权运动与政治正确、身份政治的深刻差异

要理解当下，需要看清历史。一些学者指出，今天美国和西方的政治正确、身份政治萌芽于20世纪60年代的民权运动，20世纪80年代在学术界逐步成型，而后从学术界扩展到社会，进入21世纪则流行于美欧民间。不过却少有人指出，今天政治正确、身份政治的主张与民权运动的理念已经出现巨大差异，民权运动的理念已经被身份政治所修正和篡改。

民权运动是在世界大变革即国际共产主义运动和世界范围内的民族独立和解放运动高涨的背景下诞生的，同时期既有黑人民权运动、女权运动，也有反战运动、"垮掉的一代"运动，以及席卷欧洲的学生运动、工人运动，世界范围内的反帝民族解放运动，国际共产主义运动等。因为这个时代背景，美国同时期的民权运动呈现出复杂多样的色彩。对比民权运动和今日政治正确、身份政治，从宏观上勾勒，主要有三大差异：

（一）领导者不同

民权运动的领导者基本来自美国群众。政治正确的领导者则是民主党，反对方的领导者是共和党，领导权都在统治阶级手中。

不管是主张和平抗争的马丁·路德·金（Martin Luther King, Jr），还是金被暗杀后被逼走上暴力抗争的黑豹党，抑或女权运动、反战运动，其领导者、组织者基本都来自群众。领导权不属于统治阶级。肯尼迪政府、约翰逊政府属于资产阶级左派，在强大的国内外压力下，采纳了民权运动的一些建议。不过他们并不是民权运动的领导者，因为领导权不在统治阶级手中，其领导者屡屡被刺杀或坐牢。

今天美国的政治正确、身份政治，领导者却是民主党，反对方领导者则是共和党。特朗普废除了奥巴马政府的"同厕案"，反对大麻合法化，收紧移民政策，在许多问题上都表达了反对立场。

当然，也有人会提出疑问，认为今天的"黑人的命也是命"抗议运动是以草根组织形式出现的，而非民主党直接领导，至少表面如此。这一点可以这样解释：任何一场大型社会运动，都会有脱离领导者指挥的民间自发行动，无论是资产阶级革命过程中，还是无产阶级革命过程中，都会有脱离领导者指挥的民间自发行动、过火行动，但是这并不妨碍领导者的历史角色界定。

（二）理论来源不同

民权运动的理论来源呈多样化，既有罗斯福新政以来资产阶级的左派自由主义，也有马克思主义，还有泛非主义等；而今天政治正确、身份政治的主导思想是资产阶级内部的自由主义，且与美国历史上影响最大的左派自由主义——罗斯福新政自由主义有深刻不同。

主张和平抗争的马丁·路德·金的理论处于罗斯福新政以来资产阶级左派自由主义框架内。为了挽救1929年弥漫于资本主义世界的经济大危机，罗斯福政府出台了一些与此前政府相悖的政策，增加了政府对市场的干预，限制大公司和大银行的自由，支持工人罢工。因为这些措施，当时的一

些媒体批评罗斯福总统是一个社会主义者,而后来的新保守主义、新自由主义(二者都是右翼自由主义)更是批判罗斯福粗暴干涉美国的自由主义传统。

罗斯福新政扩大了资产阶级左派自由主义的影响。伴随着第二次世界大战的胜利,全世界掀起了要求独立、平等、自由的社会主义运动和民族解放运动,自由主义也顺应历史潮流,反对种族歧视,要求提高妇女权利。

另外,民权运动也有社会主义的理论。非洲民族解放运动、红色中国、古巴革命、苏联等都对民权运动产生了影响。泛非运动的创始人杜波伊斯(William Edward Burghardt Du Bois)是20世纪上半叶最有影响的黑人知识分子,其晚年思想倾向于社会主义,曾受到毛泽东接见。黑人运动领袖罗伯特·威廉(Robert Wilhelm)曾两次给毛泽东主席写信,希望他发表声明支援美国黑人。1963年8月8日,毛泽东发表声明:"呼吁世界人民联合起来,反对美帝国主义的种族歧视、支持美国黑人反对种族歧视的斗争。"[①] 激进黑人组织"革命行动运动"和黑豹党的领导人都非常崇拜毛泽东。

今天的政治正确、身份政治经常被称作左派、白左,但是该理论并没有社会主义的成分。

政治正确、身份政治在今天的西方也经常被称为"文化多元主义""文化自由主义""文化左派",有的也称其为"文化马克思主义"。不过"文化马克思主义"并不认可马克思主义的"经济基础决定上层建筑"理论,不认可阶级分析法。他们认为西方资本主义国家的发展已经超出了马克思论述的范畴,工人阶级已经集体变为中产阶级,建立在经济基础和工人阶级理论上的阶级斗争理论已经不合时宜。他们认为经济基础不是关键,关键在于文化决定论。文化马克思主义的渊源可以追溯到葛兰西、马尔库塞、法兰克福学派等。葛兰西认为,新的无产阶级应由罪犯、妇女和激进少数派组成。马尔库塞也有过类似的言论,在回答谁能领导社会革命时,他说:一个由黑人、学生、女权主义妇女和同性恋者组成的联盟。文化马克思主义者秉持上述理论,他们希望"借助身份政治,以及与此紧密相关的文化多元主义实践,通过扶植边缘群体的族群意识和次国家认同,来瓦解美国种族帝国主义的体制"[②]。

表面上看,他们的理论和实践的确导致了美国内部的混乱,然而他们并没有实现社会主义的思想,并且还导致了一系列的虚无主义。而虚无主义不是马克思主义的特征,虚无主义是资本主义的特征和需求。虚无主义是愚民政策,而马克思主义要求群众觉悟,要求群众清醒明白。文化马克思主义虽然挂着马克思主义的旗号,其实质却是反马克思主义的。

也许最初他们是有一些马克思主义想法和味道的,他们期望这些少数人群能够联合起来。但是因为他们理论致命的缺陷,抛弃了经济基础问题和阶级分析法,同时片面强调少数群体的利益,却忽视甚而无视占人数最多的白人底层民众的利益(在法兰克福学派、马尔库塞之外,也有一些同意经济基础决定上层建筑理论,同时也讲少数群体大联合的学者,不过这样的论述模式本身很容易将少数群体与占人口最大多数的白人底层民众分隔、对立起来),因此资产阶级只要稍稍用力,将其主张极端化,便将他们的理论收编、为己所用。列宁说过,真理往前一步就是谬误。更何况文化马

---

① 毛泽东. 呼吁世界人民联合起来反对美国帝国主义的种族歧视、支持美国黑人反对种族歧视的斗争的声明[N]. 人民日报,1960-08-09(001).
② 张军."政治正确"与美国文化马克思主义[J]. 江海学刊,2014(5):193-194;孔元. 身份政治、文明冲突与美国的分裂[J]. 中国图书评论,2017(12):62.

克思主义的理论本身就存在致命缺陷。正因如此，期望中的少数人群的联合，迅速转变为瓦解和对立。从这个历史演变过程中，我们可以感受到资产阶级思想控制的高超手法。

今天被收编了的身份政治最激烈的表现，是对美国奴隶制和美国历史的重新认识。在2020年"黑人的命也是命"运动中，美国历史上的许多英雄人物雕像被推倒，包括托马斯·杰斐逊（Thomas Jefferson）、罗伯特·爱德华·李（Robert Edward Lee），因为他们是奴隶主。奴隶主的身份固然可恶，但是这些行为除了发泄并没有任何批判性或建设性意义。在涉及资本主义根本政治经济制度方面，身份政治并没有提出变革纲领和主张。没有成熟完整的纲领和组织，再多的抗议也只能是无政府主义暴乱的死循环。

（三）斗争对象不同

民权运动中虽然也有群众斗群众的现象，但是其斗争对象和目的更多的是要求改良或者革命，对象都是资本主义制度本身；而政治正确、身份政治的主要斗争对象不是资本主义国家制度，更多地表现为群众斗群众、人民的碎片化，因此扰乱了阶级阵线。

民权运动中的派别不管是主张革命还是改良的，其斗争对象大多集中于资本主义制度，要么彻底改造现有的资本主义主流社会，要么在现有的资本主义主流社会创造更公平的机会。不管是革命派还是改良派，其潜在的目标都是要构建一个他们心目中理想的主流社会。当他们提到自由、平等时，强调的都是普遍主义、共通性，而不是差异化。

今天的身份政治理论却有很大不同。一些学者指出，身份政治"强调其他群体（无论是主流群体还是非主流群体）必须尊重某个群体的差异性，而非要求某个群体融入主流群体或者得到主流群体的承认"。其他群体就是其他群体，他们就是和我们不一样。正因如此，不能批评女权主义、少数族群、性少数群体甚至瘾君子，即使善意的批评也不行。老师也不能说学生成绩差，不能客观地评价学生成绩。如果连客观地评价学生成绩都不可以，那么如何提高他们的学业？此种逻辑至少导致了三种结果：

第一，该理论的是非标准、道德标准、价值标准和真理标准等是主观任意的，是道德和价值的相对主义、虚无主义，因此妨碍了人们对真理和知识的追求，妨碍了人们认识自我和改造自我、认识世界和改造世界。今天美国流行的反智主义也与此有一定的关系。譬如2020年新冠疫情期间，一个是否戴口罩的科学问题却引发了美国全境的大游行和人民对立，争论半年多未有定论。现代科学发展的顶尖国度却出现此种反智现象，不得不让人唏嘘。

第二，从宏观来看，该理论把人群的某个特定身份固化、教条化，从而否定了一个人身份的多重性，否认了一定历史条件下的人群的普遍性和共通性。正因如此，才造成了人民群众的碎片化、撕裂化，挑动群众斗群众。该理论过度关注少数人群的利益，却无视社会上绝大多数人的共同利益的思维模式，从根本上拒绝了包括马克思主义在内的任何宏大历史观和阶级观。

第三，从微观和心理学角度分析，如果某个个人、人群极端敏感，对于善意的批评意见、改进意见都不接纳，反而认为是歧视，那么这个个人和人群就是极端自我中心主义的。而一个极端自我中心主义的个人和人群，是不太可能正确认识自我、认识世界的。

艾瑞克·霍布斯鲍姆（Eric Hobsbawm）对许多人被身份政治蒙蔽的现象甚为担忧，他指出，"左派（此处指：马克思主义的左派）的政治规划是普遍主义的：它是为全人类……身份政治本质上并非为了所有人，而只是为了某个特定群体的成员。这就是左派为什么不能以身份政治为基础的理由。它有一个更广泛的议程"①。

马克思主义要求人民群众的普遍性、共通性，要求他们形成自觉的阶级意识，团结起来与剥削阶级抗争。而资产阶级的身份政治则要求人民群众的碎片化，挑动群众斗群众。

四、共和党与民主党的政策叠加，是对马克思主义革命派和资产阶级改良派的消解

综上所述，我们已经可以清晰地看出，政治正确、身份政治是对马克思主义思想和精神的消解。另外，不仅马克思主义者反对身份政治，就连一些自由主义者也对其表达了强烈不满，主张身份政治的人群虽然被称为左派、白左，但该理论其实也消解了资产阶级改良派的代表、美国历史上影响最大的左派自由主义——罗斯福新政自由主义。

马克·里拉（Mark Lilla）指出："身份政治无异于自由主义的自杀。身份自由主义的第一大问题是，从团结的政治走向分裂的政治。身份政治把公民权利撕裂得粉碎，公民权利裂变为女性的权利、男性的权利、基督徒的权利、穆斯林的权利……于是，女性认为男性的权利跟自己无关，基督徒认为穆斯林的权利跟自己无关。你一旦被打上了身份的烙印，你就只管自己，不管别人了。"②

回顾历史，我们会发现，资产阶级革命之初的自由主义其实也有着深刻的进步思想和传统。法国大革命就是典型。伏尔泰、卢梭、雨果等一批堪称伟大的作家、思想家、革命者都主张自由主义。他们信奉"自由、平等、博爱"的精神。如果沿着这种精神和传统走下去，为了保障普罗大众的自由和平等，必然会对大资本、大垄断公司的自由进行限制。

不过后来被奉行古典自由主义的英美政府，显然不是这种自由主义精神和传统的继承者。同一时期，英美政府信奉的原则是小政府、大社会，政府尽量不干预市场，不干预大公司和大资本的自由，因此导致美国政治上极为腐败，经济上弱肉强食，贫富分化严重。这种极度强调大资本自由的古典自由主义，导致了美国社会矛盾的迅速激化，再加上一次次经济危机和1929年席卷整个世界的资本主义大萧条，工人运动和马克思主义的运动愈演愈烈，古典自由主义的政策再也实行不下去了。资本主义面临生死存亡。

随后，美国资本主义的改良派——罗斯福新政登场。罗斯福自称是自由主义者，他正是以保卫所有人的自由的名义，出台与古典自由主义相悖的政策，扩大政府权力，限制大公司和大银行的自由，在一定程度上控制了自由放任的自由资本主义。这属于资产阶级革命之初自由主义的进步传统。罗斯福出台政策按收入和资产多寡征收累进税，如对5万美元以上纯收入和4万美元以上遗产征收31%的税率，对500万美元以上的遗产征收75%的税率，将增加的税收用于补贴底层工人和群众。罗斯福同时支持一些工人罢工运动，建设国有公司。在他任职期间美国成为第一个与苏联建交的西方世界国家。因为这些措施，当时的许多媒体批评罗斯福是社会主义者，粗暴干涉美国的自由

---

① [英]埃里克·霍布斯鲍姆.身份政治与左派[J].易晖,译.汉语言文学研究,2017(1):40.
② 马华灵.身份自由主义的困境[J].探索与争鸣,2020(2):115.

主义传统。最高法院也宣布其一系列政策违宪。二战后的新保守主义者和新自由主义者更是将罗斯福新政视为眼中钉。他们不允许改良派的罗斯福新政再次出现在美国。

20世纪60年代的美国黑人民权运动，其中的许多派别和组织的思想来源也是这种具有进步思想的自由主义。自由主义在此一时期同样掀起了规模庞大的社会运动，对统治阶级构成了极大威胁。

但是从20世纪80年代开始，这种具有进步意义的自由主义就逐步被消解了。以美国共和党人里根为代表的新自由主义、新保守主义登上历史舞台，开始了与罗斯福新政相悖的政策主张。里根的名言是："政府不是我们的问题解决者，政府本身恰是问题所在。"[1] 里根政府缩小政府权力，扩大大资本和大公司的自由，将一些国有企业和公共基础设施私有化，镇压工人罢工。里根政府同时开启了新自由主义的全球化，要求他国政府铲除阻碍市场运行的法律法规，实行彻底的贸易自由化、金融自由化，让市场配置资源。拆除这些围墙和壁垒后，他国就成为待宰羔羊。

与此同时，民主党并没有提出与里根纲领相抗衡的政治经济纲领，20世纪90年代，克林顿政府大幅推行新自由主义，推进北美自由贸易，1997年更是用新自由主义在亚洲金融危机期间大肆收割东南亚国家财富。今天，在医保改革等问题上，民主党与共和党仍存在一定分歧，但是在根本问题上双方是一致的。新自由主义导致2008年全球性的金融危机，美国家庭财富停滞不前，但是12个美国富翁的财富总额却飙升了1750亿美元[2]。美国民众期待出台对金融资本和大资本限制的措施，但是危机迄今已有12年，民主党、共和党都未能提出纠正新自由主义的有力措施。

在支持新自由主义的同时，民主党的工作重心转移到了身份政治，政治正确、身份政治成为其纲领的主要内容之一。

身份政治于20世纪80年代酝酿于学术界，20世纪90年代从学术界扩展到全社会，21世纪席卷美国和欧洲民间。此时，恰好是苏联解体前后。苏联解体，美国一超独大，建立世界帝国成为其美梦。美帝国需要认真考虑，用什么样的理论来对待全球不同民族、不同宗教、不同文化的人群和国家？

在经济领域是新自由主义和资产阶级全球化理论的高歌猛进，在政治领域除了传统的自由民主、三权分立、宪政等理论，则出现了新的理论：政治正确和身份政治。政治正确和身份政治在客观上配合了美帝国的全球化。跨国公司也需要全世界的人才，需要面对不同族群，身份政治恰好契合了这一点[3]。同时，身份政治也防止了不同族群的人才的联合和觉悟，所以这些年我们几乎没有看到过跨越国界的大罢工。

更重要的是，政治正确、身份政治严重撕裂了美国民众。共和党和民主党在政策和理论上的互相叠加，客观上就从政治、经济和思想文化上，把罗斯福新政以来资产阶级左派自由主义的传统消解了。

诸如马克·里拉这样的自由主义知识分子希望美国民众放弃"身份自由主义"，回归他所认为

---

[1] 王天僚. 美媒回顾美国历任总统"最好"和"最差"就职演说[EB/OL]. [2017-01-20]. http://www.cankaoxiaoxi.com/world/20170120/1627312.shtml.

[2] 凤凰国际iMarkets. 金融危机这十年：达沃斯富豪身价倍增 损失被社会化[EB/OL]. [2019-01-22]. https://finance.ifeng.com/c/7jfdRZKOyqO.

[3] 林哲元. 齐泽克对多元文化主义的批判[J]. 山东社会科学，2018(7)：77.

的"现代美国自由主义的根本",回归罗斯福新政的自由主义[1]。殊不知,马克·里拉所谓的"自由主义的根本"不利于统治阶级,自由主义的变种才有利于统治阶级。像马克·里拉这样的自由主义者在美国已经是绝对少数。正如一位美国学者在针对里拉著作的书评中指出的那样,"里拉的论战不会在政治光谱的任何一方找到多少支持者"[2]。

需要说明一下,关于罗斯福新政自由主义到底是不是"自由主义的根本"、是不是西方左派所强调的普世自由主义的根本这类问题,笔者其实无意去界定。左派自由主义有自己的说法,右派自由主义也会有自己的说法,而自由主义之外的派别也会有各自的认识,即使在同一派内部也会出现争论。这些争议的背后,既有认识差异的因素,更有立场差异的因素,要达成统一几乎是不可能的。但是关于在历史中某个时期,哪种主义的影响最大或者较大,一般是没有异议的。而笔者考量的重点是历史过程,是重大理论和主义在重大历史变革时期所扮演的角色、所发挥的作用和意义,该理论、主义与其他理论、主义之间的关系,及其演变过程。

今天不仅共和党反对新政,主张身份政治的民主党学者也已经把新政的思想和精神财富钉上了耻辱柱。21世纪以来出版的多部著作,如《恐惧本身:新政与我们时代的起源》《法律的肤色:美国政府隔离的黑历史》,均指出罗斯福是种族隔离主义者,"新政是罗斯福和南方白人签订的一个魔鬼契约。由于南方的民主党人控制着国会一半的议席和许多关键的委员会的主席职位,罗斯福为了实施自己的方案选择和对方达成交易,从而默许甚至支持了南部的种族隔离,由此导致很多穷困的南部黑人被故意地排除在新政项目之外"[3]。

政治家不是学者,政治家必须学会妥协,必须懂得轻重缓急、主要矛盾次要矛盾。在世界经济大危机和第二次世界大战的大背景下,罗斯福必须首先保证自己执政,才能贯彻其主张,但是主张身份政治的学者却不会考虑这些。他们的叙述方式瓦解了罗斯福新政的历史意义,也阻碍了自由主义回归其资产阶级左派改良传统的可能性。表面上看,共和党和民主党针锋相对、争斗不休,但是从这个客观历史进程可以清晰地看出,共和党与民主党政策叠加配合,阻碍了美国回归改良派罗斯福新政自由主义。

明白了这一点,我们就应该懂得当前国内外将主张政治正确、身份政治的人称为"白左",其实是不对的。主张政治正确、身份政治的人群虽然比种族主义者等人群要先进和进步,但是通过这个历史过程,我们可以清晰地看到他们并不是左派自由主义,而是对历史上影响最大的左派自由主义——罗斯福新政自由主义的混淆和反对。他们更不是马克思主义的左派。他们不仅消解马克思主义革命派,也消解资产阶级改良派。

五、走向反面:从可控混乱、可控撕裂到严重政治危机

身份政治与新自由主义配合,是对美国的马克思主义革命派和资产阶级改良派的消解。站在这

---

[1] [美]马克·里拉. 身份自由主义的终结[C]. 邵依琳,译. 知识分子论丛,南京:江苏人民出版社,2018(15). https://ishare.ifeng.com/c/s/v0026Cfv4ybsfbn7-_gMrjqwYt1p4bStJUhblgm2El1ST6lI__.
[2] 马涛. 美国学界关于身份政治的反思与对话[J]. 当代美国评论,2019(2):117.
[3] 孔元. 身份政治、文明冲突与美国的分裂[J]. 中国图书评论,2017(12):66.

样的角度，我们才能更好地理解身份政治所引发的混乱和撕裂，以及共和党和民主党的争斗不休。

为了消解革命派和改良派，这种混乱和撕裂是值得的。这是帝国统治必须付出的代价。这种混乱和撕裂不会对统治阶级构成根本威胁。当然，混乱和撕裂必须控制在可控范围内。

但是事物都是辩证的，有其有利的一面，也有其不利的一面，而且事物的发展转化常常会走向其初衷的反面。美帝国显然没有做好准备，其全球化的政策竟然会受到挫折、必须进行调整。政治正确、身份政治本是配合新自由主义全球化的政策。当全球化和新自由主义发展顺利时，美国国内矛盾没有那么激烈，此时推行政治正确和身份政治，其所造成的混乱和撕裂还是处于可控范围内的。

但是随着新自由主义全球化的受挫，随着美国国内产业的进一步空心化，随着政治正确和身份政治的极化发展，美国国内低端产业区的白人群体越发成为被遗忘或被逆向歧视的人群，美国国内矛盾迅速激化。

特朗普回应了这种需求，一方面调整美国的全球化政策，试图让一部分产业回归国内，另一方面反对政治正确和身份政治。特朗普不同于传统的美国政客，其施政具有强烈的个人风格和刺激性。虽然大多数人觉得特朗普不靠谱，但是他还是代表了相当一部分民意，在2020年大选中依然获得7400万选票，是历届共和党候选人所获选票之最。同时拜登获得8100万选票，为历届民主党候选人之最。选民空前的投票热情，恰恰体现了美国国内矛盾的激化。由于矛盾的激化，甚而于2021年1月6日爆发占领国会山事件。该事件标志着美国已经进入严重的政治危机、社会危机。政治正确、身份政治从一个对统治阶级有利的政策工具，转而成为一个不利因素。

这个演变的过程，体现了马克思主义理论的正确性。按照马克思主义理论，在资本主义体系内，资本主义自身的根本矛盾是无法克服的。资本主义虽然可以不停地转嫁矛盾，不停地转换矛盾的表现形式，用新的矛盾去替代旧的矛盾，但是并不能彻底解决其根本矛盾，而只能延缓矛盾的总爆发。

资产阶级统治阶层期望以政治正确、身份政治来消解马克思主义革命派和罗斯福主义改良派，以政治正确、身份政治配合新自由主义的全球化，却收获了美国社会严重撕裂的结果。

六、两个问题

面对美国社会严重的撕裂，很多人提出疑问：第一，目前的政治危机、社会危机有没有失控的风险？第二，如何弥合裂缝？政治正确、身份政治将如何演变？

笔者认为，对于军事实力独霸、没有外部安全威胁的帝国来说，内部要达到失控的边缘，需要满足四个条件：一是更深刻的经济危机，进而导致全面的政治危机和社会危机。2008年的金融危机叠加2020年至今的新冠疫情，已经初显美国社会全面政治危机、社会危机的苗头；二是无法通过战争或其他方式对外转嫁矛盾，或者转嫁矛盾失败，如越南战争的失败加剧了美国20世纪60年代的国内危机；三是需要群众超越目前民主党和共和党鼓吹的理论，掌握革命性的理论，并建立组织，这需要类似十月革命和苏联那样的强大外部影响，这在短期内是不太现实的；四是军队内部出现突发问题。

在这些条件不能满足的背景下，无政府主义的游行示威就成为司空见惯。黑人的频繁暴乱和2011年占领华尔街运动都是例证。上述抗议虽然严重，不过既没有纲领，也没有组织，广度和烈度都没有达到1929年大萧条前后工人运动和20世纪60年代民权运动、反战运动的规模。所以总体而言，虽然社会撕裂很严重，但是还没有达到失控的局面。

当然，问题已经非常严重了。那么如何解决这个问题，弥合裂缝呢？对全球化的调整、再工业化、就业等经济政策应是重中之重。

虽然拜登上台演讲中多次提到"团结"，"我们必须结束这场内战，这场红色与蓝色、农村与城市、保守与自由的战争"①，但是从拜登政府前述的许多做法来看，如恢复"男女同厕案"，还是政治正确、身份政治的产物，身份政治的降温依旧没有达成共识，可能还需要矛盾的更为激化才能达成共识。

政治正确、身份政治本是为了消解马克思主义革命派和罗斯福主义改良派而生，是为了配合新自由主义的全球化而生。站在资产阶级的立场，新自由主义全球化与全球化调整之间的矛盾、政治正确与反政治正确之间的矛盾，远比不上里根政府开启的新自由主义保守派与罗斯福新政自由主义改良派之间的内部矛盾，更比不上资本主义与马克思主义之间的矛盾。站在历史的角度，权衡三组矛盾，我们才能更深刻地体会该理论工具对于资产阶级的意义。

如果选择抛弃政治正确、身份政治理论工具，就需要找到能够替代它的理论和纲领。而目前并没有这样的替代物。唯一能够替代它并迅速弥合裂缝的只有在战争期间高涨的美利坚爱国主义、民族主义。大战可以解决国内的撕裂问题，但是当前的客观条件又不具备发动大战的条件，因此抛弃这个理论工具更不现实。

因此可以判断，政治正确、身份政治引发的美国社会的混乱和撕裂问题将长期延续下去。毫无疑问，这会严重损害美国的国力和国际竞争力，但是这可能是维系帝国所必须付出的代价。

当危机进一步加剧，美国国内无法再维持当前的局面，必须进行改良或者革命时，考虑到政治正确、身份政治对马克思主义革命派和资产阶级改良派思想的巨大消解，美国国内的政治流派和斗争模式可能会出现一些迥异于20世纪前半期的新特点，这将成为未来美国研究的一个重要方面。

参考文献：

[1] [英] 埃里克·霍布斯鲍姆. 身份政治与左派 [J]. 易晖，译. 汉语言文学研究，2017 (1).

[2] 林哲元. 齐泽克对多元文化主义的批判 [J]. 山东社会科学，2018 (7).

[3] 马涛. 美国学界关于身份政治的反思与对话 [J]. 当代美国评论，2019 (2).

[4] 孔元. 身份政治、文明冲突与美国的分裂 [J]. 中国图书评论，2017 (12).

[5] 马华灵. 身份自由主义的困境 [J]. 探索与争鸣，2020 (2).

---

① Joe Biden. The Full Transcript of Joe Biden's Inaugural Address [EB/OL]. [2021-01-20]. https://www.usnews.com/news/elections/articles/2021-01-20/read-joe-bidens-inaugural-address.

论点摘编

沿着习近平总书记指引的方向建设新时代中国史学

高 翔

五四运动以后，随着马克思主义的传入，在追求中华民族复兴的伟大历史斗争中，我们形成了马克思主义史学传统，正如恩格斯指出的，"自从历史也得到唯物主义的解释以后，一条新的发展道路也在这里开辟出来了"。唯物史观是关于社会发展规律的科学，是认识人类社会与历史的世界观和方法论。唯物史观传入中国后，我国逐渐形成了以唯物史观为指导、以社会形态研究为主体的新的史学体系。这一崭新的学术体系，将中国现代史学和以儒家思想为指导、以考经证史为特征的传统史学彻底区别开来，和以资产阶级意识形态为指导、以实证为特色的近代史学彻底区别开来。史学家们沿着历史唯物主义指引的方向，以严谨求是的学风，从生产力和生产关系、经济基础和上层建筑相互作用的角度，以宏大的学术气派，考察了人类社会变迁的内在轨迹，比较准确地揭示了人类历史演进的一般规律，特别是揭示了中国社会既遵循人类社会发展的一般规律，又具有自己鲜明民族特色的独特历史道路。在这个过程中，土地制度、城市化、阶级关系、社会生活、启蒙思潮等长期被忽略和被遗忘的历史领域，得到了应有的重视，一大批千百年来被深埋的历史真相，得以重见天日，古老的中国史学焕发出新的生机和活力。党的十八大以来，全国史学界在党的创新理论指导下，复原多彩历史、深挖历史内涵、凝练历史智慧、提出宝贵思想，为完善和发展中国特色社会主义制度、创造中国式现代化新道路、创造人类文明新形态，提供了宝贵经验。

坚持以马克思主义为指导，要求我们必须树立正确的历史观，以海纳百川的胸怀，站在中华民族的立场、中国人民的立场，察古观今，尊重一些最基本的历史事实，并在此基础上，构建具有鲜明新时代特色的中国历史学体系。例如：

第一，历史变动的原因不应单纯用人们的思想动机来解释，而应着重考察这种变动背后的物质生活条件。生产方式的变革是一切社会制度和思想观念变动的基础。人类历史的变化，绝不是一些偶然事件的堆积，而是有规律可循的自然过程，历史的必然性通过偶然性表现出来。

第二，人民群众是历史的创造者，从历史发展的长河来看，最终决定社会发展的力量是人民群众，但杰出人物在历史上的作用也不容忽视。在阶级社会，阶级斗争是推动社会历史发展的伟大动力。

第三，中华民族具有5000多年的文明史，具有一脉相承的伟大历史传统，生生不息，持续进步。爱国主义、"大一统"、崇尚善治、以民为本、改革创新、以文化人、协和万邦、鉴往知来等优秀历史文化传统，既铸就也体现着我们民族独有的价值和风范，是弥足珍贵、足以垂诸久远的精神财富，是世世代代拥有坚定自信的底气所在。对这些优秀历史文化遗产，我们不但要承接过来，而且要发扬光大。

第四，中国自古以来就是一个多民族的国家，各民族的历史都是中国历史的组成部分。历史上的民族关系，既有民族矛盾、民族战争的一面，更有民族友好、民族团结和民族融合的一面，交往、交流、交融是历史的主流。必须把中国历史上的民族冲突和民族压迫，与近代帝国主义列强对中国的侵略、掠夺和压迫严格区别开来，二者的性质不容混淆。

第五，中国共产党的成立，重塑了中华民族的历史命运，开创了中华民族伟大复兴的历史新航程。历史实践证明，中国共产党是中华民族走向光明、赢得未来最可靠、最坚定、最英勇、最智慧的奋斗者和领导者。

第六，现代化不是西方的专利，更不能由资本主义制度垄断，各国完全可以独立自主地走出适合自己国情的现代化道路来。西方的现代化道路是用血与火开辟的，充斥着洗劫、盘剥、压迫、殖民，建立在被压迫民族、被压迫人民的累累白骨之上。中国共产党坚持历史自信，不崇洋，不信邪，立足中国国情，大胆探索，创新了马克思主义社会形态理论，成功走出一条以共同富裕为重要特征、人口规模巨大、物质文明和精神文明相协调、人与自然和谐共生、坚持和平发展的现代化新道路，创造了人类文明新形态。

（摘自《世界社会主义研究》2022年第1期，原文题目为《沿着习近平总书记指引的方向建设新时代中国史学》）

苏联一贯支持和支援中国抗日战争

王 岩 程恩富

苏联对中国抗日战争的援助最早可以追溯到"九·一八事变"后对东北抗联的大力支持。"卢沟桥事变"后,苏联不仅在国际社会给予中国抗日战争道义支持,还在人员、物资上给予了大量的直接援助。

第一,政治、外交上的道义支持。1937年8月21日,苏联与中国签订了《中苏互不侵犯条约》,奠定了苏联支援中国抗战的基础。在同年9月召开的国联大会上,苏联代表作了题为《集体抗击侵略,集体捍卫和平》的发言,呼吁国际联盟制止战争、援助中国。西方各国则采取"对事不对人"的态度,即指责战争暴行,但不说是谁犯的错,牺牲中国,纵容日本。在1937年布鲁塞尔中日冲突国际会议上,苏联明确支持中国,呼吁各国联合起来制裁日本。在1939年联共(布)第18次会议上,斯大林严厉谴责了西方大国对日本的"纵容娇惯"态度。可见,苏联在国际社会上对中国抗战的声援是公正而有力的,与西方大国对日本侵略的暧昧立场形成了鲜明对比。

第二,对中国提供军事顾问、飞行员等人力援助。德国军事顾问撤离中国后,应蒋介石请求,苏联政府于1937年底至1942年初先后派出了德拉特文、切列帕诺夫、卡恰诺夫、朱可夫4位军事顾问,1938年帮助国民政府组建苏联军事顾问团,协助训练军队、制订作战计划,先后训练9万多学员,参与制定武汉会战、宜昌会战、长沙会战等作战方案。淞沪会战之后,中国空军损失殆尽,面临制空权危机,苏联政府应中国求援,迅速支援大批飞机和飞行员、空军技术人员。1937年10月至1942年初,苏联援助情况如下:派遣来华的飞行员、地面服务工程技术人员等总计5000多人,支援飞机1280多架,培训中国飞行员1045人、领航员81人、射手兼无线电员198人、航空技术人员8354人;帮助中国组建两个飞行大队,并快速形成战斗力;紧急情况下,苏联飞行员亲自驾机参战,如南京保卫战、南昌保卫战、武汉保卫战、兰州保卫战、桂南战役等25次对日作战,击落日机1049架,炸毁舰船100多艘,牺牲了235名优秀飞行员。

第三,对中国提供军火、贷款的物资支援。1937年10月至1939年6月,苏联援助对华信用借款共三笔累计2.5亿美元(实际利用超过1.73亿美元),这些贷款条件优惠,全是信用贷款,无须抵押,五年期年利息3%(美国贷款利息超过4%甚至超过6%)。利用这些贷款,中国又从苏联低价(低于世界市场20%的价格)采购了先进的军火武器,包括作战飞机904架、汽车1516辆、大炮1140门、轻重机关枪9720挺等。苏联不仅在关键时刻给中国提供了珍贵的军需物资,还为中国战时提供了巨大的运力保障。1937年10月至1939年2月,在苏联境内为中国作战提供的运力包括：铁路货车 3640 列、汽车 5260 辆、汽车总行程 1850 万千米、参与运送的人员 4000 多人。苏德战争爆发后，由于自身抗德压力，苏联才逐渐减少直至停止对中国的援助。

第四，苏联对日本的军事行动。1939 年 5 月至 9 月的诺门罕战役，面对日本关东军对满蒙边界的入侵，苏联投入了强大的反击力量，据不完全统计，苏联红军当时投入机械化部队 10 万多人，飞机、坦克、装甲车、大炮各 500 架（辆），载重汽车 3000 辆，燃料和粮食数千吨。歼灭日军 19000 多人，炸毁飞机、坦克、装甲车辆数百辆。诺门罕战役迫使日本"北进"侵苏计划搁浅，只能改为"南下"袭美，日本军国主义的嚣张气焰被熄灭。1945 年 8 月 8 日，苏联远东红军 150 万人出兵中国东北，一举歼灭 70 多万日本关东军。苏联太平洋舰队出动 600 多艘舰艇（含 78 艘潜艇），空军和陆军集团军支援 5300 架飞机、5600 辆坦克和 3 万多门各种火炮，俘虏日军 6 万多人。

（摘自《毛泽东邓小平理论研究》2021 年第 11 期，原文题目为《关于中国抗日战争的若干真相及评析》，题目为摘编者所加）

运用马克思主义趋势分析法把握社会发展趋势

辛向阳

第一,要抓阶级关系的变化,从阶级关系的变动中把握发展变化的趋势。马克思、恩格斯在写于 1879 年 9 月的《给奥·倍倍尔、威·李卜克内西、威·白拉克等人的通告信》中说:"将近 40 年来,我们一贯强调阶级斗争,认为它是历史的直接动力,特别是一贯强调资产阶级和无产阶级之间的阶级斗争,认为它是现代社会变革的巨大杠杆。"1880 年 4 月,马克思应《社会主义评论》杂志的主编贝·马隆的邀请,编写了包含 99 个问题的《工人调查表》。马克思提出的这些问题,有助于全面了解城乡男女工人的生活和斗争的经济条件、身体条件、智力条件和道德条件。进行这样的阶级调查,能够确切地了解和揭露资本主义剥削工人阶级的种种形势和方法,从而使无产阶级政党能够根据十分确切的事实材料来开展和领导工人运动。

第二,"从最顽强的事实出发",找出未来的变动走向。"从最顽强的事实出发",这是恩格斯在 1859 年 8 月写的《卡尔·马克思〈政治经济学批判·第一分册〉》中提出来的一个重要论断。恩格斯强调,比从前所有的世界观更加唯物的世界观,"必须从最顽强的事实出发"。最顽强的事实既包括史料事实的真实性,也包括决定历史史料事实的物质生产的事实和其他客观的事实。恩格斯是这样说的,也是这样做的,他对未来社会分配制度的把握原则就体现出这一要求:其一,社会主义社会是不断进步、不断改变的,社会主义不是一成不变的,它是会不断变革自身形态的;其二,社会主义的分配制度也不是一成不变的,而是随着社会主义的变化而变化,还要取决于所有制的发展而变化,更要取决于可供分配的产品的数量而变化;其三,社会主义一开始的分配制度就是按劳分配,这是与公有制相适应的分配制度;其四,按劳分配制度自身是要发展完善的,同时还能够包容其他分配制度并加以改造。

第三,从否定性事实出发,在分析批判旧世界中发现新世界。恩格斯在 1884 年写的《家庭、私有制和国家的起源》一书中有一个重要的把握趋势的原则:从否定性事实出发。例如,恩格斯在谈到未来社会两性关系的时候,是从否定资本主义社会中的两性关系的弊端得出未来社会两性的基本关系应该是什么。他说:"我们现在关于资本主义生产行将消灭以后的两性关系的秩序所能推想的,主要是否定性质的,大都限于将要消失的东西。但是,取而代之的将是什么呢?这要在新的一代成长起来的时候才能确定:这一代男子一生中将永远不会用金钱或其他社会权力手段去买得妇女的献身;而这一代妇女除了真正的爱情以外,也永远不会再出于其他某种考虑而委身于男子,或者由于担心经济后果而拒绝委身于她所爱的男子。"这样一种两性关系的实现需要经历一个漫长的发展过程,但大趋势是谁也无法改变的。

第四,抓时代潮流的发展变化,从浩浩荡荡的世界大潮中发现未来。恩格斯在为《共产党宣言》写的1892年波兰文版序言中指出过一个值得注意的趋势:"近来《宣言》在某种程度上已经成为测量欧洲大陆大工业发展的一种尺度。某一国家的大工业越发展,该国工人想要弄清他们作为工人阶级在有产阶级面前所处地位的愿望也就越强烈,工人中间的社会主义运动也就越扩大,对《宣言》的需求也就越增长。这样,根据《宣言》用某国文字发行的份数,不仅可以相当准确地判断该国工人运动的状况,而且可以相当准确地判断该国大工业发展的程度。"

(摘自《马克思主义理论学科研究》2021年第9期,原文题目为《马克思主义的趋势分析法及其运用的着力点》,题目为摘编者所加)

西式民主幻象究竟是怎样产生的

鲁品越

原来，每个社会都面临必须解决的公共事务。处理这些公共事务是全体人民的共同需要，这是国家公共权力存在的理由。然而，怎样处理公共事务，不同阶级与阶层则会立足自身利益采取不同的执政主张。公共权力一旦被代表特殊资本集团的执政者所掌握，就必然沦为其牟取特殊利益的工具，由此使公共权力具有了阶级性。正因如此，经济基础中拥有经济权力的权势集团必然争夺公共权力，为自身牟取利益。那么，如何争夺公共权力呢？多党选举制是其最佳路径。

要把经济权力转化为政治权力，最粗陋原始的手段是直接用金钱购买公共权力。而资本集团则尽其所能将这种行为制度化——用金钱兴办与资助政党，推出其各个级别的利益代理人参加议会和政府竞选，以获取对公共权力的支配。而这些政党的唯一任务是把钞票转化为关键选民的选票，从而把资本权力转化为政府与议会的政治权力。经过这种制度化操作，公开购买公共权力的腐败行为便披上了冠冕堂皇的"人民授权"的"民主"外衣，从而具有了统治人民的合法性。而为了确保当选人是自己利益的代理人，各个资本集团会采用一切手段操控选举与施政的所有环节，进行"全过程博弈"。这主要体现在以下几个方面：

首先，确保各候选人是资本集团的代表者。在社会资源被资本占有、社会传媒被资本垄断、一切政党活动依靠金钱开路的现实环境下，唯有代表"大金主"根本利益的政客才能成为有用的候选人。因此，无论选举结果如何，起作用的当选者只可能是资本意志的代表者。整个选举过程无非是各资本力量争夺选民以推举其代理人的博弈过程。一切民意支持度调查等，哪怕是最客观的，也只是限定在这些代理人及其推行的政策范围内，归根到底代表资本集团的利益，而非人民利益。

其次，由执政党与反对党相互博弈的议会制度和三权分立制度，并非人民监督国家权力的制度，而是各资本集团通过政党进行利益博弈的制度。虽然各政党之间的确存在相互监督，这也在一定程度上防范了制度外腐败，但也无可避免地陷入各方争夺利益的恶斗，其结果往往导致真相与谣言相混，进而引发民众分裂，形成对腐败现象的掩盖与保护。美国在控枪议题上的折腾、防疫问题上的党争，就是其表现。

再次，官员任命与施政过程成为资本争利博弈的过程。选举只是选出极少数的当权者，而选举之后大量官位与职位需要重新任命，形成各权势集团的利益博弈场。依靠资本集团上台的各级官员，在市政建设、政府采购等公共权力上，不可能摆脱相关资本集团的支配。下台官员又利用其政治资源而经"旋转门"进入商界、学界，形成被称为"深层政府"的盘根错节的利益共同体。这类腐败现象不胜枚举。

最后，选举博弈最终集中于对选民的争夺，造成社会撕裂。各政党及其候选人为了争夺选票，迎合部分选民的利益，但这只是资本集团购买公共权力不得不付出的代价，远小于其通过公共权力所得到的巨大利益。而且这种代价最终还要由人民来负担：例如，为了竞争而不断加码的福利许诺，将导致国家破产，最终还是由人民埋单。争夺选民的过程必然导致撕裂社会，这是因为选举原则是"赢者通吃"，只需部分关键选票就能获得对全体人民的统治，为此可以完全无视其他选民的反对，这就给社会分裂埋下祸根。

因此，多党选举制是将资本权力转化为政治权力的最佳途径。它既确保了由此产生的政治权力牢牢地掌握在资本集团手中，又能使其披上民意合法性的外衣而产生"民主幻象"，同时也能据此裁判博弈结果，平息各资本集团的争权斗争。这是资本集团争夺政权的"资本的民主"，而决非人民的民主。它不代表人民的根本利益，而只是假人民之名代表资本集团的利益。

（摘自《光明日报》（理论版）2021年10月8日，原文题目为《西式民主幻象与"资本的民主"》，题目为摘编者所加）

当前世界社会主义发展面临的巨大挑战

冯颜利 王诗成

当前,西方资本主义大国在国际舞台上位势优势明显,主导国际社会秩序并把持话语权,发展中国家要创新话语体系、改变旧的格局仍然任重而道远,社会主义复兴仍面临严峻挑战。一方面,社会主义国家整体发展水平落后于资本主义国家,在马克思主义的影响下,资本主义国家主动调整了原有的制度模式,国内的阶级斗争变得微妙而复杂,资本主义的替代必将是一个漫长的历史过程。另一方面,虽然西方大国之间分歧日益增多,但西方联盟依旧牢牢把握着世界话语权,跳出全球化窠臼,重启世界社会主义运动尚需时日。此外,种种迹象表明左翼力量正在聚集,但左翼阵线要实现广泛联合继而替代资本主义阵线,仍将是一个漫长而艰辛的过程。

一、社会主义国家难以担起世界社会主义复兴大任

就目前来看,社会主义国家整体上弱于资本主义国家,整体发展水平较低,甚至离世界平均水平还有较大差距。以2018年为例,世界发达经济体人均GDP为46600美元,世界平均水平为11400美元,发展中经济体人均GDP为5700美元,就是发展最快的中国也未达到世界平均水平。作为发展中经济体的社会主义国家除了中国和越南发展形势较好外,朝鲜和古巴均因遭受西方国家制裁而发展受阻,老挝还位于不发达国家之列。就全球来看,国内治理仍然优先于国际治理和全球治理,因为国内的有效治理关乎国家的合法性。英国的脱欧之举就是基于这样的选择。同时,国内治理也是全球治理的基础,国内治理的改进必然会减少国际治理的问题。作为发展中的社会主义国家,更是需要强化国内治理,实现经济的快速有效增长,更大程度上体现制度的优越性。就社会主义国家整体而言,还没有更多的精力和实力谋划与实践国际治理。因此,虽然种种迹象表明,世界社会主义正在复苏,但实际情况十分复杂,在现有理论和策略模式中,现存社会主义国家尚无力引领世界社会主义运动。

二、西方国家共产党积弊太深，完善自身的建设必将是一个漫长的过程

当今西方共产党虽数量不少，党员众多，并已逐步走出了东欧剧变的阴影而趋于稳定，也积极活跃在本国的政治生活中，是一支重要的政治力量，但在社会主义的革新与实践上仍存在较大的分歧，缺乏权威领导，不能正面研究如何解决现实问题，往往纠缠于理论上教条式的争论。西方左翼政党的理论研究仍缺乏现实性，对资本主义制度的批判又回到了道德层面，对马克思主义理论的研究缺乏整体把握，不能直面资本主义社会的现实问题，往往关注一些不痛不痒的非关键性问题，所持主张离付诸实践相去甚远，导致西方左翼政党地位不高，难以获得民众支持。而有些政党又为了争取选票，无条件地迎合选民，反而致使政纲不稳定，吸引力下降。加上一味服从选举的需要，致使其阶级属性日益模糊，意识形态吸引力不足，在西方国家的影响力日渐缩小，政党边缘化突出，甚至有被左翼浪潮淹没的危险，这些也给世界社会主义的复兴带来不小的困难。

三、社会主义思潮多元分化，世界左翼联合阵线短期内难以形成

东欧剧变后，世界上一大批左翼政党或纷纷改旗易帜，放弃"共产主义"信仰，或者社会党化，致使左翼力量遭到严重损失。出现了社会主义思潮流派众多、思想僵化、分化严重的现象，"'联合左翼'的负责人是顽固的保守主义者，不能接受其他的风格和观点，对一些激进主义组织不屑一顾"，短时间内形成有战斗力的统一阵线阻力重重。其对资本主义的批判和改造方式大不相同，其成员多元化、政治主张多样化，出现了"极左（far-left）"派、"中左（centre-left）"派、"似左非左"派，使其较难形成有形的战斗力，这是世界社会主义发展不利的一面。

在马克思主义发展史上，为实现无产阶级的国际联合，各国共产党曾经建立过许多不同形式的国际组织，也留下了不少宝贵的经验和教训。在当前复杂的国际形势下，要克服右翼势力的排斥和打压，战胜民粹主义的挑战，实现社会主义，就必须要加强各国共产党和左翼政党之间的国际联合。但欧洲国家的共产党历来流派众多、政见不一，变革社会的实践主张多样，甚至争论不休，要在达成一致的基础上建立左翼联合阵线，来自左翼力量自身的阻力不容小觑。加之右翼势力的有意分化与打压，短时间内要调动各种积极因素扩大左翼阵线，客观上存在较大困难。

(摘自《西南大学学报》（社会科学版）2021年第1期，原文题目为《当前世界社会主义发展格局、主要特征与兴盛路径研究》，题目为摘编者所加)

当代世界政治运动的演变及其发展方向

苏长和

当代世界政治运动的演变,笔者认为仍然处于马克思的历史规律中,而不是斯密、哈耶克、福山的历史道路中。现代世界没有出现斯密、哈耶克他们想象中、观念中的那种田园牧歌式的秩序。这样来讲,是有理论和无数现实素材支撑的。很多世界的乱象,笔者认为其根源在于帝国型的世界政治体系。我们看到很多干涉、强权、专制、暴力、弱小国家的脆弱、不平等的加剧等,在"百年未有之大变局"时代,我们看到几乎大部分世界问题都和这个体系有关,和帝国型世界政治体系有关。过去西方政治经济学掩盖了这些矛盾和问题,或者只是将世界的问题简单归结为很多国家的政治或经济不发展,由此还为不少国家开出误导性的政治经济药方。同时,英美的政治经济学理论还竭力为这个世界政治体系辩护,如霸权稳定论、民主和平论、美国治下的和平等,其实这是用一套话语把帝国型的世界政治体系给置换了。

资本主义世界体系的扩张给世界政治管理还带来一个很大的问题,就是在所谓的民主化浪潮下,各国内部政治分裂对抗日益加剧了国际不合作的状态。同时今天的世界政治里,政府弱化成为很多国家共同的问题,这也是我们目睹当今世界出现世界性不合作现象的重要根源。其中一个重要原因,就是过去几十年横行世界的政治理论和政府理论出了大问题,误导了世界的政治发展。现在西方政治学对这个问题的反思还是表面的,还没有深入到对他们自己的政治学理论和政府理论进行批判和反思的程度,笔者认为他们的自我反思能力和力度还不到20世纪前半期的水平。对政治学和世界政治研究来说,人们需要构建新的政府理论,这要从反思和批判代议制和新自由主义政府理论开始。

既然帝国型世界政治体系是现代世界很多问题的根源,那么一个新的、好的世界的政治体系可能是什么,可能的世界政治体系是什么,或者说变化方向是什么,这个世界会不会朝一个共同体政治体系或者共同体制度方向发展?如果朝这个方向发展,就有很多基础理论工作要做。一是必须要有相互承认的外交体系或者主权制度,相互承认主权国家的体系,这是基础。中国人讲人类命运共同体的世界政治体系,首先必须要坚持这一点,捍卫相互承认的主权制度体系的重要性。二是一定要认识到世界政治里很多东西在变。如关于利益和责任,过去教科书上讲到的利益,很多来自美国,如利益最大化、理性等。现代世界政治在生产范围内扩大,带来了很大的关联利益,关联利益界定了很多国家利益的新形式,同时对国家行为也会产生很大影响。如果我们不是从过去简单的美国教科书上讲的利益出发,对利益进行新的界定,至少有两个问题值得重视,第一个是要有一个相互承认的体系，这就是前面所说的相互承认的主权，第二个是相互负责的政治。所谓的相互负责的政治既包括国与国的，也包括内和外的。所谓国与国的，政治学和公共管理研究还不多，就是各国之间怎么对自己公共政策产生的负外部性进行约束和自我节制。我们国家制定公共政策的时候也会考虑到这一点，但是没有用学理的语言说出来。美国操纵货币、滥发货币，这是对世界不负责任的表现，其既没有内部约束机制，也没有国际约束机制，诸如此类国内政策的负外部性问题，都是当今世界政治领域的一个大问题。

（摘自《世界政治研究》2021年第3辑，总第11辑，原文题目为《世界政治体系演变的若干理论问题》，题目为摘编者所加）

当代世界马克思主义思潮的基本特点

徐 军

从 20 世纪 20 年代至今,当代世界马克思主义思潮已经成为一种多元多彩、复杂多样和独具特色的国际性社会科学理论和思想体系,需要把握以下特征:

一、多元性、复杂化倾向

当代世界马克思主义思潮的历史发展和总体理论面貌,有着极为显著的多元多样和复杂多变特征,理论观点甚至可以说是五彩斑斓、各式各样。一方面,在融合、对接或嫁接世界各种社会思潮中展现对马克思主义理解的多元化可能性。在西方发达国家,马克思主义研究者们绝大多数都开始自觉地用已有的或最新出现的社会思潮(理论),与马克思主义进行融合、对接甚至是比较生硬地嫁接,出现了黑格尔主义的、弗洛伊德主义的、现象学的、存在主义的、结构主义的、分析的、新实证主义的、生态学(主义)的、女性主义的、晚期的、世界体系的等各式各样的马克思主义。这些"复数"的马克思主义,在给我们呈现马克思主义理论多样性、多元化和复杂理论体系的同时,从一定意义上给我们的科学认识和理解提出了重大的理论问题,也引发了一些极为重要的方法论思考。另一方面,马克思、恩格斯的原典理论为后世的多元化发展提供了一定的空间。马克思、恩格斯的各种原著和文本存在一个如何被系统化整理、理论化表述和科学解释的问题。既然有理解就会有差异甚至争议,就可能产生针对同一对象的不同理论形态的问题。因此,从马克思、恩格斯的众多学生(主要是第二国际的理论家),再到持续至今的马克思主义信仰者、研究者和学者,在不同国家、地域(民族)和各自学术流派的传统中,反复演绎着自身对马克思主义的理解。

从地域化特色看,马克思主义在世界各国、各地区和民族的发展,基本上都与各自的国情特点、地域民族特点和特定文化相结合。当今各社会主义国家及其共产党性质的执政党,在他们的马克思主义理论中都明确地提出从自身国情和文化出发,发展"特色"马克思主义。从时代化特色看,第一次、第二次世界大战之后,霍克海默、弗洛姆、赖希、萨特等一大批西方马克思主义理论家,分别从启蒙反思、群众运动、法西斯主义批判和人道主义等方面进行深刻的理论反思;二战后,资本主义在西方发达国家进入了一个新的发展阶段,工业化批判、大众文化批判、工具理性批判等马克思主义理论纷纷出现;从 20 世纪 80 年代到今天,后工业社会、晚期资本主义社会、世体系、全球化、信息化社会、新帝国主义、后殖民主义、反恐战争等主题，成为马克思主义当代性的全新话语体系，等等。

二、凸显内在批判性

一方面，在西方马克思主义、原东欧新马克思主义等学术研究群体中，全新的马克思主义流派往往是从马克思主义内部的"对手"中产生的。例如，20世纪50年代末，以法国思想家萨特为代表的存在主义的马克思主义，提出用人道主义、存在主义来理解和发展马克思主义；而以阿尔都塞等为代表的结构主义的马克思主义，不满前者的倾向，力图恢复马克思主义的科学本质。进入70年代，德里达、拉克劳、墨菲以及众多马克思主义者，从解构主义、后现代主义、后工业化等思路，批判并终结了经典西方马克思主义的理论逻辑和话语体系，开启了延续至今的激进话语的多元化马克思主义。另一方面，对马克思、恩格斯本人以及马克思主义本身的批判。例如，在法兰克福学派的代表性理论中，霍克海默、阿多诺等提出用"社会批判理论"重新定位马克思主义，德国著名理论家哈贝马斯提出要"重建"历史唯物主义，马尔库塞等提出"工人阶级"已经不再是未来革命的主体；在当代后现代主义的马克思主义等激进话语中，他们在世界观基础、生产力、革命主体、革命方式、社会形态等诸多基本理论和核心观点上，重新定义马克思主义，等等。

三、强化现实针对性

习近平总书记明确指出，当代世界马克思主义思潮，一个很重要的特点就是他们中很多人对资本主义结构性矛盾以及生产方式矛盾、阶级矛盾、社会矛盾等进行了批判性揭示，对资本主义危机、资本主义演进过程、资本主义新形态及本质进行了深入分析。卢卡奇在《历史与阶级意识》一书中提出，组织化资本主义正在深刻地改变着西方社会，管理因素在社会经济发展中的作用日益凸显。二战以后，西方马克思主义众多理论家从工业化社会出发，研究了生产力、生产关系、阶级关系、国家制度、民主问题、文化和意识形态等诸多方面的新变化。20世纪70年代末到21世纪初，后工业社会、晚期资本主义、信息化转型、世界体系资本主义、全球资本主义、新帝国主义、金融资本主义等一系列关于资本主义整体定位、发展趋势的理论接连出现。

（摘自《思想理论教育》2020年第1期，原文题目为《当代世界马克思主义思潮的理论图景和未来展望》，题目为摘编者所加）

越南经济革新的实践进程

潘金娥

1986年召开的越南共产党第六次全国大会被认为是越南革新事业进程正式启动的标志。30多年来,越南的革新从经济领域开始,之后遍及政治、文化、外交和社会生活各个方面,其中,经济革新从农业实行承包制开始,之后在工业领域实行国有企业股份化改革,接着对金融和银行业、服务业进行改革。目前,无论是农业、工业还是服务业,改革都处于深化时期。

从国家宏观调控的重点来考察,越南经济革新大致经历了三个阶段。第一阶段从1986年至2006年,革新的重点是"练就内功",即侧重于理顺国内工业、农业和服务业等各行业的内在关系,逐步建立以市场为导向的经济运行机制和管理机制。第二阶段从2006年至2019年,侧重点为"融入国际"。2006年越共十大召开,同年加入世界贸易组织,在"积极主动融入国际"的路线指引下,越南经济革新进入了全面"融入国际"阶段,其特点是实行全方位的开放政策,注重与国际接轨,发展外向型经济。截至2019年,越南与世界各国签订了10多个双边或多边自由贸易安排,其中《全面与进步跨太平洋伙伴关系协定》(CPTPP)和《越南欧盟自由贸易安排》(EVFTA)被认为是高规格的自贸安排。目前,外资和外贸对越南经济的影响发挥了举足轻重的作用,其中外贸依存度(外贸占GDP比重)达到了200%。2018年,越南外商投资企业聘用超200万雇员,外资占越南投资总额的25%,超过70%的出口额和50%的工业产值由外资企业创造。越南已经成为严重依赖外资和外贸的外向型经济体。第三阶段从2019年起开始预热,预计将从2021年召开的越共十三大正式起航。过去两年来,工业4.0概念引起越南全国上下热议,政府制定了相关产业发展规划,目标是抓住工业4.0时代带来的机遇,集中精力发展以人工智能(AI)、5G和物联网等为标志的新科技经济,实现经济发展向更高维度的升级。

通过跨越式发展实现赶超是越南长期以来的发展战略。越南政府为越共十三大准备的经济发展战略规划中,提出了越南的"两个一百年目标",即到2030年(即越共成立100周年)成为一个面向现代化的工业国;到2045年(即越南共产党执政100周年)成为社会主义定向的现代化发达国家。可以预见,今后10~25年,越南经济革新的重点将是发展科技产业促进产业升级,实现赶超目标。

从经济革新的实践成果来看,革新前越南是世界最不发达的国家之一,1986年的人均GDP不足100美元,2019年,越南人均GDP达到了2800美元(数据来源:越南国家统计局),贫困家庭比例降至1.45%,被联合国开发计划署(UNDP)认定为减贫成就最为突出的国家之一,同时也是世界上人类发展指数(HDI)增长率最高的国家之一。

(摘自《越南经济革新的历程及理论探索》2020年8月,原文题目为《越南经济革新的历程及理论探索》,题目为摘编者所加)

日本的共产党人和共产主义者
支持中国反抗日本侵略的抗战

韩东育

片山潜是日本共产党的创始人之一，也是著名的国际共产主义运动活动家。从他投身革命运动时起，便一直关心和支持近邻中国的革命，并曾亲临中国考察，认识到中国内部所具有的巨大革命潜力。1928年，片山潜在共产国际召开的第六次代表大会上，代表共产国际的日本、英国、美国等支部发言时高呼："独立团结的中华苏维埃共和国万岁！"表示了对中国革命和中国共产党人的热诚支持。片山潜将中国共产党领导的中国革命，视为世界和亚洲革命的新希望。1931年，日本发动"九·一八"事变，侵占了中国的东北地区。1932年8月，片山潜在阿姆斯特丹世界反战大会上，激烈抨击帝国主义与中国反动派相勾结，妄图消灭中国红军的罪恶举动，号召国际反战组织行动起来，支持中国革命。1933年片山潜出席巴黎世界反战大会时，深刻揭露了日本的侵略实质及战争给日本国内劳动人民带来的压迫。

1933年片山潜去世后，野坂参三（又名冈野进）接替了片山潜的工作，并于1935年当选为共产国际执行委员会主席团委员。1936年2月，野坂参三与山本悬藏联名发表《给日本共产主义者的信》，指出日本共产主义者现阶段的斗争任务是，反对反动派和军部法西斯独裁的威胁，建立全部政权属于人民的民主日本。日本侵华战争开始后，野坂参三秉承共产国际的指示，一直在关注中国的抗战。1940年野坂参三从莫斯科抵达延安，进行抗战宣传尤其是对日军的宣传工作。作为抗战期间常驻延安的唯一国外兄弟党领导人，他还兼任八路军总政治部对敌工作部顾问等职，是典型的日籍八路。

日本的另一位共产主义者尾崎秀实，早年毕业于东京帝国大学法学部。他在回忆自己的成长经历时曾称，不是对马克思主义的研究激起了他对中国问题的兴趣，而是中国问题的现实展开加深了他对马克思主义理论的关注。尾崎秀实在上海结识了鲁迅、夏衍与史沫特莱等左翼文化人士，他还联合在华日籍同志，以"日支反战同盟"为阵地，投入到反战活动之中。在任职《朝日新闻》驻上海特派员期间，尾崎积极与抗日地下组织联系、合作，经常把一些国际上的革命动态转告给中国同志。1937年尾崎成为时任日本首相近卫文麿的智囊团"昭和研究会"的成员之一，遂得以接近日本权力核心层。其间，尾崎与另一名国际主义战士理查德·佐尔格（德籍苏联情报人员）合作，把日本在华的许多重要情报转报莫斯科，从而也直接或间接地帮助了中国的抗战。1941年夏德国进攻苏联后，日本是"南进"还是"北进"，无疑已成为斯大林、苏联和中共中央最为关注的问题。毛泽东认为，如果日本北上攻苏，中国抗战处境将更为艰苦。值此关键时刻，作为佐尔格小组核心成员的尾崎秀实，在得知日本决心同英美开战的情报后，通过佐尔格及时告知莫斯科，使斯大林下决心将远东红军20个精锐师调往西线作战，在莫斯科遭受德军进攻的危急时刻扭转了战局。1941年10月中旬，佐尔格的真实身份暴露，尾崎秀实等30多人亦先后被日本军部逮捕。日本检方在审讯尾崎秀实前，曾坚信尾崎之所以会"出卖"国家机密，是为了获取金钱，但讯问的结果，包括其他被捕者的供述，均表明日本检方的判断是完全错误的。1944年11月7日，日本方面特意选择苏联十月革命27周年纪念日，以"叛国罪"将尾崎秀实秘密绞死。

在东北汪清，安葬着一位国际主义战士——伊田助男。20世纪30年代，他作为日本关东军士兵来到中国东北。然而，他同时还是日本共产党员和反战反法西斯人士。当时，日本关东军占领了中国东三省，气焰正盛。作为关东军辎重队的一名普通士兵的伊田助男，在执行任务时发现了东北抗联的宣传，心灵受到震撼，对日本发动的侵略战争有着发自内心的反感直至反对。1933年初春，周保中领导的"抗日救国游击军"在马家屯与日本关东军鳌刚村一旅团数千敌军打了一场遭遇战。在收集战场敌军死者弹药的时候，意外地在汪清县大梨树沟嘎呀河边一处隐蔽的松林中，发现一辆满载子弹、发动机被破坏了的日本军车，同时还发现一具日本士兵的尸体，此人正是伊田助男。人们在他的尸体旁找到了一张纸条，上面用日语写着他对游击队员说的话："我看到你们撒在山沟里的宣传品，知道你们是共产党领导的游击队。你们是爱国主义者，也是国际主义者。我很想和你们会面，但我被法西斯野兽包围走投无路，我决定自杀。我把我运来的10万发子弹赠给贵军。请你们瞄准日本法西斯军射击。祝神圣的共产主义事业早日成功！——关东军间岛日本辎重队共产党员伊田助男1933年3月30日"

（摘自《世界历史》2021年3月，原文标题为《抗战中的中共和日共关系侧记》，题目为摘编者所加）

发展马克思主义世界劳动价值论的创新力作

刘晓音

宋树理博士的《马克思主义国际价值理论》对马克思主义世界劳动价值论的坚持和发展做出了具有一定开拓性的积极探索。

从发展马克思主义世界劳动价值论来看，主要表现在以下三个方面。

一是发展国际价值规律。《马克思主义国际价值理论》在坚持马克思劳动价值论的基础上，全面考量了价值规律在国际价值领域发生的主要变化，比较系统地建构了两种含义世界必要劳动时间共同决定的国际价值理论模型。一方面，从理论上，利用该模型讨论了汇率决定的价值基础，提出了汇率变化的价值规律，有效地批判了以价格理论为基础的西方主流汇率理论，并且将其从特殊的单一生产模式推广到更加一般化的联合生产模式，有力地回应了斯拉法、斯蒂德曼、森岛通夫等经济学家提出的马克思劳动价值论联合生产失效论。另一方面，在实践上，利用该模型既合乎逻辑又符合现实地解释了斯密关于钻石与水的价值决定、有关陈葡萄酒和新葡萄酒的价值变化，以及国际不平等交换的价值分配等历史之谜。

二是发展形式逻辑方法。《马克思主义国际价值理论》继承和发展了马克思在《资本论》中普遍使用的形式逻辑方法，在坚持马克思主义经济学的基本假定条件下，从简单到复杂、从个别到一般、从抽象到具体，依次逻辑严谨地演绎推理了相应的国际价值决定表达式及其变化性质，从数学上证明了世界必要劳动决定国际价值量的基本原理，并提出了关于国际价值与国际价格比例关系的若干推论，从而展现了马克思主义国际价值理论研究的实证主义科学范式。实际上，马克思正是继承推广了李嘉图在研究劳动价值分配时开启的这种所谓的现代科学研究范式，才能在《资本论》中细致地论证了在社会生产和交换的公理化假定条件下的科学劳动价值论相关命题。比如马克思指出，"要假定所用的劳动时间只是一定社会生产条件下的必要劳动时间"，"商品按照它们的价值来交换或出售是理所当然的，是商品平衡的自然规律"等，甚至认为"连根本不懂什么是价值的庸俗经济学，每当它想依照自己的方式来纯粹地观察现象的时候，也假定供求是一致的，就是说，假定供求的影响是完全不存在的"。由此，马克思假定推理了资本主义经济发展的价值规律，而《马克思主义国际价值理论》继承和发扬了这一研究传统。

三是发展宏观经济政策。《马克思主义国际价值理论》尝试把马克思主义世界劳动价值论的理论研究和应用创新结合起来，用马克思主义世界劳动价值论引导发展中国家制定有效应对国际不平等交换的宏观经济政策，尤其是提出了我国在全球化产业价值链中优化发展对外经济关系的具体路径，探讨了培育、提升国家竞争优势来推动新时代贸易强国建设的价值逻辑。这对于我国在遵循国际价值规律的基础上如何确定中国特色社会主义市场经济深化改革中的市场与政府的合理分工和功能定位，以及在更高层次对外开放中如何实现有限自由贸易的国际对等交换，都具有重要的政策内涵。

（摘自《政治经济学季刊》2020年第3卷第3期，原文题目为《马克思主义世界劳动价值论的继承与发展——评〈马克思主义国际价值理论〉》，题目为摘编者所加）